GESTÃO DO CONHECIMENTO NO BRASIL

CASOS, EXPERIÊNCIAS E PRÁTICAS DE EMPRESAS PÚBLICAS

Autores

Andréa Valéria Steil
Bartolomeu de F. Alves Filho
Clarissa Carneiro Mussi
Edgard Rufatto Jr
Gabriela Gonçalves Silveira Fiates
Helena de Fátima Nunes Silva
Isamir Machado de Carvalho
Jorge Tadeu de Ramos Neves
Leonardo Ensslin
Leonardo Paiva Martins de Oliveira
Luciano Rodrigues Marcelino
Maria de Fátima P. Torres
Maria Terezinha Angeloni
Marta Araújo Tavares Ferreira
Ofir de Vilhena Gazzi
Olival de Gusmão Freitas Júnior
Rezilda Rodrigues Oliveira
Roberto Carlos dos Santos Pacheco
Rodrigo Baroni de Carvalho
Sandra Rolim Ensslin
Sérgio I. A. Yamashita
Sonia Goulart
Sonia Wada Tomimori
Thiago José Tavares Ávila
Vinícius Medina Kern.

MARIA TEREZINHA ANGELONI
(ORGANIZADORA)

série
GESPÚBLICA

GESTÃO DO CONHECIMENTO NO BRASIL

CASOS, EXPERIÊNCIAS E PRÁTICAS DE EMPRESAS PÚBLICAS

QUALITYMARK

Copyright © 2008 Maria Terezinha Angeloni

Todos os direitos desta edição reservados à Qualitymark Editora Ltda.
É proibida a duplicação ou reprodução deste volume, ou parte do mesmo, sob qualquer meio, sem autorização expressa da Editora.

Direção Editorial	Produção Editorial
SAIDUL RAHMAN MAHOMED editor@qualitymark.com.br	EQUIPE QUALITYMARK

Capa	Editoração Eletrônica
WILSON COTRIM	EDEL

CIP-Brasil. Catalogação-na-fonte
Sindicato Nacional dos Editores de Livros, RJ

G333
    Gestão do conhecimento no Brasil: casos, experiências e práticas de empresas públicas/organizadora, Maria Terezinha Angeloni; autores, Andréa Valéria Steil... [et al.]. – Rio de Janeiro: Qualitymark, 2008.
    240p. (Gespública; v. 3)

    Inclui bibliografia
    ISBN 978-85-7303-785-2

    1. Gestão do conhecimento – Brasil – Estudo de casos. 2. Administração pública – Brasil – Estudo de casos. 3. Empresas públicas – Brasil – Administração. I. Angeloni, Maria Terezinha, 1950-. II. Steil, Andréa Valéria. III. Série.

08-1273
                                          CDD: 658.4038
                                          CDU: 658-115:005.94

2008
IMPRESSO NO BRASIL

Qualitymark Editora Ltda.
Rua Teixeira Júnior, 441
São Cristóvão
20921-405 – Rio de Janeiro – RJ
Tel.: (0XX21) 3295-9800 ou 3860-8422

Fax: (0XX21) 3295-9824
www.qualitymark.com.br
E-mail: qualitymark.com.br
QualityPhone: 0800-263311

Dedicatória

Dedico o presente livro ao Fábio, assim como a todos aqueles que trabalham pela consolidação da Gestão do Conhecimento no Brasil, aos integrantes da Sociedade Brasileira de Gestão do Conhecimento, aos meus alunos e mestres que contribuíram e contribuem com minha formação contínua, aos profissionais e pesquisadores da área e a meus saudosos pais, Aurora e Vicente, aos quais devo a formação, guia de minha caminhada.

Agradecimentos

Tenho o privilégio de conhecer muitos dos principais pesquisadores e profissionais que estão na vanguarda de Gestão do Conhecimento do Brasil. Eles me presentearam com seu tempo e com a revelação dos resultados dos casos, experiências e práticas vivenciadas em Gestão do Conhecimento. Nesse sentido, agradeço a todos os autores que colaboraram com a concretização do livro **Gestão do Conhecimento no Brasil – casos, experiências e práticas de empresas públicas.** Sem eles, jamais teria conseguido concretizar a idéia. Tenho certeza de que juntos estamos contribuindo para a consolidação e a credibilidade da área no país.

Não apenas um agradecimento, mas também um destaque especial à postura das empresas que autorizaram a divulgação de seus nomes nos relatos dos casos, experiências e práticas que constam do livro, dando credibilidade à obra e à área.

Agradeço, em especial, à Sonia Goulart e à Elisabeth Gomes, as duas primeiras pessoas com quem a "idéia" do livro foi compartilhada e que muito contribuíram para o seu amadurecimento. Seus elogios e críticas foram fundamentais.

Agradeço ao Martius Vicente Rodrigues y Rodrigues, que me apresentou ao editor da Qualitymark. Não poderia deixar de agradecer à Editora e ao editor Saidul Rahman Mahomed, por terem acreditado no projeto.

Agradeço ao meu companheiro Fábio, que acompanhou todas as fases da criação deste livro, da idéia à impressão. Devo um agradecimento muito especial ao seu companheirismo, mostrando desde o início entusiasmo pelo projeto.

Meu irmão Bita, você é incansável na revisão dos textos. Sem você o trabalho seria muito mais árduo. Meu muito, obrigada.

Agradeço também à Universidade do Sul de Santa Catarina – Unisul – especialmente os professores do Mestrado, pelo ambiente de trabalho e condições propiciadas para a organização deste livro.

E, por fim, obrigada a você, leitor, razão de horas e horas de reflexão. Esperamos que o livro possa contribuir, em sua caminhada, pela seara da Gestão do Conhecimento.

Prefácio

Do logo ao "logos"

Pouco tempo depois das manifestações de rua em Seattle contra a globalização, Naomi Klein publicou um livro que, paradoxalmente, tornou-se um ícone da mobilização social contemporânea. Em "No Logo", a jornalista canadense desenhou um mapa da trajetória econômica atual em que a negação se repete em várias instâncias: "no space", "no choice", "no jobs" pairam ao lado de "no logo" como pórticos do novo caos.

Para os menos apocalípticos, depois do logo vem o "logos". Para os mais otimistas, seria a volta do próprio "logos" (do grego λογοσ, *palavra*). Na Antigüidade, "logos" significava a palavra escrita ou falada – o VERBO. No fim do logo, a volta ao princípio. E no princípio era o Verbo.

Na filosofia grega, o *logos* ganha estatutos mais ambiciosos, é a própria inconologia da razão que se manifesta e começa a se desenvolver. Se estamos vivendo uma época de defesa e aprofundamento da democracia, então é fundamental retomar o sentido arquetípico da democracia grega, que é o espaço e o tempo da palavra, do diálogo e, assim, da razão. **Razão** como capacidade de racionalização individual ou como um princípio mais universal de ordem e beleza.

A valorização da palavra como tensão permanente entre saber e fazer, se de um lado levou à deterioração do estatuto democrático e ético do diálogo, gerando uma degradação da retórica como arte das armadilhas do pensamento, representou também a formulação de uma agenda civilizatória. "A retórica é a outra face da dialética. Ambas se ocupam de questões ligadas ao conhecimento comum e não correspondem a nenhuma ciência em particular. Todas as pessoas, de alguma maneira, participam de uma e de outra, pois todas elas tentam, em certa medida, questionar e sustentar um argumento, defender-se ou acusar", pregava Aristóteles.

O novo capitalismo, que surge da convergência entre tecnologia, comunicação e riqueza imaterial, coloca à prova essa vocação civilizatória da retórica, esse desafio permanente a construirmos pontes entre o saber e o fazer, a teoria e a prática, os logos e o *logos*.

A gestão empresarial tem como desafio criar valor, mas é comum a redução do intangível à marca, como se consumidores, trabalhadores, governantes e famílias não passassem de micos amestrados pela insistente repetição de bordões publicitários.

Na economia do conhecimento, as advertências do movimento social antiglobalização precisam e podem gerar uma nova percepção que retoma o potencial emancipatório do mercado e da organização empresarial, desde que saibamos, cada um de nós, nas empresas, nos governos, nas famílias e nas escolas, fazer a travessia dos logos ao *logos*.

Essa renascença da razão – não do racionalismo, mas da palavra viva, com sentido social e relevância humanista – é a promessa que os autores desta extraordinária seleção de estudos cumprem, página a página, revelando as dimensões contemporâneas da gestão do conhecimento no Brasil e no mundo.

É uma gestão de intangíveis, de valores materiais que se projetam em um espaço imaterial que não é o da competição entre marcas, mas sobretudo o da criação de valor por meio da razão. Onde valor e conhecimento convergem, anima-se um capitalismo inovador, capaz de estimular e abrigar várias lógicas em que aparentemente existiria apenas o império das marcas, do adestramento e da neurótica busca de pura acumulação.

Nessa perspectiva emancipatória e sustentável, o capitalismo volta a encontrar vigor na inovação, mais que na concentração de poder ou na especulação vazia. A gestão do conhecimento ganha espaço como disciplina, jamais ciência, capaz de atualizar a busca aristotélica da retórica como boa mediação na produção do bom e do bem.

Fundamental nessa perspectiva é perceber o conhecimento (e a vida) como processo, não como coisa e, portanto, abrir-se para a multiplicidade de caminhos, mapas e destinos, sem que nos deixemos levar pelo relativismo que só encontra descanso no caos, na violência e na exclusão.

Se é processo, se é palavra viva, se é verbo e mediação e não apenas marca e propaganda, a geração de valor na empresa ou no governo exige tanto do empresário quanto da autoridade pública a competência para promover a criação de valores, mais que o gerenciamento de estoques armazenados em galpões ou bases de dados.

Surge dessa nova era de descobrimentos uma percepção confirmada pelos estudos apresentados nos dois volumes magnificamente organizados pela nossa líder Maria Terezinha Angeloni: a gestão do conhecimento não se resume à gestão de tecnologias ou pessoas, pois, embora necessárias, essas dimensões articuladas pela prática precisam fazer sentido. Os estudos de caso combinam visão prática e inteligência coletiva, capacitando-nos a interpretar o nosso tempo e a preparar aqueles que, melhores, virão.

É verdade que, em muitos momentos, o mundo parece não ter sentido, as tecnologias parecem não ter sentimentos, e as pessoas parecem perder a razão. O país parece não ter projeto, o governo parece não ter rumo, a sociedade parece não ter compaixão.

Mas a gestão do conhecimento como processo de mediação entre espaços de produção de sentido revela nossa capacidade de mapeamento das conexões de cada organização com o mundo. É uma fronteira em que se encontram a ciência e a arte abrindo novas perspectivas, cada vez mais disseminadas em nosso país. Os autores desta obra confirmam essa possibilidade e exibem casos concretos de emancipação, inovação e responsabilidade social nas nossas instituições e empresas mais atentas para a mudança cultural, que é global e veio para ficar.

Seja qual for o seu *logo*, a gestão do *logos* como conhecimento em processo já está abrindo caminhos para melhores espaços, escolhas mais sustentáveis e mais empregos.

Gilson Schwartz

Economista, sociólogo e jornalista, criador do projeto "Cidade do Conhecimento" na USP (www.cidade.org.br), fundador da Sociedade Brasileira de Gestão do Conhecimento (SBGC) e vogal da União Latina de Economia Política da Informação, da Comunicação e da Cultura (ULEPICC). Professor de Economia na USP.

Apresentação

A Gestão do Conhecimento tem ocupado boa parte da minha vida profissional nos últimos anos, seja por meio de ensino, pesquisas, orientações a alunos da graduação e pós-graduação, seja pelas atividades junto à Sociedade Brasileira de Gestão do Conhecimento (SBGC), inicialmente como vice-presidente e posteriormente como presidente do Conselho Científico.

Apesar do longo caminho percorrido, a vida está constantemente nos apresentando novos desafios. Diante do desafio, de elaborar um curso de especialização em tempo compacto, deparei-me com a dificuldade de coletar casos e experiências de gestão do conhecimento em empresas brasileiras, que pudessem me dar suporte ao ensino/aprendizagem.

Depois de algumas buscas pela Internet, nos anais de eventos, consulta a amigos especialistas no assunto e em minha biblioteca particular, deparei-me com o relato de grande número de casos de sucesso em Gestão do Conhecimento que tratavam de experiências de empresas estrangeiras.

Os relatos de casos, experiências e práticas de empresas brasileiras encontram-se publicados de forma não sistematizada nos mais diversos meios de comunicação, como em anais de eventos, revistas e livros.

Diante dessa realidade, surge a idéia do presente livro, que tem como objetivo sistematizar em uma única obra casos de sucesso de Gestão do

Conhecimento de empresas brasileiras, que possam dar suporte ao ensino de graduação e a cursos de especialização e servir como suporte e fonte de inspiração para os empresários brasileiros que desejam, na busca de diferencial competitivo sustentável, incluir em seus modelos de gestão a valorização dos ativos intangíveis. Dessa forma, o público ao qual se destina é tanto o acadêmico (alunos de graduação e pós-graduação, professores ou pesquisadores) como o de gestores, funcionários públicos e consultores.

O passo seguinte foi entrar em contato com profissionais da área de Gestão do Conhecimento no Brasil, divulgar a idéia e realizar o convite. Quanto mais conversava com as pessoas e divulgava a idéia do livro, mais me surpreendia com o posicionamento delas e com o número de respostas positivas ao convite realizado.

Como resultado, temos o envolvimento de 44 pessoas que escreveram 28 relatos de casos, experiências e práticas de Gestão do Conhecimento, 15 de empresas públicas e 13 de empresas privadas, apresentados em dois volumes. Cada um dos relatos é composto por uma parte teórica e outra prática. Eles apresentam diferentes caminhos trilhados e aspectos conceituais, muitas vezes divergentes. Essas divergências foram mantidas, pois consideramos que a riqueza da presente obra está calcada tanto nas diferenças como nas semelhanças das abordagens práticas e teóricas apresentadas em cada um dos relatos dos casos, experiências e práticas.

Os capítulos estão agrupados em quatro partes.

A **Parte I** comporta os capítulos que tratam da **Gestão do Conhecimento e Estratégias Organizacionais**. Quando se fala do conhecimento e de estratégias, duas abordagens emergem. Uma que aborda a gestão estratégica do conhecimento e outra que versa sobre o conhecimento como suporte ao processo estratégico.

O reconhecimento da importância da gestão estratégica do conhecimento vem sendo discutido por diversos autores. Para Rezende (2002), configura-se como a mais recente fase de evolução na gestão das organizações. Para Siqueira (2005), está sendo utilizada como ferramenta fundamental para a melhoria do desempenho organizacional.

Moresi (2001) coloca que o conhecimento assume um papel de destaque, passando a constituir um dos recursos de grande importância para a sobrevivência e prosperidade de uma organização.

Nesse fluxo evolutivo, assevera Hackett (2002) que as organizações que tiverem melhor preparação para utilizar o conhecimento conseguirão agir de forma mais rápida, de modo a ultrapassar barreiras internas e externas, criando mais oportunidades para inovar, reduzir tempo de desenvolvimento de produtos e melhorar o relacionamento com clientes.

Stewart (1998), de uma forma mais contundente, coloca que o conhecimento, além de ser considerado elemento estratégico essencial para as organizações, é mais importante que a matéria-prima; mais importante, muitas vezes, que o dinheiro.

Com relação ao conhecimento como suporte ao processo estratégico, Moresi (2001) destaca que tudo começa com as definições estratégicas. Enfatiza que é preciso ter uma macrovisão da missão da organização, conhecer sua visão, seus objetivos e metas, e que é fundamental que a Gestão do Conhecimento faça parte do modelo estratégico de gestão da organização.

Sendo assim, para o efetivo gerenciamento estratégico do conhecimento, torna-se importante definir quais são essenciais para a organização como suporte ao processo estratégico.

Drucker (2003) afirma que, apesar da atual aceitação da importância do conhecimento no gerenciamento das organizações, essa não se constitui em uma idéia nova, mas que só recentemente abandonou a periferia do pensamento e das práticas de gestão e passou a ocupar um papel de destaque no gerenciamento organizacional.

Dada a relevância do conhecimento, é necessário assegurar instrumentos e modelos que possam orientar as organizações a utilizarem-se desse recurso estratégico de forma efetiva.

Wiig (2002) coloca a necessidade de implementação de um conjunto de conceitos, técnicas e abordagens para conscientizar as organizações a valorizarem o conhecimento como recurso estratégico, destacando ainda a necessidade de desenvolver capacidades, opções e práticas para auxiliar os gestores a obterem vantagem competitiva.

Na presente parte, dois relatos que ligam a Gestão do Conhecimento às Estratégias Organizacionais são apresentados.

Isamir Machado de Carvalho apresenta **Estratégias para Implantação de Gestão do Conhecimento no Serviço Federal de Processamento de Dados – (Serpro).** Partindo de um referencial teórico que aborda a relação entre estratégia e conhecimento, relata a experiência do Serpro, iniciada em 2000, com a implantação da Gestão do Conhecimento em dois segmentos, denominados de "ambiente pessoas e times" e "ambiente tecnologia da informação aplicada à Gestão do Conhecimento". A autora apresenta as principais realizações e a evolução das ações ano a ano, que resultam no atual Modelo Serpro de Gestão do Conhecimento.

Sonia Goulart apresenta a relação entre gestão do conhecimento e estratégia por meio do relato do Caso da Caixa Econômica Federal (CEF), intitulado **Gestão do Conhecimento Integrada à Estratégia Organizacional**, no qual mostra como a CEF alinhou a estratégia e identificação de conhecimentos e elaborou e implementou um mapeamento dos conhecimentos necessários à realização dos objetivos estratégicos relacionados ao desempenho das atividades nas agências bancárias da instituição, envolvendo aproximadamente 30.000 colaboradores. Um mapa eletrônico foi elaborado, permitindo aos gerentes conhecerem os estoques de conhecimentos estratégicos de sua equipe.

Para o entendimento da **Parte II**, intitulada de **Processos de Gestão do Conhecimento**, parte-se da compreensão do que é gestão do conhecimento.

Para Sayon (1998), Gestão do Conhecimento é um processo interno que visa a conseguir o reaproveitamento do conhecimento adquirido pelos colaboradores no dia-a-dia da empresa. Segundo Loughbridge (1999), a Gestão do Conhecimento pode ser definida como o processo de aquisição, troca e uso do conhecimento dentro das organizações, incluindo os processos de aprendizado e os sistemas de informação. Para tanto, requer a transformação do conhecimento pessoal em conhecimento corporativo de forma a ser compartilhado e apropriadamente aplicado, sendo sua sistematização vital às organizações.

Na visão de Davenport e Prusak (1998), a Gestão do Conhecimento pode ser vista como o conjunto de processos de criação, uso e disseminação de conhecimentos na organização.

Para Moran (1994), é um conjunto de processos que governa a criação, a disseminação e a utilização de conhecimento no âmbito das organizações.

Diante das definições de Gestão do Conhecimento acima expostas, pode-se inferir que Gestão do Conhecimento é um conjunto de processos que acontecem por meio da aquisição, criação, armazenamento, compartilhamento, uso e mensuração do conhecimento na organização.

Cada um desses processos é enfocado de maneira, e com importância, diferente nas organizações, não significando que todos devam estar presentes para que ocorra a Gestão do Conhecimento, o que pode ser constatado nos casos relatados na presente parte.

A experiência referente ao **Processo de Criação de Conhecimento Organizacional em Comunidades de Prática**, relatada por Helena de Fátima Nunes da Silva, ocorre na Prefeitura Municipal de Curitiba (PMC), Secretaria de Recursos Humanos, na qual estão sendo desenvolvidas atividades de Gestão do Conhecimento com grupos de trabalhos, que podem ser caracterizados como comunidades de prática. A autora destaca o Modelo de Gestão da Prefeitura que, desde 1997, tem como base uma relação direta com a comunidade e valorização dos seus servidores, por meio de uma filosofia que encoraja e fomenta a participação das pessoas no compartilhamento do conhecimento e na criação de novas idéias.

Rezilda Rodrigues Oliveira e Bartolomeu de Figueiredo Alves Filho apresentam uma experiência de compartilhamento do conhecimento: **Contexto de Compartilhamento do Conhecimento – o Caso do Serpro – Recife.** A Ação Corporativa em Nível Regional (ACNR), é apontada pelos autores como solução para problemas de integração organizacional. O grande desafio da ACNR é superar obstáculos relacionados com os processos comunicativos e decisórios, envolvendo alta direção e nível técnico-gerencial, e tem sido um recurso fundamental para o compartilhamento de conhecimento entre os gerentes. Visando introduzir uma nova lógica de trabalho, a organização adotou uma série de medidas para facilitar o compartilhamento dos conhecimentos e iniciativas voltados para valorizar a autonomia das pessoas.

O **Compartilhamento do Conhecimento no Contexto de Projetos de Tecnologia da Informação**, apresentado por Clarissa Carneiro Mussi e Maria Terezinha Angeloni, descreve a forma como se configurou o compartilhamento do conhecimento em um projeto de tecnologia da informação referente à implementação de um sistema ERP (*Enterprise Resource Planning)* na Universidade do Sul de Santa Catarina – Unisul. A necessidade de mudança de sistemas na Universidade surgiu em decorrência do grande crescimento da instituição em um curto período de tempo e da necessidade de um suporte informacional que proporcionasse uma visão integrada de seus setores e diferentes *campi*. A implantação do sistema foi orientada pela metodologia de implantação da SAP, denominada ASAP (*Accelerated SAP*). Destacam as autoras a ênfase dada pela instituição aos meios potenciais de compartilhamento do conhecimento tácito, notadamente durante a implantação do sistema na interação entre consultores e equipe da universidade.

Thiago José Tavares Ávila e Olival de Gusmão Freitas Júnior apresentam **O Contexto Tecnológico da Gestão do Conhecimento: das Comunidades de Prática aos Portais Corporativos do Conhecimento**, no qual relatam a experiência da implantação de uma comunidade virtual de prática no Departamento de Trânsito de Alagoas (Detran/AL). A comunidade virtual está sediada em um portal corporativo, voltada diretamente ao colaborador interno da instituição, utilizando, para isso, um software livre. A construção do conhecimento na Comunidade Virtual Detran/AL é realizada por meio dos processos de criação, armazenamento, compartilhamento e (re)utilização do conhecimento.

Em uma outra perspectiva, Sônia Wada Tomimori e Sérgio I. A. Yamashita apresentam o capítulo referente ao **Compartilhamento do Conhecimento por Meio do Site Exigências Técnicas Internacionais**, que tem por objetivo a disseminação e/ou compartilhamento dos conhecimentos relacionados a barreiras técnicas à exportação, baseados nas experiências obtidas no Programa de Apoio Tecnológico à Exportação – Progex, para que seja possível ampliar as exportações das MPME's e melhorar a inserção do país no cenário internacional. O site insere-se na estratégia contemporânea do Instituto de Pesquisas Tecnológicas (IPT) de utilizar a gestão do conhecimento para realizar sua missão de incorporar tecnologia e inovação no tecido produtivo, em benefício da sociedade.

Sandra Rolim Ensslin e Leonardo Ensslin, no texto referente ao **Tratamento de Recursos Intangíveis Organizacionais**, partem da premissa de que os ativos baseados em conhecimento configuram-se como um dos elementos responsáveis pela riqueza organizacional. Abordam as etapas de identificação dos intangíveis críticos relacionados à criação de valor; a avaliação e a mensuração desses intangíveis; e o gerenciamento e a monitoração dos recursos intangíveis, demonstrando como essas etapas são aplicadas nas Centrais Elétricas de Santa Catarina S.A. para selecionar os projetos de Pesquisa e Desenvolvimento.

A **Parte III** engloba os relatos referentes **A Inter-relação da Gestão do Conhecimento com Outras Áreas de Estudos Organizacionais**, demonstrando a natureza multidisciplinar da Gestão do Conhecimento e sua associação com a inovação, o aprendizado, a gestão de projetos e a tecnologia da informação, entre outros.

Maria de Fátima Peregrino Torres e Rezilda Rodrigues Oliveira abordam a **Inovação e Pesquisa & Desenvolvimento no Setor Elétrico (Chesf)**, em um contexto que remete à implementação de uma política pública voltada para o aumento do conhecimento existente no setor elétrico. Essa atividade constitui, hoje, uma das indiscutíveis estratégias da empresa, sobretudo em termos de inovação e desenho organizacional de P&D, que, associada a processos interativos de relacionamento, fortalece ligações e redes com instituições de pesquisa e universidades. Para implantar seu Programa de P&D, a empresa criou um grupo gestor, composto por seis membros efetivos, sendo um deles coordenador-geral e os demais representantes de cada uma de suas cinco diretorias. No texto, são abordadas as diferentes práticas adotadas pela empresa.

Gabriela Gonçalves Silveira Fiates, em outro relato, aborda a **Cultura Organizacional: um Fator Determinante para a Promoção da Aprendizagem Organizacional e da Gestão do Conhecimento na Companhia Vale do Rio Doce (CVDR)**. Discorre sobre as transformações na sociedade e a necessidade de as organizações desenvolverem um ambiente voltado ao aprendizado contínuo, capacitando seus integrantes a adquirir, armazenar, criar e utilizar o conhecimento de forma natural e cotidiana. Para que isso aconteça, uma mudança cultural deve envolver um processo de avaliação, modificação e transformação dos valores, crenças e modelos mentais compartilhados pelos indivíduos que trabalham na organização. As mudanças observadas na cultura organizacional da CVRD, apoiadas no Programa de Aprendizagem da companhia, demonstram a valorização das pessoas e do conhecimento pela organização, resultando no estreitamento dos laços de confiança da equipe na gestão e no corpo funcional e promovendo o seu comprometimento, com o conseqüente sucesso nos negócios.

Abordando também o tema **Organização de Aprendizagem e Gestão do Conhecimento**, Edgard Rufatto Jr., baseado nos conceitos de organização de aprendizagem, apresenta os resultados do 4º Fórum de Gestão de Pessoas e Responsabilidade Socioambiental do Banco do Brasil, seus objetivos, a metodologia utilizada, sua configuração, as fases e as contribuições implantadas. Apresenta também o Farol Gerencial – Banco do Brasil, como uma ferramenta de gestão do conhecimento para a aprendizagem, que contribui para a disseminação do conhecimento criado pelas pessoas dentro do contexto de trabalho e possibilita a percepção dos "criadores de conhecimento" dentro da empresa.

Integrando Gestão de Competências e Gestão de Conhecimento: o Caso do Banco de Desenvolvimento de Minas Gerais (BDMG), Rodrigo Baroni de Carvalho, Ofir de Vilhena Gazzi e Marta Araújo Tavares Ferreira apresentam o caso da modernização da gestão de pessoas no banco, alinhada com iniciativas mais amplas de modernização da gestão pública, e priorizam ações de preservação da memória organizacional e a minimização dos problemas de descontinuidade administrativa. No contexto do BDMG, a gestão de competências e a gestão de conhecimento vieram para completar o novo ciclo de modernização da gestão de pessoas realizado nos últimos anos, quando uma série de medidas sistêmicas e integradas, apresentadas e discutidas no texto, foram executadas. Abordam também a implantação de uma nova versão do projeto de gestão de competências em que estas já não são mais específicas por função, mas, sim, corporativas.

Andrea Valéria Steil, Vinícius Medina Kern e Roberto Carlos dos Santos Pacheco tratam da **Gestão do Conhecimento no Setor Público: Papel da Engenharia do Conhecimento e da Arquitetura e-Gov** e apresentam a arquitetura conceitual e-Gov, desenvolvida pelo Instituto Stela para projetos de sistemas de informação e de gestão do conhecimento para o setor público. Descrevem como essa arquitetura foi utilizada em dois casos de aplicações bem-sucedidas, com foco na localização de especialistas: o Diretório de Competências em Vigilância Sanitária (DCVISA) da Anvisa e o Diretório de Competências em Educação Ambiental do MMA (Sibea). Destacam que a generalidade da arquitetura e-Gov desenvolvida e seus sistemas de conhecimento proporcionaram aplicações em diversas outras áreas.

Na **Parte IV** são apresentados alguns **Casos Gerais Referentes a Modelos de Gestão,** nos quais diversas experiências e práticas de Gestão do Conhecimento são utilizadas para auxiliar os gestores a obterem vantagem competitiva.

A **Gestão do Conhecimento em uma Instituição de Pesquisa: o Caso da Embrapa Milho e Sorgo**, tema descrito por Leonardo Paiva Martins de Oliveira e Jorge Tadeu de Ramos Neves, está estruturada em quatro grupos, acomodados no "guarda-chuva GC", em seus diversos estágios no ciclo de vida – em operação, em implantação, em construção ou em planejamento, agrupados nas seguintes categorias: (a) Apoio à gestão; (b) Apoio ao Negócio; (c) Gestão de Pessoas; e (d) Tecnologia da Informação. Para cada um dos grupos e categorias são apresentadas e descritas as iniciativas adotadas. Como conclusão, consideram que o êxito obtido pela empresa deve-se, em parte, às iniciativas de gestão do conhecimento implantadas desde a sua fundação, sendo necessárias a disseminação e a internalização dos conceitos de gestão do conhecimento nas diversas unidades de pesquisa da Embrapa.

Luciano Rodrigues Marcelino coloca que, para as Instituições de Ensino Superior – IES não sucumbirem nesses novos cenários de competitividade, devem implementar novas tecnologias, programas, métodos e projetos organizacionais, muitos deles advindos de organizações empresariais, objetivando incrementar seu desempenho acadêmico e gerencial por meio da criação e retenção do conhecimento organizacional. Apresenta o **Painel do Gestor: um Instrumento de Indicadores Balanceados de Gestão Universitária como Suporte à Criação do Conhecimento para Tomada de Decisão**, implementado na Universidade do Sul de Santa Catarina (Unisul). O objetivo geral do Painel do Gestor é a aplicação de Contratos de Resultados da Gestão, com uma sistemática de informações gerenciais, balanceadas de acordo com contexto e característica próprios, orientada pelos conceitos do *Balanced Scorecard (BSC)*, visando instrumentalizar os gestores universitários, em todos os níveis, com recursos e aprimoramento das competências, necessárias à gestão. Conclui que um modelo de gestão de conhecimento, baseado em indicadores gerenciais, é um processo demorado, pois exige mudanças fundamentais, mas que trazem benefícios significativos.

Encerrando a apresentação dos casos, faz-se importante abordar, de forma concisa, as duas principais abordagens que geram polêmica no campo da gestão do conhecimento organizacional: a normativa e a interpretativa. A primeira abordagem privilegia o conhecimento explícito e individual, tratando-o como "objeto" gerenciável (DHALIWAL; Benbasat, 1996; Gregor; Benbasat, 1999; Zhao; Kumar; Stohr, 2001). A segunda abordagem, cujo foco é o conhecimento tácito, tem como princípio a construção de um ambiente que privilegia a interação entre os indivíduos por meio da criação do contexto capacitante, tratando o conhecimento como um "processo" (George; Iacono; Kling, 1995; Schultze; Boland, 2000; Stenmark, 2001; Von Krogh; Ichijo; Nonaka, 2001).

Quanto aos conceitos de informação e de conhecimento, de gestão da informação e de gestão do conhecimento, eles são utilizados como sinônimos ou não, de acordo com a perspectiva de cada uma das abordagens – a normativa ou a interpretativa.

Definir informação e conhecimento, segundo Davenport (1998), não é tarefa fácil. Seus significados não são tão evidentes e formam um sistema hierárquico de difícil delimitação. O autor resiste em fazer a distinção por considerá-la nitidamente imprecisa, contudo ressalta a importância da informação como base para o conhecimento.

Nonaka e Takeuchi (1997, 2000), porém, destacam que a criação de novos conhecimentos não é simplesmente o processamento de informações objetivas, provenientes dos órgãos dos sentidos ou do intelecto, que foram por muito tempo os mais desenvolvidos e valorizados pela sociedade, mas o aproveitamento de *insights*, intuições e palpites tácitos, muitas vezes altamente subjetivos. Eles consideram que a natureza subjetiva e intuitiva do conhecimento tácito dificulta o processamento ou a transmissão do conhecimento adquirido.

Terra e Angeloni (2002) destacam, ainda, que é importante entender os limites da tecnologia da informação no contexto da gestão do conhecimento. A gestão e a disseminação do conhecimento codificado, explícito, podem beneficiar fortemente o desenvolvimento de tecnologias de informação. Há, porém, que se destacar que, apesar das recentes melhorias na habilidade de codificar e procurar informação e conhecimento não estruturados, é importante reconhecer que grande parte do conhecimento de qualquer organização permanecerá nas cabeças das pessoas, e não pode ser facilmente codificado, estruturado e, principalmente, armazenado em suporte tecnológico, necessitando de relação direta de seus detentores.

Vale ressaltar que na inter-relação entre gestão da informação e gestão do conhecimento, há que se entender que o escopo e as áreas de atuação em projetos de gestão do conhecimento são muito mais amplos que em projetos de gestão da informação, e que as empresas engajadas em programas de GC precisam criar um ambiente propício ao seu compartilhamento.

Considerando ainda que a gestão do conhecimento é um campo multidisciplinar, Terra e Angeloni (2002) destacam a importância de aumentar a capacidade interpretativa dos indivíduos organizacionais do que aumentar simplesmente a quantidade de informações disponíveis. Ressaltam, ainda, que não é possível se pensar em realizar a gestão do conhecimento sem uma grande atenção às diferenças entre conhecimento tácito e explícito e, também, às várias facetas e teorias relacionadas aos atos humanos de criar, aprender, intuir, decidir, codificar, compartilhar e agir.

Na tentativa de esclarecer alguns conceitos ainda não suficientemente delimitados, sentimos-nos realizados com o resultado final da obra – um esforço conjunto de um número significativo de autores na busca de auxiliar as organizações brasileiras e seus atuais e futuros dirigentes a entrarem nesse caminho e percorrê-lo com sucesso.

Os relatos apresentados nesta coletânea descrevem diferentes situações, uma gama de abordagens, de uso de ferramentas e práticas de gestão que visam a apoiar a mudança nas organizações, criando um futuro organizacional mais competitivo e apoiando o crescimento da nação. Acreditamos que as diferentes perspectivas apresentadas nos relatos contribuirão não apenas para o amadurecimento das discussões relativas à gestão do conhecimento no Brasil, como também para a sua implementação nas organizações.

Enfim, concluímos que este livro difere das demais publicações na área pela sua orientação prática. Reúne artigos de vários especialistas em GC no Brasil e apresenta conceitos que, muitas vezes, diferem. Levanta uma diversidade de caminhos possíveis de serem trilhados e demonstra que não existe "receita de bolo" para aplicar GC nas empresas. Constata que existem, sim, organizações brasileiras que estão migrando do modelo tradicional de gestão para um modelo de gestão mais adequado à realidade das organizações do século XXI, da sociedade da informação e do conhecimento.

Os relatos dos casos apresentados na presente obra contribuem para desmistificar os mitos de que gestão do conhecimento é apenas para grandes empresas e não é pertinente para empresas brasileiras, demonstrando, assim, a sua aplicabilidade em todo e qualquer tipo e tamanho de organização.

É importante destacar que cada organização deve encontrar seu próprio caminho. Os relatos demonstram que não existe um modelo padrão que possa ser utilizado em/e por todas as empresas. Cada uma, como cada indivíduo tem seu próprio DNA, deve, portanto, desenvolver um modelo que se adeque às características de sua cultura, sua estrutura, seu estilo gerencial, sua tecnologia, assim como aos modelos mentais de seus integrantes. Um modelo serve como fonte de reflexão e inspiração para repensar o modelo de gestão implantado, e os relatos apresentados, temos certeza, irão contribuir para o amadurecimento da área de Gestão do Conhecimento, tanto no mundo acadêmico como no organizacional do país.

Obrigada e boa leitura!

Maria Terezinha Angeloni

Sumário

Parte 1
Gestão do Conhecimento e Estratégias Organizacionais................. 1

1 Estratégias para Implantação de Gestão do Conhecimento 3
Isamir Machado de Carvalho

2 Gestão do Conhecimento Integrada à Estratégia
Organizacional 25
Sonia Goulart

Parte 2
Processos de Gestão do Conhecimento 35

3 O Processo de Criação de Conhecimento Organizacional
em Comunidades de Prática 37
Helena de Fátima Nunes Silva

4 Contexto de Compartilhamento do Conhecimento –
O Caso do Serpro–Recife 51
Rezilda Rodrigues Oliveira
Bartolomeu de Figueiredo Alves Filho

5 Compartilhamento do Conhecimento no Contexto de
Projetos de Tecnologia da Informação 61
Clarissa Carneiro Mussi
Maria Terezinha Angeloni

6 O Contexto Tecnológico da Gestão do Conhecimento:
das Comunidades de Prática aos Portais
Corporativos do Conhecimento... 75
Thiago José Tavares Ávila
Olival de Gusmão Freitas Júnior

7 Compartilhamento do Conhecimento por Meio do Site
Exigências Técnicas Internacionais.. 89
Sonia Wada Tomimori
Sérgio I. A. Yamashita

8 Tratamento de Recursos Intangíveis Organizacionais 99
Sandra Rolim Ensslin
Leonardo Ensslin

Parte 3
A Inter-relação da Gestão do Conhecimento com Outras
Áreas de Estudos Organizacionais.. 115

9 Inovação e Pesquisa & Desenvolvimento no Setor Elétrico.
Chesf: uma Empresa na Era do Conhecimento 117
Maria de Fátima Peregrino Torres
Rezilda Rodrigues Oliveira

10 Cultura Organizacional: um Fator Determinante para a
Promoção da Aprendizagem Organizacional e da Gestão
do Conhecimento... 127
Gabriela Gonçalves Silveira Fiates

11 Organização de Aprendizagem e Gestão do Conhecimento 139
Edgard Rufatto Jr.

12 Integrando Gestão de Competências e Gestão de
Conhecimento: o Caso do Banco de Desenvolvimento
de Minas Gerais (BDMG) 151
Rodrigo Baroni de Carvalho
Ofir de Vilhena Gazzi
Marta Araújo Tavares Ferreira

13 Gestão do Conhecimento no Setor Público: o Papel da
Engenharia do Conhecimento e da Arquitetura e-Gov 159
Andrea Valéria Steil
Vinícius Medina Kern
Roberto Carlos dos Santos Pacheco

Parte 4
Casos Gerais de Gestão do Conhecimento 175

14 Gestão do Conhecimento em uma Instituição de Pesquisa:
o Caso da Embrapa Milho e Sorgo 177
Leonardo Paiva Martins de Oliveira
Jorge Tadeu de Ramos Neves

15 Painel do Gestor: um Instrumento de Indicadores
Balanceados de Gestão Universitária como Suporte
à Criação do Conhecimento, para Tomada de Decisão 191
Luciano Rodrigues Marcelino

Parte 1

*Gestão do Conhecimento e
Estratégias Organizacionais*

Estratégias para Implantação de Gestão do Conhecimento

Isamir Machado de Carvalho

1. Introdução

A estratégia é inerente à condução das organizações. Com o desenvolvimento da economia contemporânea, uma série de modificações se verificaram no cenário organizacional. Os executivos passaram a prospectar mais ainda o futuro e a focar em um novo elemento: o conhecimento. Começaram a perceber que o conhecimento é o que faz a diferença, que é um recurso valioso. Surge, então, a pergunta crucial dos atuais executivos: Quais devem ser os movimentos estratégicos, relacionados ao conhecimento, para o alcance dos objetivos pretendidos? Como obter vantagem competitiva da organização com conhecimentos? As respostas podem ser úteis, tanto para organizações públicas quanto privadas. Para encontrar respostas, a definição de estratégias, a atuação da alta direção da organização e a escolha de práticas apropriadas parecem ser os caminhos.

Para começar esta reflexão é conveniente delimitar entendimentos sobre estratégia e gestão do conhecimento. Sabe-se que a definição de uma clara estratégia para a organização é fundamental, pois mostra os caminhos a serem percorridos. Entre os vários conceitos apresentados pela literatura, cita-se o de Mintzberg (1983), que afirma que a estratégia é uma forma de pensar no futuro, integrada no processo decisório, com base em um procedimento formalizado e articulador de resultados e em uma programação. Por sua vez, a gestão do conhecimento surge no início da década de 1990 como parte de estratégia empresarial, e não mais uma moda de eficiência operacional (Sveiby, 1998). A gestão do conhecimento para Drucker (1998), pode ser entendida como um modo ou sistema usado para capturar, analisar, interpretar, organizar, mapear e difundir a informação, para que ela seja útil e esteja disponível como conhecimento. De modo semelhante, para Santos *et al* (2001), é o processo sistemático de identificação, criação, renovação e aplicação dos conhecimentos, que são estratégicos na vida de uma organização.

Para as organizações fazerem gestão do conhecimento no Brasil, segundo Terra (2000), serão necessárias profundas revisões nos valores das lideranças empresariais nacionais. Ele acredita que esse é o primeiro passo, e talvez o mais importante. Defende que a principal vantagem competitiva das empresas se baseia no capital humano ou, ainda, no conhecimento tácito que seus empregados possuem. Este conhecimento é difícil de ser imitado, copiado e "reengenheirado". É, ao mesmo tempo, individual e coletivo, leva tempo para ser construído e é, de certa forma, invisível, pois reside na cabeça das pessoas. Conceitua, então, a Gestão do Conhecimento ao afirmar que, desta maneira, está intrinsecamente ligada à capacidade das empresas de combinarem as várias fontes e tipos de conhecimento organizacional para desenvolverem competências específicas e capacidade inovadora, que se traduzem, permanentemente, em novos produtos, processos, sistemas gerenciais e liderança de mercado.

Então, com a clareza do que vêm a ser estratégia e a percepção da relevância do conhecimento, a alta direção das organizações tem o atual desafio de relacioná-las aos aspectos práticos do ambiente de negócios. A gestão do conhecimento deve estar inserida nas estratégias e a criação de conhecimento contemplada, de alguma forma, no referencial estratégico, para que seja possível obter a vantagem competitiva. É o que afirmam Von Krog *et al* (2001), ao descreverem capacitadores de conhecimento. A abordagem desses autores é oportuna para a compreensão de estratégias relacionadas ao conhecimento, as quais apresentamos ao leitor neste capítulo.

"Instilar a visão do conhecimento", segundo os autores, é uma forma de vincular metas a um plano de ação. A organização, ao perceber que o conhecimento é um recurso essencial, deve estabelecer estratégias para ligar os sonhos às realizações. As abordagens tradicionais de estratégia concentradas em idéias, objetivos e resultados têm ajudado as organizações a conduzirem suas atividades apenas para o curto prazo, apesar de tentarem conduzi-las ao longo prazo. Parecem não impulsionar para novos mercados, nem assegurar a sobrevivência da organização. Na realidade, a estratégia envolve a consecução de um estado de equilíbrio entre ordem e caos, mesmo que não pareça convincente. Assim, a utilização dos conhecimentos na organização – novos ou não – tornou-se foco das estratégias de negócios.

Para os autores, a responsabilidade na administração de uma organização de conhecimento recai sobre duas atribuições básicas: transformação dos conhecimentos em ações agregadoras de valor e atenção à situação competitiva da organização. O referencial estratégico proposto por eles se desdobra em duas estratégias básicas: **estratégias de sobrevivência** – em que as organizações exploram o conhecimento para manter o atual nível de sucesso e desempenho; e **estratégias de avanço** – que enfatizam o êxito no futuro e na melhoria do desempenho.

2. Referencial teórico

2.1 O valor do conhecimento

Nem todo conhecimento tem valor estratégico, apesar do conhecimento ser fonte de vantagem competitiva, afirmam Von Krog *et al* (2001). Eles argumentam que é fundamental avaliar o papel do conhecimento em relação à estratégia e necessário que os gerentes adotem um referencial prático. Muitas vezes, a alta gerência raramente se concentra na função estratégica do conhecimento ou na importância dos programas de criação de conhecimento. Uma solução é a reformulação da maneira como o conhecimento é visto – um recurso vinculado a tarefas e resultados específicos. O Quadro 1 mostra a função estratégica do conhecimento e dos processos relacionados com o conhecimento.

Nos processos de conhecimento, dois tipos de estratégias se destacam: estratégias de sobrevivência e de avanço. As **estratégias de sobrevivência** asseguram a rentabilidade da organização no presente. Elas melhoram os pontos fortes e diminuem os pontos fracos da atual base de

Quadro 1 – Referencial Estratégico para o conhecimento

Estratégia	Vantagem competitiva	Fontes de vantagem competitiva	Papel do conhecimento	Importantes processos de conhecimento	Resultados
Sobrevivência	• Rentabilidade corrente • Não implementado pelos concorrentes • Os que tentam não conseguem reproduzir as vantagens originais	• Economias de escala • Economias de escopo • Diferenciação produto ou serviço	• Valioso, difícil de imitar, difícil de substituir • Exclusivo ou público • Capacidade de transferência às vezes é mais importante do que o conteúdo	• Transferência de conhecimento • Melhoria contínua	• Rentabilidade superior à média setorial
Avanço	• Rentabilidade futura • Não implementada • Os que tentam não conseguem reproduzir as vantagens originais	• Economias de escala potenciais • Economias de escopo potenciais • Diferenciação potencial produto ou serviço	• Novos conhecimentos para a inovação dos processos ou produtos • Novos conhecimentos transferíveis	• Criação de conhecimento • Inovação radical	• Rentabilidade futura superior à média setorial

Fonte: Von Krog *et al* (2001), p. 93.

recursos e de conhecimentos. Tentam garantir o domínio sobre o atual ambiente de negócios. Visam a diminuir o poder de negociação dos atuais fornecedores e clientes, baseando-se no posicionamento de sucesso comparado aos concorrentes, e atendem às expectativas das partes interessadas da organização, seja a sociedade, a comunidade, os empregados e o governo. Buscam dificultar a entrada de novos concorrentes no mercado e preparam a organização para reagir aos prováveis substitutos de seus produtos.

De outra maneira, as **estratégias de avanço** constroem a rentabilidade da organização no futuro. Reforçam os pontos fortes e tentam eliminar os pontos fracos na futura base de recursos e conhecimentos. Objetivam aproveitar as oportunidades futuras de negócios e neutralizar os efeitos de futuras ameaças do ambiente de negócios. O atual ambiente de negócios e a experiência acumulada não valem para a concepção desse tipo de estratégia. Ao contrário, a criatividade é a abordagem necessária para formular novas imagens da organização e de seu ambiente de negócios. Estratégias de avanço são comuns em setores emergentes, tais como de tecnologia da informação, serviços financeiros e telecomunicações. Aparecem em transição contínua os papéis dos participantes e o poder de negociação e o posicionamento do produto no mercado.

Na formulação de estratégias de avanço, as imagens criativas e intuitivas das pessoas de nível médio e da linha de frente da organização talvez sejam mais importantes que as dos gerentes experientes. Essas estratégias delineiam o modo como a organização influencia a evolução do setor. Essa influência é exercida por meio da contratação de pesquisadores escassos, formação de alianças estratégicas com instituições de pesquisa, desenvolvimento de padrões tecnológicos, ou construção de fortes vínculos com futuros fornecedores e clientes. Ainda, identificam os concorrentes potenciais e a reação provável deles às iniciativas da organização; promovem a criação de novos conceitos de produtos e serviços e indicam como melhor posicionar os produtos no mercado, em comparação aos concorrentes; e indicam como atender às futuras expectativas das partes interessadas da organização.

Os autores explicam, ainda, que o equilíbrio entre as estratégias de sobrevivência e avanço permite que a organização se prepare para o desaparecimento das fronteiras setoriais, para as mudanças inesperadas no setor, para a rápida desvalorização dos atuais conhecimentos e competências e para a obsolescência dos produtos e serviços existentes.

Por outro lado, os autores apontam que o desequilíbrio resulta em uma visão míope da gerência sobre o setor e o mercado. Citam Mintzberg (1975), que afirma que os gerentes tendem a preferir "informações conversíveis em ações", e que essas ações permitem superar em capacidade de manobrar um concorrente difícil em determinado segmento de mercado – predominando as estratégias de sobrevivência. Assim, esta parece ser uma visão limitada da atuação dos gerentes sobre seu contexto.

A função estratégica do conhecimento é explicada por algumas variáveis, conforme indicado no Quadro 1. A **vantagem competitiva** pode ser entendida como o resultado de uma organização que tem desempenho superior ao dos concorrentes, ou como o resultado da implementação de uma estratégia de criação de valor (sobrevivência) que não esteja sendo adotada ao mesmo tempo por concorrentes atuais ou potenciais. Todavia, as estratégias competitivas não duram para sempre, pois, em algum momento, novos conhecimentos, tecnologias e produtos corroerão o potencial competitivo. Novos conhecimentos, tecnologias e produtos se farão necessários, especialmente nos últimos anos em que os ciclos de vida das vantagens competitivas forem reduzidos. Os gerentes devem continuar com suas estratégias de sobrevivência, mas também devem desenvolver estratégias voltadas para a criação e o valor, por meio de estratégias de avanço.

As **fontes de vantagem competitiva** nutrem as estratégias de sobrevivência e de avanço. As estratégias de sobrevivência utilizam as atuais fontes de vantagem competitiva, quais sejam: custos de fabricação inferiores aos dos concorrentes (mais experiência); custos de qualidade mais baixos (colaboração dos fornecedores); investimentos compartilhados em P&D; serviços comuns a várias unidades de negócios; propriedade de patentes, direitos de autor, segredos comerciais ou exclusividade de projetos de produtos. Por sua vez, as estratégias de avanço exploram as futuras fontes de vantagem competitiva; novos processos de fabricação de baixo custo, novos produtos e serviços com características únicas e alavancagem de experiências adquiridas nos negócios existentes para a criação de novos negócios. Assim, as vantagens competitivas, conforme apontam os autores Porter (1990) e Rummelt (1980), constituem se de baixo custo de processo decorrente de qualidades únicas ou de características valorizadas pelos clientes; de localização geográfica; ou da exclusividade de certas habilidades e de determinadas ofertas de serviço.

O **papel do conhecimento** nas organizações é fundamental, mas nem sempre tem sido percebido pelos gerentes da alta direção. Nas estratégias de sobrevivência e de avanço, o papel do conhecimento é diferente, sendo que, no contexto de negócios, pode ser visto em duas categorias: conhecimento exclusivo e público. O primeiro está contido apenas na organização e o segundo é acessível aos vários concorrentes.

O conhecimento exclusivo é valioso quando aplicado em atividades criadoras de valor e em oportunidades de negócios. Os concorrentes, normalmente, fazem *benchmarking* com os líderes do setor para nivelar o desempenho. Entretanto, o conhecimento envolvido não consegue ser imitado com facilidade. Sob esse aspecto, pode ser citado o conhecimento sob a forma de patente, em que produtos patenteáveis são baseados no conhecimento explícito. Porém, o registro de patentes é um processo demorado, custa caro e os direitos de patente são de difícil aplicação devido aos imitadores – o que costuma ser resolvido com alterações incrementais na tecnologia básica.

Os conhecimentos tácitos, sociais ou individuais são mais difíceis de serem imitados do que o conhecimento explícito – aqueles que constam de documentos e manuais. O conhecimento tácito, muitas vezes, não consegue ser reproduzido, ou o processo de imitação é muito caro, impedindo que o imitador atinja a paridade do custo. Conhecimentos tácitos podem ser resultantes de relacionamentos pessoais, de hábitos compartilhados e intuição, enfim, de fatores não documentáveis com facilidade. Por exemplo, os problemas de qualidade de suprimentos podem ser resolvidos por meio de intensas interações pessoais com representantes de fornecedores, e não apenas por meio do intercâmbio de procedimentos de fabricação, ou transferência de documentos de engenharia e especificações de produtos, devido à proximidade física entre fornecedores e fabricantes. O conhecimento social é aquele compartilhado por todos os membros da organização que participam do processo e por partes interessadas.

Para que o conhecimento seja fonte de vantagem competitiva, os concorrentes devem ter dificuldade em atingir o mesmo nível de custo ou diferenciação de produto ou serviço. A eficiência operacional e a inovação radical são facilitadas com a transferência de conhecimentos individuais e sociais exclusivos. Também podem se facilitadores o compartilhamento de investimentos e custos entre produtos, mercados e negócios.

E os conhecimentos públicos seriam, de alguma forma, também fonte de vantagem competitiva sustentável? Em princípio, a resposta é negativa. Os conhecimentos públicos são conhecimentos sociais explícitos ou individuais tácitos de fácil documentação. São do tipo exposto em relatórios de pesquisa, projetos de engenharia, anais de simpósios, livros didáticos, manuais de consulta e anotações de sala de aula. Quase sempre representam soluções técnicas genéricas, disponíveis de graça no mercado. Alguns conhecimentos públicos são do tipo narrativo, sobre os quais os gerentes ouvem, contam e recontam histórias referentes ao setor, aos concorrentes, à organização.

Todavia, o processo é mais importante que o conteúdo, isto é, o que a organização faz com o conhecimento importa mais do que a disponibilidade pública do conteúdo – significa aplicar o conhecimento em atividades criadoras de valor. Às vezes, a capacidade de transferência de conhecimentos genéricos para as áreas da organização é crítica para seu sucesso, tornando os processos exclusivos, valiosos e de difícil imitação e substituição. Assim, a capacidade de inovação pode ser ampliada com o compartilhamento de conhecimentos públicos entre unidades organizacionais, em diferentes produtos, mercados ou negócios e, em última instância, gerar fontes de vantagem competitiva.

Os **processos de conhecimento** são gerados pelas estratégias de sobrevivência e de avanço, porém são singulares. Podem ser processos que transferem conhecimentos (e reforçam as condições de sobrevivência) e processos que criam novos conhecimentos (e contribuem para o avanço). Nas estratégias de sobrevivência, prevalecem a rapidez e a eficácia da transferência de conhecimentos entre os negócios, pois o conhecimento está disponível e sua utilização eficaz é o fator relevante para a sustentação das vantagens competitivas, apesar de também se encontrarem, nesse tipo de estratégia, os elementos de criação de conhecimento. Já nas estratégias de avanço, o processo predominante é o de criação de novos conhecimentos para o desenvolvimento de futuras vantagens competitivas sustentáveis, ainda que se identifiquem elementos de transferência de conhecimento.

2.2 Buscando o equilíbrio entre as estratégias

Para os autores Von Krog et al (2001), a prática gerencial atual é dominada pelo pensamento de sobrevivência. Os gerentes pensam nos atuais conhecimentos, recursos, clientes, fornecedores e concorrentes. Os executivos usam o conhecimento na formulação de estratégias limitando-o à organização e ao setor, sendo aprimorado apenas pela identificação e utilização das atuais fontes de vantagem competitiva. Parece que os gerentes são influenciados pelas necessidades imediatas dos acionistas – sobre retornos financeiros, dos clientes – sobre serviços excelentes, agora, dos empregados – sobre seus salários e demais partes interessadas.

As razões pelas quais os gerentes optam pela sobrevivência e não pelo avanço dos negócios são várias. Os autores acreditam que algumas razões se baseiam em situações concretas de medo, ansiedade e ameaça à auto-imagem; outras se concentram em necessidades de curto prazo ou não têm tempo para desenvolver estratégias de avanço; algumas estão relacionadas à crença de que os efeitos adversos não venham à tona enquanto estiverem na organização; outras envolvem o pensamento de que o futuro e a criação de novos conhecimentos são processos que implicam altos riscos.

Em ambientes estáveis, a organização consegue prosperar apenas com estratégias de sobrevivência, mas se o ambiente passar por transformações, a preocupação apenas com a sobrevivência colocará em risco o seu futuro. A gestão estratégica trata da formulação e implementação de estratégias e, em última instância, define as áreas de atuação da organização e a extensão em que ela será bem-sucedida, em comparação com os concorrentes. Por tratar da alocação de recursos para a preservação e o desenvolvimento das atuais e de novas vantagens, a formulação de estratégias oferece a melhor oportunidade para restaurar o equilíbrio entre sobrevivência e avanço. Alguns gerentes partem da sobrevivência e do avanço no nível pessoal e, posteriormente, transferem para a organização. De modo semelhante, alguns grupos gerenciais dedicam parte de seu tempo a exercícios de desenvolvimento de equipe, como sessões de "rompimento de fronteiras", em que devem apresentar idéias não-convencionais sobre como desenvolver o setor ou o ambiente competitivo. Outros grupos definem, ainda, horizontes estratégicos de curto e de longo prazo. Para os autores, o uso de perguntas que promovam a reflexão durante as sessões dos grupos pode ser útil para a obtenção do equilíbrio adequado. As seguintes questões são propostas:

Estratégias de sobrevivência

1. Como mudar nossa estratégia de sobrevivência para sustentar ou elevar o nível de rentabilidade?
2. Que concorrentes atuais e potenciais estão começando a implementar estratégias de sobrevivência semelhantes?
3. Quais são as nossas atuais fontes de vantagem competitiva e como aprimorá-las para sustentar nossa vantagem competitiva ao longo do tempo?
4. Como reter o valor e a singularidade dos conhecimentos da organização e ao mesmo tempo defendê-los contra tentativas de imitação ou substituição pelos concorrentes? Como transferir conhecimentos exclusivos e públicos entre diferentes produtos, mercados, negócios e unidades organizacionais com mais eficácia do que nossos concorrentes?

Estratégias de avanço

1. Em que deve consistir nossa estratégia de avanço para garantir os níveis de rentabilidade no futuro?
2. Que concorrentes seriam capazes de implementar estratégias de avanço semelhantes?
3. Quais devem ser nossas futuras fontes de vantagem competitiva e como torná-las sustentável?
4. Como criar novos conhecimentos que se transformem em fontes de vantagem competitiva sustentável? Quais devem ser os elementos desses conhecimentos? Como tornar esses conhecimentos difíceis de imitar e substituir já no início do processo de criação – em outras palavras, de que maneira usar o conhecimen-

to próprio como fonte de vantagem competitiva? Como transferir novos conhecimentos entre produtos, mercados e unidades organizacionais?

Von Krog et al (2001) apontam que é importante ter em mente algumas regras básicas quando se formulam essas perguntas. Primeiro, a equipe gerencial precisa submeter-se a um processo de visualização do conhecimento futuro, não apenas de negócios futuros. Deve enfatizar a ligação entre visão e estratégia e mostrar a participação no processo de equilíbrio entre sobrevivência e avanço. Segundo, deve haver reconhecimento de que não existem autoridades naturais no futuro. Os gerentes da alta administração possuem experiência, porém arraigada, na história da organização, no conhecimento do passado, nas competências e ativos existentes, na dinâmica competitiva do setor no passado e nas expectativas das partes interessadas, também no passado. Para o processo de identificação das demandas de conhecimento da organização no futuro, é preciso ouvir muitas vozes. Convém ampliar as perspectivas da equipe gerencial com a visão de jovens participantes que cultivem idéias não-convencionais. Terceiro, a formulação de estratégias de avanço requer escala. A equipe gerencial deve analisar o conhecimento em categorias amplas visando propiciar perspectivas mais completas sobre possíveis estratégias de avanço. Essas categorias amplas serão capazes de orientar processos de diferenciação cada vez mais refinados.

Por fim, as conversas sobre estratégias são um recurso valioso para a organização e representam o começo do futuro. Sugere-se que as conversas devam ser registradas de alguma forma, reservando-se tempo para reflexões coletivas sobre temas e resultados. Novamente, algumas perguntas: quais são os novos *insights*? Em que áreas a organização deve desenvolver mais conhecimentos e onde se necessita de pesquisas adicionais? Por que certas idéias foram substituídas por outras? Todos os participantes de fato emitiram opiniões? A participação foi bastante ampla?

Os autores concluem que a proposta é desvencilhar-se da armadilha do passado para a formulação bem-sucedida de estratégias de avanço. O desafio para os gerentes da alta direção é conseguir o equilíbrio entre o pensamento de sobrevivência e o de avanço na prática diária – honrar o passado e ficar de olho no futuro.

3. Caso Serpro

O Serviço Federal de Processamento de Dados (Serpro) é a maior empresa pública de prestação de serviços em Tecnologia da Informação e Comunicações – TIC do Brasil. Foi criada pela Lei nº 4.516, de 1º de dezembro de 1964, para modernizar e dar agilidade a setores estratégicos da administração pública. É uma empresa vinculada ao Ministério da Fazenda e cresceu desenvolvendo programas e serviços que permitiram maior controle e transparência sobre a receita e os gastos públicos. Consolidou-se, ao longo desses anos, aprimorando tecnologias adotadas por diversos órgãos públicos federais, estaduais e municipais, e incorporadas à vida do cidadão brasileiro.

Situa-se, fisicamente, em uma sede central (localizada em Brasília) e em dez regionais distribuídas pelo território nacional. São quase 10.000 empregados, alocados em mais de 330 municípios brasileiros. Seu mercado de atuação está no segmento das finanças públicas, constituído pelo Ministério da Fazenda, com suas secretarias e demais órgãos, correspondendo aproximadamente 85% do volume de negócios da empresa. Atua, também, no segmento das ações estruturadas e integradoras da Administração Pública Federal, que é formado pelo Ministério do Planejamento, Orçamento e Gestão, e estende-se a outros órgãos governamentais que venham a constituir ações nesse segmento e que demandem serviços característicos da empresa.

Novidades como declaração do imposto de renda via Internet, sistemas informatizados que gerenciam o orçamento da União, redes que permitem integrar balancetes contábeis ao Fundo de Participação de Estados e Municípios, serviços computadorizados que informam quanto o Brasil exporta e importa têm a marca do Serpro. Com sua ampla base operacional, presta serviços em rede que abrange todo o território nacional, em um volume de ordem superior a um bilhão de transações on-line anuais, com sistemas popularizados por siglas ou expressões como: Siscomex, Rais, Renavam, Siafi, Siape, IRPF, Receitanet, Rede Governo, Siafem, Siapenet, Siorg e outros já inseridos nas esferas econômicas e sociais da vida do governo, das empresas e dos cidadãos brasileiros. O Serpro atua de forma a oferecer aos seus clientes soluções tecnológicas que lhes permitam a concentração nas suas atividades principais, com dados e informações adequadas às suas operações e decisões.

Nesse contexto, novas estratégias têm sido adotadas, entre elas, a gestão dos conhecimentos essenciais para garantir a continuidade dos seus serviços, com o objetivo de:

- identificar o que as pessoas da empresa sabem;
- intensificar a utilização do conhecimento especializado;
- compartilhar conhecimentos entre as pessoas;
- facilitar a reutilização de conhecimentos existentes em novas situações;
- facilitar o desenvolvimento profissional das pessoas; e
- fortalecer a percepção do valor da empresa pelos clientes.

Essa estratégia foi viabilizada, de forma mais explícita, a partir de 2000, com a implantação da gestão do conhecimento, tratada em dois segmentos denominados "ambiente pessoas e times" e "ambiente tecnologia da informação aplicada à gestão do conhecimento". Foram definidas ações específicas relacionadas ao compartilhamento e intercâmbio de conhecimentos; desenvolvimento de pessoas; sistematização do conhecimento técnico dos processos organizacionais; ambiente organizacional para aprendizagem; e papel das lideranças. A ação específica para o papel das lideranças se referiu a orientar, basicamente, a atuação junto a cada time, no sentido de garantir a efetividade do processo de intercâmbio e reutilização de conhecimentos e incentivo à inovação, qualidade e ao aumento de produtividade, e gestão de talentos e competências.

A missão de "prover e integrar soluções em Tecnologia da Informação e Comunicações para o êxito da gestão das finanças públicas e da governança do Estado, em benefício da sociedade", inspira a política de gestão do conhecimento da empresa. O desenvolvimento das ações relativas à Gestão do Conhecimento Organizacional (GCO) tem sido orientado por conceitos, em especial, que "a Gestão do Conhecimento é um processo sistemático de identificação, criação (aquisição, captura, coleta), compartilhamento (disseminação, distribuição, partilha, transferência), aplicação (validação, interpretação, uso), e proteção dos conhecimentos que são necessários para a vida de uma organização". A seguir, são apresentadas as principais realizações do Serpro, nos últimos anos, relativas a esta temática.

2000

- Aprovação da Política GCO do Serpro.
- Criação do Comitê Permanente de Representantes GCO.
- Capacitação de 26 empregados em curso de pós-graduação em Gestão Estratégica do Conhecimento e Inteligência Empresarial (PUC/PR).

2001

- Implantação do Portal Corporativo Serpro com a migração dos conteúdos da Intranet.
- Publicação do livro "Gestão do Conhecimento, uma experiência para o sucesso empresarial" (parceria Serpro/PUC-PR/Esaf).
- Definição da Política de Propriedade Intelectual do Serpro.

2002

- Realização da Semana do Conhecimento Serpro nas dez Regionais no país.
- Implantação do ensino a distância.
- Inclusão de indicadores de desempenho relativos à Gestão do Conhecimento no Planejamento Estratégico do Serpro.

2003

- Representação do Serpro no Comitê Técnico de Gestão de Conhecimento e Informação Estratégica, vinculado ao Comitê Executivo do Governo Eletrônico, para apoiar a formulação de política de GC para a Administração Pública Federal.
- Apresentação e publicação de artigos técnicos em vários eventos (ISKM 2001, 2002 e 2003 e KM Brasil 2003).
- Criação da Universidade Corporativa Serpro – UniSerpro.

2004

- Participação no estudo Ipea: "O governo que aprende: gestão do conhecimento em organizações do executivo federal". O Serpro foi inserido no estágio V – Institucionalização. (Textos para Discussão nº 1022 de 2004, www.ipea.gov.br.)

- Atuação no Comitê do EGOV – interoperabilidade – Lista de Categorias para os sítios do Governo Federal.

- Apresentação e recebimento de visitas de várias instituições governamentais e privadas sobre a experiência do Serpro em Gestão do Conhecimento.

- Reestruturação da forma de atuação do Comitê Permanente de Representantes GCO: foco em algumas práticas.

- 1º *Workshop* GCO: "A Gestão do Conhecimento e a integração aos Processos Corporativos do Serpro".

2005

- Reestruturação da estratégia de Gestão do Conhecimento Organizacional: consolidar GCO na empresa.

- Estudo da transição do Portal Corporativo Intranet alinhado à Internet em tecnologia livre.

- Participação no estudo Ipea: "Práticas de Gestão do Conhecimento na Administração Pública". O Serpro foi a segunda empresa do *ranking* em relação às empresas estatais. (Textos para Discussão nº 1095 de 2005, www.ipea.gov.br.)

- 2º *Workshop* Gestão do Conhecimento Organizacional na Administração Pública no Brasil.

- Delineamento do Modelo GCO do Serpro e inclusão de novos papéis no Comitê Permanente (Representantes Regionais, Representantes Institucionais e Participantes Especiais).

- Revisão da Política de Propriedade Intelectual e redigida Norma.

- Coordenação de pesquisas de mestrado e doutorado na empresa.

- Realização do Projeto de Compartilhamento de Conhecimento, com a identificação de processos, conhecimentos críticos, segredos de negócios, pessoas-chave e cálculo preliminar do índice de perda de capital humano (IPCH).

- Participação da mesa-redonda de Pesquisa-Ação em Gestão por Competências e lançamento do livro "Gestão por Competências em organizações de governo", Enap.

2006

- Implementação do Programa GCO Serpro 2006, a partir de pesquisa feita junto à Diretoria, com ações e projetos.

- Formalização dos grupos de trabalho GCO das unidades e das regionais e inclusão de novo papel (empregados interessados).

- Implementação do novo Portal Corporativo, Serpronet, em tecnologia livre, com página específica para Gestão do Conhecimento Organizacional dentre as demais.

- Criação do Comitê Consultivo GCO para atuação em nível estratégico (inclusão do papel de representante consultivo).

- Compartilhamento da experiência Serpro em GC com: Banco do Brasil, Caixa, Chesf, Datasus, Enap, Eletrosul, FIC, Fiocruz, Petrobrás, TRT, UnB e UFSC.

- Participação em eventos com inscrição de artigos científicos: III Conegov – Conferência Sul-Americana em Ciência e Tecnologia Aplicada ao Governo Eletrônico; III Congep – Congresso Nacional de Gestão do Conhecimento na esfera pública, 30º Encontro da Anpad – Associação Nacional de Pós-Graduação e Pesquisa em Administração.

- Organização e lançamento do segundo livro do Serpro: "Gestão do Conhecimento: uma estratégia empresarial".

O Modelo de Gestão do Conhecimento do Serpro é constituído por Política, conjunto de Práticas Empresariais, Componentes e Instrumentos

Tecnológicos, Envolvidos e Papéis, sendo apoiado por mecanismos de proteção ao conhecimento.

Política: visa à preservação do conhecimento organizacional necessário ao funcionamento da empresa, à prestação dos serviços aos clientes e à continuidade dos negócios.

Práticas Empresariais: algumas já desenvolvidas, e outras em desenvolvimento, são: *Benchmarking*, Comunidades Fóruns (virtuais ou presenciais), Gestão dos ativos intangíveis, Gestão eletrônica de documentos (GED), Gestão por Competências, Mapeamento do Conhecimento, Memória organizacional, *Mentoring*, Sistema de Inteligência do Negócio, Sistema de *Workflow*, Universidade Corporativa – UniSerpro (educação corporativa).

Componentes e Instrumentos Tecnológicos: os que apóiam diretamente a GC são Serpronet (intranet), Árvore Serpro de Conhecimento, Base Serpro de Conhecimento e Sistema Perfil. Os demais sistemas de informação também contribuem para a gestão da informação e gestão do conhecimento, que são os que envolvem o sistema de mensageria oficial, portfólio de projetos, histórico de aquisições, apenas para citar alguns, disponíveis na intranet a todos os empregados, com níveis de acesso pertinentes.

Envolvidos e Responsabilidades: na estrutura funcional, participam desse processo a Diretoria (responsável pela política), a Coordenação GCO (responsável por orientar e coordenar a implementação com os Comitês GCO), Área de sistemas internos (responsável pelo apoio tecnológico), unidades organizacionais (responsáveis pela implementação em suas áreas), Empregados (registram, compartilham e reutilizam conhecimentos por meio das práticas adotadas).

Funcionamento: o processo funciona, em estrutura matricial, por meio da Rede GCO Serpro, constituída de comitês e grupos de trabalho interáreas, designados formalmente por Decisão de Diretoria e Decisões Setoriais. São denominados de Comitê GCO Consultivo (nível estratégico), Comitê GCO Permanente (nível tático-operacional) e Grupos de Trabalho das Unidades e das Regionais.

Proteção ao Conhecimento: O conhecimento é protegido pela Política Serpro de Propriedade Intelectual; Política Serpro de Segurança, Programa de Segurança e Norma de Classificação da Informação; Controles de acesso aos sistemas e procedimentos de *back up* presente nas soluções tecnológicas; Código de Ética envolvendo empregados, fornecedores e clientes, inclusive com cláusulas de confidencialidade.

Em relação aos benefícios do processo de Gestão do Conhecimento no Serpro, alguns pontos podem ser ressaltados. As inovações da empresa são decorrentes dos resultados de seus vários métodos de trabalho e, entre eles, com certeza, estão os relacionados à Gestão do Conhecimento. As práticas empresariais, de algum modo, alavancam a disseminação e o compartilhamento de conhecimentos, por meio de mecanismos e tecnologias, contribuindo para a melhoria dos seus produtos e serviços. O uso da Intranet, que abrange diversos sistemas aplicativos internos, inclusive correio eletrônico, permite o atendimento de necessidades de informações dos empregados em suas atividades diárias. As **comunidades de conhecimento** possibilitam que problemas identificados sejam solucionados por especialistas no assunto. Citam-se, como exemplo, as comunidades especializadas nos produtos e serviços da Empresa. São comunidades que dão suporte à Central de Atendimento do Serpro – CAS; constituídas por especialistas, realizam atendimento virtual, independentemente da localização geográfica dos profissionais. A prática relacionada às **competências** é traduzida pelo Modelo de Gestão por Competências do Serpro, que está em desenvolvimento. Os principais componentes deste modelo são o Sistema Perfil, que se refere ao "o que os empregados sabem", e o Plano de Gestão de Carreiras, em fase de construção, que inclui "o que os empregados precisam saber". Tal prática propicia a obtenção de uma rede de especialistas por área de conhecimento com vistas a agilizar a formação de equipes, capacitação, formação de comunidades, e até alocação de pessoal em postos de trabalho. A **educação corporativa**, promovida pela Universidade Serpro, tem orientado a educação e desenvolvido conhecimentos em sistemas públicos de informação, com ênfase em Tecnologia da Informação e Comunicação, Administração Pública e Gestão para empregados e clientes do Serpro. Os empregados têm participado dos programas oferecidos, o que tem elevado o nível de capacitação profissional, de modo a permitir que sejam enfrentados os desafios empresariais. Os programas incluem: programa de incentivo à educação superior, programa de educação pós-graduada, programa de incentivo a línguas estrangeiras, educação via satélite e ensino a distância com a Escola Virtual, sendo esta última modalidade também oferecida aos clientes interessados.

De outra maneira, destacam-se resultados de projetos relacionados à Gestão do Conhecimento na empresa. Os resultados do projeto Compartilhamento de Conhecimento, realizado em 2005, geraram informações úteis para as unidades do Serpro. O objetivo geral visou a ampliar a documentação dos processos finalísticos e organizacionais para atender às necessidades relacionadas à política de propriedade intelectual, política de gestão do conhecimento e política de gestão de pessoas. As variáveis consideradas foram: processos, conhecimentos críticos, segredos de negócio e pessoas-chave. Como conseqüência, foi desmistificada a percepção de existência de cultura de não-compartilhamento, pois foram identificadas várias práticas de compartilhamento de conhecimento realizadas pelos empregados, além dos mecanismos e instrumentos que a organização já utiliza. Nesse projeto, foram evidenciadas as seguintes práticas empresariais: uma pessoa responsável e pelo menos uma outra de *back up* (área financeira); duplas de pessoas para o repasse de atividades e respectivos conhecimentos (área de gestão); adoção de método de trabalho por equipes – PSDS (área de negócio); utilização de manuais de procedimentos (área de gestão financeira); realização permanente de instrutoria interna (área de negócio); mapeamento dos processos e informações disponíveis em sítio Intranet (área de gestão); e comunidades presenciais (área de gestão). Tais práticas parecem justificar o motivo pelo qual as unidades organizacionais não realizaram sessões de compartilhamento de conhecimento, propostas pelo projeto, para ampliar a geração de documentação de processos, podendo significar que os indivíduos desenvolvem procedimentos de trabalho de forma compartilhada. Esse projeto também contribuiu para a questão da propriedade intelectual ao identificar os principais tipos de segredos de negócios.

Em linhas gerais, a empresa aufere vantagens com o processo de Gestão do Conhecimento Organizacional. Em essência, é possível vislumbrar: para as pessoas – a capacitação e desenvolvimento profissional; a otimização de atividades devido à reutilização de conhecimento. Para o Serpro – podem ser apontados o registro e compartilhamento de idéias, experiências e informações; a preservação do conhecimento organizacional; o aumento da *expertise* das equipes; a descoberta de novas oportunidades de negócios. Já para os clientes – podem ser destacadas a qualidade de produtos e serviços e a agregação de valor. Por sua vez, para o governo – verifica-se a geração de conhecimentos públicos para o desenvolvimento econômico e social do Brasil. Finalmente, para o cidadão – podem ser constatados a inclusão digital; o canal interativo entre governo, sociedade e cidadão; e serviços que atendam às suas necessidades.

Fonte: texto adaptado de conteúdos da internet (www.serpro.gov.br) e Intranet da empresa, disponíveis em 2007.

4. Considerações finais

A adoção de estratégias para se obterem resultados esperados é algo complexo, que requer habilidade dos tomadores de decisão. A real avaliação dos resultados é um desafio, em especial quando trata de aspectos que envolvem ativos tangíveis e intangíveis. Em busca de satisfazer os clientes com agregação de valor aos produtos e serviços, as organizações contemporâneas têm adotado métodos de trabalho cada vez mais sofisticados, envolvendo tecnologias diversas e pessoal cada vez mais capacitado, tornando ainda maior o desafio da avaliação dos resultados obtidos. As empresas públicas brasileiras têm acompanhado esse movimento, talvez tanto quanto as organizações privadas – uma observação para provocar os pesquisadores de plantão. Pesquisas realizadas pelo Ipea em 2004 e 2005 apontam o quanto organizações públicas estão investindo em estratégias em busca do tratamento dos seus ativos intangíveis – da Gestão do Conhecimento. Os resultados do esforço dessas organizações ainda não foram identificados, entretanto, foi constatado que existem algumas que já estão mais cientes do que outras. O Serpro, empresa de TIC, de vanguarda tecnológica, está inserido nesse contexto relacionado à Gestão do Conhecimento, tendo sido referência na Administração Pública Federal. Nos últimos anos, vários métodos de trabalho e normas foram incorporados aos seus processos, tais como *Information Technology Infrastructure Library – ITIL, Capabililty Maturity Model – CMM, Project Management Institute – PMI, Balance Scorecard – BSC*, NBR ISO/IEC 17799, além de tecnologias abertas e livres, de última geração. Desse modo, o Serpro tem crescido como empresa inovadora, sob vários aspectos, entre eles em volume de produtos e serviços oferecidos aos seus clientes, e, em paralelo, com crescimento de seu faturamento. No entanto, a dificuldade reside em apontar, especificamente, qual estratégia adotada que efetivamente gerou resultado. Por outro lado, também se questiona o porquê da não-geração de outros resultados esperados. Sabe-se que não é uma matemática simples. Uma análise do ambiente operacional e de negócios da empresa sugere que um conjunto de fatores é que tem oferecido resultados favoráveis e que envolve, de algum modo, o trato do recurso da economia contemporânea, o conhecimento. Nesse sentido, os resultados obtidos pela empresa têm sido decorrentes da aprendizagem e solução dos problemas considerados relevantes pelos tomadores de decisão. A explicitação das estratégias da empresa, sem dúvida, contribuiu para o desenvolvimento da atual cultura organizacional e dos resultados produzidos. O desafio é a continuidade das conquistas e a alavancagem para novos estágios de maturidade de desenvolvimento organizacional – que requerem abordagens cada vez mais integradas, e que propiciam, em contrapartida, melhores resultados.

Referências

BATISTA, F. F. et al. Gestão do conhecimento na administração pública. **Textos para discussão**, n.1095. Brasília: Ipea, 2005.

DAVENPORT, T. H. & PRUSAK, Laurence. **Conhecimento empresarial**. Rio de Janeiro: Campus, 1998.

DRUCKER, P. **A organização do futuro: como preparar hoje as empresas de amanhã**. São Paulo: Futura, 1997.

_____. **As novas realidades**. São Paulo: Pioneira. 1998.

_____. **Sociedade pós-capitalista**, São Paulo: Pioneira. 1993.

MINTZBERG, H. *What is planning anyway*. **Strategic Management Journal**, New York, n 2. Oct.1983.

NONAKA, I. e Takeuchi, H. **Criação de conhecimento na empresa**. Rio de Janeiro: Campus, 1997.

SANTOS, A. R. et al. **Gestão do conhecimento: uma experiência para o sucesso empresarial**. Curitiba: Champagnat, 2001.

SVEIBY, L. E. **A nova riqueza das organizações**. Rio de Janeiro: Campus, 1998.

TERRA, J. C. C. **Gestão do conhecimento: o grande desafio empresarial**. São Paulo: Negócio, 2000.

VON KROGH, G. et al. **Facilitando a criação de conhecimento: reinventando a empresa com o poder da inovação contínua.** Rio de Janeiro: Campus, 2001.

Isamir Machado de Carvalho – Mestre em Administração pela Universidade de Brasília (UnB); pós-graduada em Gestão Estratégica do Conhecimento e Inteligência Empresarial (PUC-PR) e em Finanças Públicas (FGV-DF). Trabalha no Serpro desde 1982, empresa pública de Tecnologia da Informação e Comunicação (TIC), vinculada ao Ministério da Fazenda. Atuou nas áreas de Planejamento, Orçamento, Qualidade, Gestão Empresarial e Gestão de Pessoas. Desde 2003, é coordenadora da Gestão do Conhecimento Organizacional do Serpro. Possui trabalhos publicados; é co-autora dos livros "Gestão do Conhecimento, uma experiência para o sucesso empresarial", do Serpro (2001), "Gestão por Competências em organizações de governo", da Escola Nacional de Administração Pública (Enap) (2005), "Gestão do Conhecimento: uma estratégia empresarial", do Serpro (2006), do qual também é organizadora. Atuou como examinadora em prêmios de qualidade (1996 a 1998) e tutora em cursos de Extensão Universitária (2003) pela UnB. No governo federal, participa do Comitê Técnico de Gestão do Conhecimento e Informação Estratégica (CT-GCIE), vinculado ao Programa do Governo Eletrônico (E-gov) – isamir.carvalho@gmail.com

2

Gestão do Conhecimento Integrada à Estratégia Organizacional

Sonia Goulart

1. Introdução

Ao definir como pretende chegar a um futuro que vislumbra, em função de suas capacidades e recursos atuais e de análises dos ambientes interno e externo, a empresa traça suas estratégias, com objetivos e metas definidos.

A sustentabilidade dessas estratégias está ligada a recursos de difícil imitação pelos concorrentes, e, na sociedade atual, o corpo de conhecimentos existente nas pessoas e processos que compõem a empresa constitui-se em um dos recursos mais valiosos e estratégicos.

As estratégias dependem, para sua realização eficaz, desse grupo de conhecimentos e capacidades que a empresa deve ter ou desenvolver para transformar os objetivos estratégicos em ações. Esses conhecimentos são considerados críticos ou estratégicos.

Mapear esses conhecimentos, identificando quem os possui, em que níveis eles existem na empresa e como podem ser explicitados, tornou-se uma questão vital para as empresas, que adotam, adaptam ou desenvolvem métodos de mapeamento de conhecimentos.

Uma vez identificados os conhecimentos estratégicos, é imprescindível fazer sua gestão, por meio dos processos de captura, armazenamento, disseminação e compartilhamento, permitindo, dessa maneira, que sejam utilizados por toda a empresa, no aperfeiçoamento e na evolução de suas estratégias.

Para ilustrar a relação entre Gestão do Conhecimento e estratégia, mostraremos como a Caixa Econômica Federal alinhou o mapeamento dos conhecimentos, aos objetivos estratégicos daquele segmento da empresa.

2. Referencial Teórico

2.1 O que é estratégia

A estratégia é uma hipótese.
(David Norton)

A estratégia implica a transição de uma empresa de sua posição atual para uma posição futura, desejável, porém incerta. É o caminho que a empresa pretende utilizar para chegar ao futuro que almeja e envolve uma série de hipóteses interligadas, que são construídas a partir de análises dos ambientes interno e externo (Figura 1).

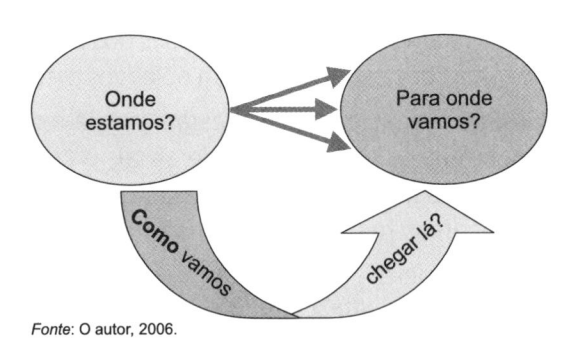

Fonte: O autor, 2006.

Figura 1 – Processo de Planejamento

Onde estamos?	Para onde vamos?	Como vamos chegar lá?
Primeiro, é necessário saber onde está a empresa, o que significa realizar uma análise de sua situação atual, com base nas variáveis explicativas mais importantes.	Em seguida, é identificado o futuro desejado, em termos dessas mesmas variáveis.	Finalmente, faz-se a identificação das ações necessárias para proceder à transformação na direção pretendida.

Segundo Porter (2006), a estratégia é uma forma de ser diferente, de escolher deliberadamente um conjunto de atividades que permitirá à empresa entregar um conjunto único de valores aos clientes. Essas escolhas determinam que atividades a empresa vai desempenhar, como ela vai se configurar internamente para esse desempenho e como essas atividades se relacionam umas com as outras.

2.2 A função da estratégia

A estratégia confere senso de unidade, direção e propósito à organização, facilitando as mudanças necessárias induzidas pelos ambientes interno e externo.

Andrews (2006) entende a estratégia como um modelo de decisões adotado pela empresa e identifica suas principais funções, como:

- determinar e revelar os objetivos, propósitos e metas da empresa;
- produzir as principais políticas e planos para atingir as metas definidas;
- definir o escopo de negócios que a empresa vai adotar;
- definir o tipo de organização econômica e humana que ela é ou pretende ser; e
- definir a natureza das contribuições econômica e não-econômica que ela pretende fazer para seus acionistas, empregados, clientes e comunidades.

Dessa maneira, a estratégia torna-se um modelo de decisões coerente, unificado e integrador, capacitando a organização a dar respostas consistentes e ágeis a oportunidades e ameaças externas, e a forças e fraquezas internas, com a finalidade de alcançar e manter um desempenho de excelência.

2.3 Estratégia competitiva sustentável

A sustentabilidade da estratégia está ligada à utilização de recursos intrinsecamente inimitáveis ou de difícil e cara imitação (PISANO e GHEMAWAT, 2006). Os exemplos podem incluir recursos físicos únicos (a melhor localização para determinado tipo de negócio), recursos cuja imitação é legalmente inviável (patentes) e recursos que podem ser impossíveis de imitar, por sua complexidade (cultura corporativa ou o conjunto de conhecimentos dos empregados de uma empresa).

O conhecimento, principalmente o tácito, gerado na empresa pela prática e pelo aprendizado cumulativo, é um dos recursos de mais difícil imitação, proporcionando, assim, sustentabilidade à estratégia e vantagem competitiva reconhecida.

Pode-se citar como exemplo a Intel, que acumulou um conhecimento relativamente único sobre fabricação de microprocessadores, ao longo de anos de aprendizado, em centenas de projetos de desenvolvimento de produtos e processos, e transformou esse conhecimento em fonte poderosa e durável de vantagem competitiva.

2.4 O conhecimento como recurso estratégico

Segundo Sveiby (2000), o conhecimento é a base da estrutura interna e externa da empresa, juntamente com outros dois fatores – os clientes e os fornecedores – e, por ser hoje um dos recursos mais valiosos da organização, conduz a uma mudança na forma de observar a realidade empresarial, a um novo paradigma de gerenciamento e, conseqüentemente, a um novo paradigma estratégico que redefine o que a empresa é e para onde vai.

Essa reorientação dos esforços implica aderir-se implicitamente a um novo conjunto de leis, a começar por esse formidável poder de duplicação que o conhecimento representa quando é compartilhado, um efeito que acelera seu fluxo por toda a organização (SVEYBY, 2000).

A crença de que a única vantagem sustentável que uma empresa tem é aquilo que ela coletivamente sabe, a eficiência com que ela usa o que sabe e a prontidão com que ela adquire e usa novos conhecimentos, segundo Davenport e Prusak (1998), torna-se, assim, a base da gestão empresarial, e o foco principal de uma estratégia do conhecimento é aprender sobre como a empresa funciona – Quem sabe o quê? Que conhecimentos são essenciais e críticos à execução das estratégias da empresa?

A soma dos conhecimentos de todos os empregados de uma empresa é, hoje, seu ativo potencialmente mais importante, e criar oportunidades para a partilha desses conhecimentos é um dos processos ao qual as empresas têm se dedicado com afinco. No entanto, para que o compartilhamento seja relevante, ele precisa estar alinhado às prioridades estratégicas da organização. É preciso definir como os processos de gerar, organizar e distribuir o conhecimento darão sustentação a cada objetivo estratégico da empresa, transformando o valor potencial do ativo intangível – o conhecimento, em valor tangível – desempenho.

Zack (1999) reforça o entendimento do conhecimento como recurso estratégico ao afirmar que, pelo desenvolvimento de recursos intelectuais superiores, a empresa pode entender como explorar e desenvolver seus recursos tradicionais melhor que seus competidores, mesmo que alguns desses recursos não sejam únicos.

Assim, o conhecimento pode ser considerado o recurso estratégico mais importante, e a habilidade para adquirir, integrar, armazenar, partilhar e aplicar é a capacidade mais importante que uma empresa deve ter ou desenvolver para construir e sustentar uma vantagem competitiva.

2.5 Conhecimentos estratégicos ou críticos

As estratégias de uma empresa dependem, para sua realização eficaz, de um grupo de conhecimentos e capacidades que a empresa deve ter ou desenvolver para transformar os objetivos estratégicos em ações. Esses conhecimentos são considerados críticos ou estratégicos.

Zack (2002) considera que se um corpo específico de conhecimento pode ser utilizado para criar ou sustentar uma vantagem competitiva, permitindo a uma organização formular e executar melhor sua estratégia competitiva, então esse conhecimento é estratégico, e deve ser identificado e utilizado.

Para isso, é necessário mapear os conhecimentos da empresa, identificando quem detém os recursos intelectuais críticos à consecução da estratégia.

2.6 Mapeando os conhecimentos estratégicos

O mapeamento de conhecimento pode ser categorizado, segundo Zack (1999) em duas abordagens:

por processo – utilizam-se aqui a modelagem, a descrição e a análise dos processos empresariais para determinar os conhecimentos críticos relacionados;

por domínio – tenta-se, nesta abordagem, fazer uma análise da massa de conhecimentos existentes na empresa para organizá-los em uma lógica diferente da estrutura funcional. Na realidade, a meta é ignorar a estrutura funcional da empresa e agrupar as atividades em domínios de conhecimento.

Um método de mapeamento foi proposto por Tseng e Huang (*apud* Ermine *et al*, 2006, p.130), que definem o conhecimento crítico como "o conhecimento necessário para resolver problemas relacionados a um determinado objetivo e que deve ser capitalizado". Esse método é orientado para o processo e guiado pela resolução de problemas.

Os autores separam os conhecimentos a serem mapeados em quatro categorias:

- **conhecimento vital** – conhecimento muito importante e que deve ser localizado;
- **conhecimento pontual** – importante para resolver alguns problemas;
- **conhecimento sazonal** – não é importante para a maioria dos problemas, mas deve ser localizado para as necessidades eventuais;
- **conhecimento insignificante** – conhecimento que não deve ser objeto de mapeamento, a menos que exista uma necessidade especial da empresa.

A partir do mapeamento realizado, e tendo identificado seu "estoque" existente de conhecimentos críticos, nas áreas funcionais e nas equipes de trabalho, a empresa define suas estratégias de gestão desse conhecimento, identificando as práticas mais adequadas de armazenamento, compartilhamento e utilização desse conhecimento.

O mapeamento de conhecimentos constitui-se em ferramenta estratégica valiosa ao identificar conhecimentos críticos que valem a pena ser compartilhados, adquiridos ou transferidos entre gerações de profissionais da empresa e possibilitam a sustentabilidade e inovação das estratégias empresariais ao longo do tempo.

3. Caso Caixa Econômica Federal – Mapeamento de Conhecimentos

3.1 Estratégia

O conhecimento especializado existente na empresa deve ser localizado, explicitado e compartilhado, pois é parte importante da realização dos objetivos estratégicos.

3.2 Prática

A Caixa Econômica Federal, alinhando a estratégia e identificação de conhecimentos necessários à sua consecução, elaborou e implementou um mapeamento dos conhecimentos necessários à realização dos objetivos estratégicos relacionados ao desempenho das atividades nas agências bancárias da instituição, envolvendo aproximadamente 30.000 colaboradores.

Os conhecimentos foram, primeiramente, identificados e validados junto ao grupo de gerentes da área bancária e, a seguir, agrupados em dois blocos: básicos (necessários a todas as atividades em uma agência bancária) e específicos (definidos por segmento de negócios).

A partir dos conhecimentos identificados, foi elaborado um mapa em formato eletrônico, com acesso via Intranet, e os empregados indicaram seus conhecimentos, nos blocos básicos e específicos, em quatro graduações:

- **conheço e sei ensinar** – indicando o domínio dos conhecimentos, aplicabilidade e condições para atuar como multiplicador em sua Unidade;
- **conheço e sei executar** – indicando o domínio do conhecimento e sua utilização na execução de suas atividade;
- **conheço** – indicando o domínio teórico dos conhecimentos das temáticas, produtos ou serviços apresentados;
- **não conheço** – indicando o desconhecimento dos produtos/serviços apresentados.

Por meio desse mapeamento, o gerente pôde verificar o "estoque" de conhecimentos estratégicos de sua equipe pela comparação entre os percentuais existentes de conhecimento, declarados pelos empregados, e o percentual desejado de conhecimento para o desempenho eficaz; identificar os conhecimentos a serem desenvolvidos ou compartilhados; além de identificar os especialistas, os que podem atuar como multiplicadores de conhecimentos estratégicos.

A partir dos resultados do mapeamento, a área de Gestão de Pessoas, por meio de sua Universidade Corporativa, elaborou uma metodologia de transferência de conhecimentos nas unidades bancárias, tendo como base a atuação do gerente como líder educador.

A liderança educadora, filosofia estabelecida na empresa, baseia-se em três princípios:

- a gestão é a principal ferramenta da educação e aprendizagem;
- o gestor é o principal agente de educação e aprendizagem;
- o compartilhamento de conhecimentos é a principal estratégia de aprendizagem para criar uma rede interna de conhecimentos.

De posse dos relatórios percentuais do mapeamento, o gestor reuniu-se com a equipe de sua Unidade, analisou o relatório e construíram coletivamente um Plano de Desenvolvimento de Equipe (PDE), onde foram identificadas as ações de transferência dos conhecimentos necessários. O compartilhamento foi feito, prioritariamente, em reuniões de aprendizagem, em que os empregados que conheciam e sabiam ensinar determinados temas repassaram sua experiência e conhecimento para os demais.

A área de Gestão de Pessoas, por meio de instrutores internos, com domínio de conteúdos especializados, produziu apresentações em *power point* sobre os temas mais recorrentes nos mapeamentos, com carência de conhecimento por parte dos empregados. Estas apresentações foram disponibilizadas no site interno da Universidade Corporativa, para que os gestores e empregados pudessem utilizá-las nas reuniões de aprendizagem. Eles também puderam sugerir outras apresentações que necessitassem. A disponibilização das apresentações teve o intuito de criar uma base comum de entendimento entre os empregados e estimular a discussão sobre as diferentes interpretações dos conhecimentos existentes (GOULART, 2003).

4. Conclusão

As organizações precisam responder com agilidade à complexidade dos problemas gerados em ambientes de constantes mudanças. A estratégia é a forma encontrada para combinar conhecimentos e habilidades dos indivíduos e da organização para, efetivamente, gerar resultados sustentáveis e garantir a competitividade da organização. As empresas capazes de se renovar continuamente por meio da criação de estratégias inovadoras serão as construtoras de amplas vantagens competitivas.

Neste cenário, o corpo de conhecimentos existentes nas pessoas e processos que compõem a empresa assume papel estratégico, pois é um dos recursos de mais difícil imitação, e transforma-se, assim, no suporte fundamental à consecução dos objetivos estratégicos da empresa.

Mapear esses conhecimentos críticos, identificar quem os possui e como é possível compartilhar, gerando outros conhecimentos, em um ciclo de aprendizado prático e contínuo, é uma ação a ser realizada pelas empresas que desejam construir vantagens estratégicas sustentáveis.

Referências

ANDREWS, K. R. *The concept of corporate strategy*. In: MINTZBERG, Henry *et al*. **O processo da estratégia**. Porto Alegre: Editora Bookman, 2006, p. 78-84.

DAVENPORT, T. & PRUSAK, L. **Conhecimento empresarial: como as organizações gerenciam o seu capital intelectual**. Rio de Janeiro: Campus,1998.

ERMINE J-L; BOUGHZALA I.; TOUNKARA, T. **Critical knowledge map as a decision tool for knowledge transfer actions**. *The Electronic Journal of Knowledge Management* Volume 4 Issue 2, pp 129-140, 2006. Disponível em: www.ejkm.com.

GOULART, S. **O papel do gestor no processo de transferência de conhecimentos nas organizações**. Anais. ISKM, Curitiba, 2003.

PISANO, G.; GHEMAWAT, P. *Sustaining superior performance: commitments and capabilities.* Harvard Business School Note:9-787-008, July31, 1997. In: MINTZBERG, H. *et al*. **O processo da estratégia**. Porto Alegre: Editora Bookman, 2006, p.104-109.

PORTER, M. E. *What is strategy?* Harward Business Review. (november-december, 1996). In: MINTZBERG, Henry *et al*. **O processo da estratégia**. Porto Alegre: Editora Bookman, 2006, p. 34-39.

SVEIBY, K. E. **O valor do intangível**. HSM Management, n. 22, ano 4, setembro-outubro 2000, p. 66-69.

ZACK, M. H. **Developing a knowledge strategy**. California Management Review, v. 41, n. 3, p. 127-145, 1999. Disponível em: http://web.cba.neu.edu/~mzack/articles/kstrat/kstrat.htm. Acesso em 08/11/2006.

_____. **A strategyc pretext for knowledge management**. Proceedings of The Third European Conference on Organizational Knowledge, Learning and Capabilities. Athens, Greece, April 5, 2002. Disponível em: http://web.cba.neu.edu/~mzack/vita.htm. Acesso em 08/11/2006.

Sonia Goulart – Professora e consultora na área de Gestão de Pessoas e Planejamento Estratégico há 17 anos. Mestre em Gestão do Conhecimento e Tecnologia de Informação, pela UCB/Brasília, e especialista em Gestão do Conhecimento e Inteligência Empresarial pela Coppe/UFRJ. Professora da Escola Nacional de Administração Pública (Enap) em Gestão de Pessoas e Planejamento Estratégico; co-autora dos livros "Educação Corporativa – Fundamentos e Práticas" (2004), e "Educação Corporativa e Educação a Distância" (2005), ambos da Editora Qualitymark. Trabalhou 28 anos na Caixa Econômica Federal, onde exerceu os cargos de coordenadora de Produtos Educacionais, especialista em Planejamento de Recursos Humanos e instrutora de Formação Gerencial, entre outros. Suas linhas de pesquisa acadêmica incluem os temas "Planejamento e Gestão Estratégica", "Inteligência Empresarial" e "Gestão do Conhecimento na Administração Pública". Membro do Comitê Técnico de Gestão do Conhecimento e Informação Estratégica (CT-GCIE), do governo federal, onde participou do grupo de elaboração da proposta de Política Pública de Gestão do Conhecimento para a Administração Pública Federal (2005-2007). É sócia-diretora do Instituto Intento de Pesquisa e Planejamento de Negócios – sonia.goulart@uol.com.br

Parte 2

*Processos de Gestão
do Conhecimento*

3

O Processo de Criação de Conhecimento Organizacional em Comunidades de Prática

Helena de Fátima Nunes Silva

1. Introdução

O discurso organizacional tem sido conduzido na perspectiva de que as pessoas são os recursos mais valiosos e de que as relações sociais entre os trabalhadores são fontes geradoras de aprendizado. Raramente se entende este fato em termos de comunidades, nas quais os indivíduos criam e compartilham conhecimento.

As comunidades de prática, no entanto, são justamente os recursos de conhecimento mais dinâmicos e versáteis das organizações, nas quais as interações realizadas no dia-a-dia são tão naturais e inerentes à vivência das pessoas que, muitas vezes, nem são percebidas ou questionadas. Dessa forma, a compreensão do conceito de comunidades de prática pode contribuir para o entendimento das relações, na criação e compartilhamento de conhecimento, possibilitando a percepção, por parte das organizações, de que o aprendizado informal se dá a partir do engajamento das pessoas no fazer. Na afirmação de Wenger (1998, p. 8), "nós prestamos atenção naquilo que esperamos ver, ouvimos aquilo que encontra espaço em nosso entendimento e agimos de acordo com nossas visões de mundo".

2. Fundamentos teóricos

As comunidades de prática são grupos de pessoas que misturam relacionamentos e atividades em um determinado tempo e em relação tangencial e envolvimento com outras comunidades. Nessas comunidades, os novos membros aprendem com os mais velhos ao serem autorizados a participar de certas práticas da comunidade (LAVE e WENGER, 1991). Os autores afirmam que vêem as comunidades de prática como uma condição intrínseca para a existência do conhecimento. Eles perceberam que a aprendizagem em tais comunidades não é simplesmente uma reprodução de conhecimentos, mas, sim, uma aprendizagem com a participação legítima dos seus membros.

As comunidades de prática envolvem a participação das pessoas em uma atividade, na qual todos os participantes têm um entendimento comum sobre o que é a prática e qual o sentido para as suas vidas e para a comunidade.

Uma comunidade de prática não é apenas um agregado de pessoas definidas por algumas características. O termo comunidade de prática não é sinônimo para grupo, time ou rede (WENGER, 1998).

Por outro lado, Hildreth e Kimble (2000) apontam que existem distinções na forma e legitimação entre equipes e comunidades de prática. Enquanto em uma equipe a legitimação é derivada de uma hierarquia formal, nas comunidades de prática a legitimação é informal e recai sobre o merecimento dos membros e o seu status na comunidade.

O conceito de prática conota um fazer, mas não justamente um fazer pelo fazer. É um fazer em um contexto histórico e social que dá estrutura e significado para as ações. Nesse sentido, a prática é sempre uma prática social.

Esse conceito de prática inclui, por um lado, o conhecimento tácito e o explícito. Inclui o que é dito e o que não é dito, o que é representado e o que é assumido, linguagem, ferramentas, documentos, imagens e símbolos, critérios específicos, procedimentos codificados, regulamentos e contratos que várias práticas tornam explícitos para uma variedade de propósitos. Por outro lado, a prática inclui também todas as relações implícitas, convenções tácitas, regras não explicitadas, intuições, percepções e compartilhamento de visões de mundo (WENGER).

Para a existência de uma comunidade de prática, três características são fundamentais:

- **o domínio do conhecimento** – é o que dá aos membros um senso de empreendimento comum e os mantêm juntos;

- **a comunidade** – ela busca os interesses[1] no seu domínio, os membros participam de atividades conjuntas e discussões, ajudam uns aos outros e compartilham informações. Assim, eles formam uma comunidade em torno do seu domínio e constroem relacionamentos;

- **a prática** – uma comunidade de prática não é simplesmente uma comunidade de interesses, seus membros desenvolvem um repertório compartilhado de recursos: experiências, histórias, ferramentas, maneiras de resolver problemas recorrentes da prática, ou seja, uma prática compartilhada (WENGER).

Para que haja a participação em uma comunidade, existem três modos distintos: o engajamento, a imaginação e o alinhamento.

O engajamento se refere ao envolvimento ativo nos processos mútuos de negociação de significados. O envolvimento ocorre a partir das histórias compartilhadas de aprendizagem, relacionamentos, interações e práticas comuns. Ele pode ser descrito como um processo tríplice, que inclui a conjunção da negociação contínua de significados, a formação de trajetórias e pela revelação de histórias de prática.

A imaginação diz respeito à criação de imagens do mundo e à busca de conexões por meio de relações entre espaço e tempo, extrapolando a própria experiência. A imaginação localiza o homem no mundo e na história, além de incluir outros significados, outras possibilidades, outras perspectivas na identidade de cada um. É pela imaginação que se pode visualizar a prática como história contínua, fundamentando a concepção de novos procedimentos, explorando alternativas e criando cenários para futuros empreendimentos.

O alinhamento, por outro lado, coordena a energia e as atividades de um grupo de pessoas, de modo que se encaixem em estruturas mais amplas, contribuindo para a amplitude dos empreendimentos. Ele possibilita a ação social organizada.

O processo de criação de conhecimento, na visão de Nonaka e Takeuchi (1997, p. 95-102), é apresentado como um modelo integrado de cinco fases:

- **compartilhamento do conhecimento tácito** – corresponde ao conhecimento rico e inexplorado que está nos indivíduos e precisa ser amplificado dentro da organização para outros indivíduos;

- **criação de conceitos** – o conhecimento tácito é compartilhado e convertido em um novo conhecimento explícito, na forma de um novo conceito;

- **justificação de conceitos** – o conceito criado necessita ser justificado, e este passa por uma avaliação se realmente pode ser levado em consideração pela organização;

- **construção de arquétipo ou protótipo** – os conceitos justificados são transformados em arquétipos ou protótipos;

- **difusão interativa do conhecimento** – essa fase amplia o conhecimento criado para várias divisões da organização e até mesmo para o ambiente externo.

3. Caso da Secretaria Municipal de Recursos Humanos da Prefeitura de Curitiba

3.1 A Instituição

A experiência relatada refere-se à Prefeitura Municipal de Curitiba (PMC), Secretaria de Recursos Humanos. Na Unidade supracitada estão sendo desenvolvidas atividades de Gestão do Conhecimento com grupos de trabalho, que podem ser caracterizados como comunidades de prática.

A Prefeitura Municipal de Curitiba atua desde 1997 na consolidação de um modelo de gestão, que tem como base uma relação direta com a comunidade e valorização dos seus servidores. Nesse sentido, as mudanças organizacionais ocorridas se referem, especialmente, à flexibilização de sua estrutura, às políticas de gestão de pessoas e aos projetos sociais. A concretização desses projetos vem ocorrendo a partir de projetos considerados chave pela administração da época. Com o lançamento desses projetos, procurou-se efetivar um trabalho que incluísse tanto a opinião da comunidade como a participação efetiva dos servidores.

Entre os diversos planos da Prefeitura Municipal de Curitiba, o Projeto Aprender foi escolhido pelo envolvimento das pessoas que participaram da experiência.

O projeto tem como objetivo reduzir o analfabetismo na cidade de Curitiba e democratizar as oportunidades de acesso à informação e à criação do conhecimento, por meio de tecnologias disponíveis. Implementado por meio do Portal do Aprender Curitiba, estabelece fóruns de discussão e salas de interesse, amplia o Projeto Hora Eja (Educação de Jovens e Adultos), inclui 100% das bibliotecas municipais com acesso à Internet, ampliando o Projeto Talentos Empreendedores e o Centro de Capacitação Educacional, com tecnologias inovadoras (Curitiba. Prefeitura Municipal. Plano de Governo, 2001).

Além do Projeto Aprender, conforme Skrobot e Zanon, foram criados dois subprojetos: o Projeto Aprender para o Servidor da Prefeitura Municipal de Curitiba e o Projeto RH-Aprender, também destinado aos servidores, que buscam desenvolver um sistema de gestão do conhecimento, pelo universo de colaboradores, com o objetivo de mobilização para a efetivação das mudanças de Curitiba como Capital Social. O projeto RH-Aprender foi elaborado de forma matricial, sendo composto por um coordenador-geral e quatro equipes:

- **pesquisa e desenvolvimento** – pesquisar práticas atualizadas que resultem em transferência de informações e desenvolvimento do conhecimento;
- **tecnologia** – melhorar o acesso à informação e a troca de experiências por meio virtual ou físico;
- **gestão** – mobilizar os colaboradores da PMC na busca de informações e/ou conhecimento, visando à criação de idéias e soluções;
- **pessoas** – desenvolver produtos e processos para criar um ambiente de aprendizado e compartilhamento de conhecimento, levando em conta o atendimento aos anseios das pessoas (2002).

3.2 Relato do caso

A Secretaria Municipal de Recursos Humanos da Prefeitura de Curitiba – SMRH, tem como fio condutor os conceitos sobre criação de conhecimento, descritos por Nonaka e Takeuchi, e os fundamentos que compõem a arquitetura de aprendizagem da teoria de Wenger.

A troca de conhecimento está centrada na adoção, por parte da SMRH, de uma filosofia e política que encorajam e fomentam a participação das pessoas em muitos níveis diferentes.

A troca ou compartilhamento de conhecimento se dá nos encontros informais, nas reuniões formais, nos fóruns de estudos, nas visitas realizadas a outras instituições e entre os diversos grupos. Entre os membros do grupo, a troca ocorre pela observação direta e narração, ou seja, as pessoas observam as tarefas em andamento e recebem explicações das demais sobre a execução do trabalho, em geral, na forma narrativa sobre situações semelhantes, ou mesmo por meio de metáforas.

Por meio do diálogo, discussões e interações com os demais grupos do Projeto RH-Aprender, os conceitos são criados cooperativamente, resultando em novos produtos, processos ou serviços. Esta fase começa com o Grupo de Pesquisa e Desenvolvimento, responsável pela criação de novas idéias.

A justificação de conceitos é feita, primeiramente, pelo Grupo de Pessoas (objeto da observação), o qual analisa as propostas (conceitos) apresentadas; verifica a existência ou não do produto em outras empresas, buscando as melhores práticas; analisa se o conceito é compatível com as estratégias da SMRH; identifica as competências necessárias para o posterior desenvolvimento; verifica em que extensão o conceito poderá gerar satisfação dos clientes (servidores da PMC), principais *stakeholders*, e decide em que momento deverá ser executado. Em um segundo momento, o conceito passa pela análise da Alta Administração, que verifica a viabilidade de recursos e de aplicação.

O conceito justificado é materializado em um produto, processo ou serviço. O protótipo é desenvolvido, de maneira geral, pelos quatro grupos do Projeto RH-Aprender. O Grupo de Pessoas, porém, é responsável pela execução e implementação em conjunto com o Grupo de Tecnologia da Informação.

Ao Grupo de Gestão compete a divulgação dos produtos, ou seja, a nivelação do conhecimento (quinta fase do processo) na SMRH. Isso é feito por meio de uma rede de multiplicadores que atuam em cada Núcleo da Secretaria. Esses multiplicadores, além de divulgar os produtos nas demais Secretarias, atuam como intermediadores, trazendo sugestões e críticas sobre os produtos, contribuindo para o aprimoramento do conceito. O processo de nivelamento de conhecimento na SMRH é feito pelos representantes (divulgadores) de cada Núcleo, tendo em vista a alavancagem do conhecimento na organização de maneira que possa ter valor local.

Os elementos utilizados da Teoria de Wenger sobre comunidades de prática foram o alinhamento, o engajamento e a imaginação.

Troca de conhecimentos
- Facilitação de encontros
- Produção de conhecimento pela prática
- Promoção de eventos
- Produtos de gestão do conhecimento
- *Benchmarking*
- Observação das tarefas

Criação de conceitos
- Diálogos, discussões e interações dos Grupos do RH–Aprender
- Cooperação na definição do conceito

Nivelamento do conhecimento
- Divulgação – Grupo de Gestão
- Rede de multiplicadores dos Núcleos da SMRH

Justificação de conceitos
- Grupo de Pessoas – analisa as propostas; melhores práticas; competências
- Alta Administração – analisa a viabilidade e os recursos

Construção de protótipo
- Desenvolvido pelos quatro Grupos do RH–Aprender
- Executado e implementado pelo Grupo de Pessoas e o Grupo de Tecnologia da Informação

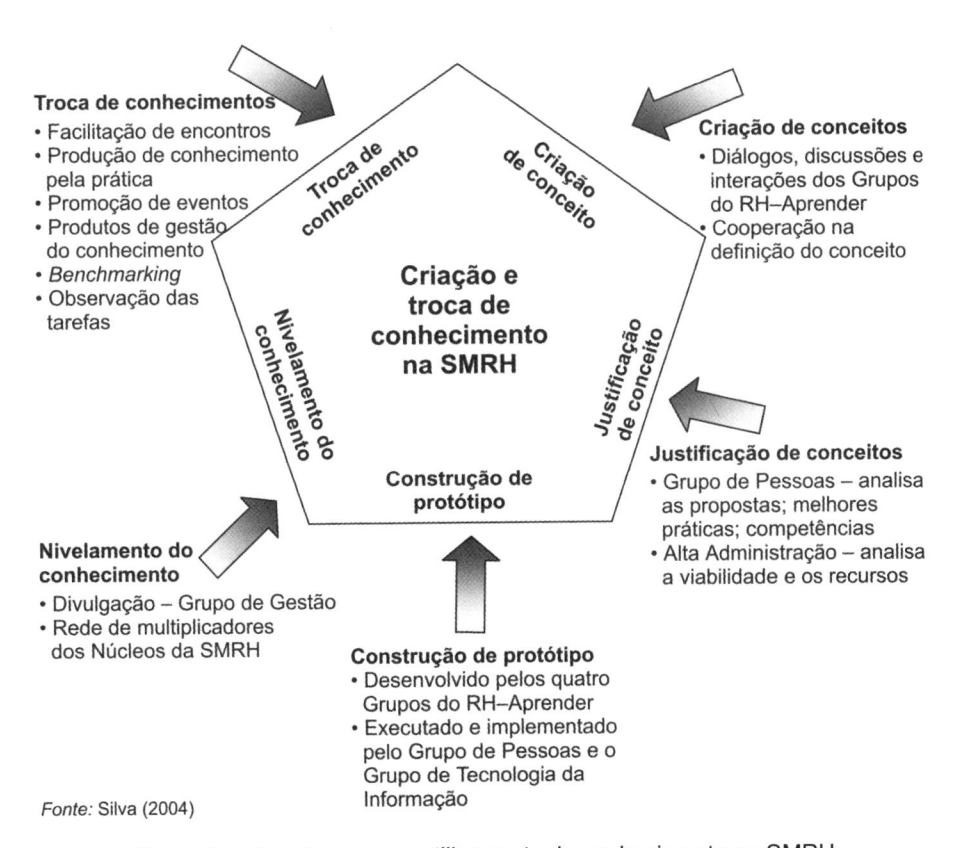

Fonte: Silva (2004)

Figura 1 – Criação e compartilhamento de conhecimento na SMRH

O alinhamento se dá por meio da coordenação da energia e atividades do grupo. O alinhamento da comunidade de prática é feito por meio dos discursos, empreendimentos negociados, estilos próprios, resolução de conflitos e distribuição de autoridade. Os dados percebidos sobre o alinhamento foram a convergência, a coordenação e a decisão.

Como elementos da convergência têm-se o foco, a causa ou interesses comuns; a direção, a visão; o entendimento mútuo; os credos; os valores; os princípios; a liderança; as fontes de inspiração e a persuasão.

O foco da comunidade de prática foi o desenvolvimento de um novo produto para a Gestão do Conhecimento, intitulado "quem sabe ensina". A idéia central do produto é a troca de conhecimentos entre os servidores, estimulando as pessoas que receberam capacitação ou dominam determinado assunto para compartilharem esses conhecimentos com os demais servidores.

No aspecto referente à direção ou coordenação foram observados padrões e métodos, processos, procedimentos, planos, divisão de trabalho, estilos e discursos, comunicação e facilidades de *feedback*.

Em reunião para análise e discussão do novo produto, a coordenação do grupo apresentou o conceito do produto e, em seguida, o grupo discutiu e elaborou o escopo do projeto. Também, nessa reunião e nas subseqüentes, houve o registro sistemático das informações discutidas e das decisões tomadas, facilitando a construção de uma memória que poderia ser ou não reificada. A coordenação conduziu as reuniões com elementos qualitativos e quantitativos, os quais representavam as ações a serem desenvolvidas. A divisão de trabalho foi realizada conforme as necessidades do projeto, e as tarefas foram delegadas de acordo com as prioridades específicas do momento. O agendamento das atividades do grupo de trabalho é elaborado de acordo com o plano estratégico da Secretaria e os resultados são disponibilizados na Intranet da organização.

Quanto ao processo de decisão, especificamente, a mediação é realizada entre os diferentes membros do grupo, sendo que as soluções para as situações-problema encontradas na prática diária foram resolvidas procurando atender da melhor forma à situação específica e local. Entende-se o engajamento como um processo tríplice, o qual inclui a conjugação de significados, a formulação de trajetórias e a revelação de histórias da prática.

Em relação aos espaços interacionais, o grupo tem um espaço físico amplo, sem paredes, propício à troca de conhecimentos, onde as pessoas são reunidas em ilhas de trabalho. A comunicação eletrônica entre os servidores da SMRH é feita pelo sistema Notes e cada um utiliza-se de sua conta pessoal para comunicação com os grupos de trabalho. O software Rymbox (uma espécie de chat) também é utilizado como sistema de agenda pelos coordenadores e membros dos grupos do Projeto RH-Aprender. Além disso, existe no servidor geral um espaço denominado Área U, no qual os coordenadores e demais membros das equipes podem armazenar dados e informações sobre o projeto.

A imaginação, como modo de pertencimento, refere-se à criação de imagens do mundo e à busca de conexões por meio das relações entre espaço e tempo, extrapolando a própria experiência. Para que isso ocorra, é necessário às pessoas: a orientação quanto ao espaço e tempo, a reflexão, ou seja, os modelos de representações e padrões e a exploração de oportunidades e ferramentas.

No que se refere à orientação quanto ao espaço, os mapas organizacionais disponíveis na SMRH indicam que os grupos do Projeto RH-Aprender encontram-se, informalmente, na estrutura da Diretoria de Administração de Pessoal. As pessoas são localizadas pelos e-mails e pela lista de ramais telefônicos.

A orientação quanto ao tempo, ou seja, as trajetórias do Projeto RH-Aprender são socializadas e efetivadas pelos próprios produtos de Gestão do Conhecimento, os quais são disseminados no Portal RH – 24 horas. As projeções de trajetórias de longo alcance, em relação ao projeto, são feitas tendo sempre como suporte os indicadores de monitoramento e avaliação de recursos humanos disponibilizados no Sistema de Indicadores, intitulado RH-Norte.

Os espaços sistematizados para o compartilhamento de histórias, idéias e exemplos são assegurados nas reuniões formais, nos encontros informais, nos seminários de avaliação e reflexão e nos fóruns de estudos.

Quanto à orientação sobre a estrutura formal (poder) da SMRH, os colaboradores têm acesso pelos Decretos nº 539/92 e nº 373/03, da PMC. Além dessa estrutura, existe uma estrutura informal responsável pela efetivação dos projetos inovadores da PMC, que não está expressa em organogramas. Essa vem, desde 1997, agregando o conceito de estrutura matricial, atuando com equipes multidisciplinares no desenvolvimento de projetos estratégicos. Em 2003, houve uma primeira readequação formal dentro desta perspectiva. Nesse sentido, a SMRH vem atuando, informalmente, na promoção da horizontalização de sua estrutura orgânica, buscando integrar os Núcleos de Recursos Humanos à equipe da Alta Administração, por exemplo.

A reflexão ou os modelos e representações de padrões são sistematizados em documentos, como Relatório de Gestão, apresentado pela SMRH ao Prêmio Nacional da Gestão Pública, ciclo 2003. Nesse documento, é descrito o perfil da organização, incluindo aspectos sobre as funções, lideranças, estratégias e planos, gestão da informação, pessoas, processos e resultados esperados pela SMRH. Dessa forma, os colaboradores, sempre que necessitam de uma diretriz, reportam-se ao documento, como um padrão a ser considerado.

As oportunidades de exploração de competências da SMRH, de maneira geral, são feitas a partir do Plano de Capacitação, em conjunto com o Instituto Municipal de Administração Pública (IMAP), categorizado pelos grandes projetos estratégicos, ou seja, Gestão Empreendedora; Provimento de Pessoal; Atenção Integrada à Saúde, Segurança e Qualidade de Vida do Trabalhador; e RH-Aprender.

A exploração de competências das pessoas que integram o grupo investigado e os outros grupos do Projeto RH-Aprender é feita observando-se os aspectos relacionados às habilidades para: visão estratégica, liderança, negociação e resultados. As pessoas com habilidades para liderança, por exemplo, foram convidadas para coordenar os grupos do referido projeto. O próprio Projeto RH-Aprender vem desenvolvendo produtos (ferramentas) voltados para esse aspecto, como, por exemplo, a Enciclopédia de Talentos e o Banco de Idéias, já implementados, e o Quem Sabe Ensina, em fase de desenvolvimento.

5. Considerações finais

As comunidades de prática, apesar de existirem ao longo da história da humanidade, somente na década de 1990, com os estudos de Etienne Wenger, foram introduzidas como tema organizacional. Desde então, inúmeros estudos foram desenvolvidos para a criação de comunidades de conhecimento e de ambientes, que valorizem a troca de experiências.

O desenvolvimento e a aplicação de conhecimento vêm sendo facilitados pelas condições fomentadoras da criação de conhecimento, especialmente a partir das comunidades de prática. Nelas, estão presentes as crenças, os valores e o universo lingüístico no qual expressamos e compreendemos o mundo.

Uma organização é geralmente uma constelação de comunidades de prática, estudadas como um complexo de comunidades interconectadas, cada uma com sua minicultura local; sejam elas de caráter formal ou informal, que interagem entre si e também com outras comunidades externas à organização.

As dimensões do aprendizado em comunidades de prática estão centradas nas facilidades de engajamento, de imaginação e de alinhamento.

O engajamento se dá pela facilitação de encontros entre os diversos domínios e de encontros virtuais ou físicos que tragam à tona o conhecimento criado a partir da prática. A imaginação deve ser facilitada pela localização das pessoas no espaço e no tempo, por meio de mapas, ferramentas de visualização, relatos de trajetórias, criação de modelos e representações de padrões e a criação de protótipos, jogos e simulações. As dimensões do aprendizado centradas no alinhamento devem facilitar a criação de focos comuns, entendimentos compartilhados, criação de métodos, processos e procedimentos, práticas de fronteira e de negociadores.

Nas comunidades de prática, até mesmo os conflitos que normalmente apresentam uma conotação negativa geram possibilidades para novas negociações, podendo ampliar a participação e o aprendizado.

Uma comunidade de prática é um lugar para a transformação das pessoas, para a formação de identidades e para a negociação de significados. O espaço das comunidades de prática permite a troca de conhecimentos, pois são fomentados os relacionamentos e a colaboração de todas as pessoas, indiferentemente de hierarquias ou espaços (físicos ou virtuais), no processo de geração de novos conhecimentos.

O compartilhamento de conhecimento, a criação e justificação de conceitos, a construção de protótipos e o nivelamento do conhecimento, elementos para criação do conhecimento apontados por Nonaka e Takeuchi (1997), são efetivados nas comunidades de prática.

O compartilhamento normalmente ocorre pela observação direta e narração, ou seja, as pessoas observam as tarefas em andamento e recebem explicações das demais sobre a execução do trabalho, em geral, na forma narrativa sobre situações semelhantes, ou mesmo por meio de metáforas.

A criação de conceitos é feita cooperativamente, por meio do diálogo, das discussões e das interações com os demais membros, resultando em novos produtos, processos ou serviços.

A justificação de conceitos é realizada na comunidade de prática, mas a Alta Administração verifica a viabilidade de recursos e de aplicação.

A construção de protótipos e a nivelação do conhecimento são desenvolvidos por todos os envolvidos no processo, pertencentes ou não à comunidade de prática.

Finalmente, acredita-se que o mapeamento do processo de criação e compartilhamento e dos elementos que estão presentes na aprendizagem em comunidades de prática contribui na consubstanciação das teorias ora vigentes sobre a Gestão do Conhecimento, bem como na elaboração de metodologias para a sistematização de tal processo.

Nota

1 A comunidade de interesses é um grupo de pessoas que compartilham um interesse comum e estão conectadas umas às outras através de interesses, e não por meio do desenvolvimento de uma prática comum de compartilhamento de uma determinada área do conhecimento.

Referências

BASTOS, A. V. *Cognição e ação nas organizações*. In: DAVEL, E. VERGARA, S. C. (Org.). **Gestão com pessoas e subjetividade**. São Paulo: Atlas, 2001.

CURITIBA. Prefeitura Municipal. Plano de Governo. Curitiba, 2001.

HILDRETH, P.; KIMBLE, C. Communities of practice in the distributed international environment. **Journal of Knowledge Management**. v. 4, n. 1, 2000.

LAVE, J.; WENGER, E. **Situated learning, legitimate peripheral participation**. Cambridge: University Press, 1991.

NONAKA, I. ; TAKEUCHI, H. **Criação de conhecimento na empresa**. 3. ed. Rio de Janeiro: Campus, 1997.

RHEINGOLD, H. **The virtual community: homesteading on the electronic frontier**. Massachusets: Addison-Wesley, 1993.

SKROBOT, L. C. ; ZANON, E. C. **A experiência da Prefeitura Municipal de Curitiba na construção de um modelo de banco de talentos para o setor público**. Workshop Brasileiro de Inteligência Competitiva e Gestão do Conhecimento, 3. 2002. São Paulo. ABNT – Anais. São Paulo, 2003.

SILVA, H. F. N. **Criação e compartilhamento de conhecimento em comunidades de prática: uma proposta metodológica**. Florianópolis, 2004. Tese (doutorado). Florianópolis: Programa de Pós-Graduação em Engenharia de Produção, Universidade Federal de Santa Catarina, 2004.

TERRA, J. C. C. As sete dimensões da Gestão do Conhecimento. In: _____. **Gestão do conhecimento: o grande desafio empresarial**. São Paulo: Negócio, 2000.

VON KROGH, G. V.; ICHIJO, K.; NONAKA, I. **Facilitando a criação do conhecimento: reinventando a empresa com o poder da inovação contínua**. Rio de Janeiro: Campus, 2001.

VYGOTSKI, L. S. **La imaginación y el arte en la infancia**. Madrid: Ediciones AKAL, 1990.

WENGER, E. **Communities of practice learning as social system**. Disponível em: Http://Www.Co-I-I.Com/Coil/Knowledge-Garden/Cop/Iss.Shtml. Acesso em: 02/11/2006.

_____. **Communities of practice: learning, meaning and identity**. Cambridge: Cambridge University Press, 1998.

WENGER, E.; McDERMOTT, R.; SNYDER, W. M. **Cultivating communities of practice**. Boston: Harvard Business Shool, 2002.

Helena de Fátima Nunes Silva – Doutora em Engenharia de Produção pela Universidade Federal de Santa Catarina (UFSC) e consultora em Gestão da Informação. Trabalhou durante dez anos na área de apoio à Pesquisa Tecnológica na Fundição Tupy (Joinville); na Avibrás (São José dos Campos); e no Centro Técnico da Aeronáutica (ITA-IAE – São José dos Campos). Professora da Universidade Federal do Paraná (UFP). Participou de projetos de consultoria na área de Gestão de Documentos, da Informação e do Conhecimento na Votorantin Cimentos, Volvo do Brasil e Itaipu Binacional. Proferiu palestras em eventos da área de Ciência da Informação, da SBGC, da Prefeitura Municipal de Curitiba, Encontro de Empresários Juniores do Paraná, da Universidade Tecnológica Federal do Paraná (Curitiba e Campo Mourão), entre outros. Possui diversos artigos publicados no Brasil e no exterior – helenanunes@ufpr.br

4

Contexto de Compartilhamento do Conhecimento – O Caso do Serpro-Recife

Rezilda Rodrigues Oliveira
Bartolomeu de Figueiredo Alves Filho

1. Introdução

Como se dá o compartilhamento de conhecimento no nível técnico-gerencial de uma empresa? O caso da Regional Recife, do Serviço Federal de Processamento de Dados (Serpro), empresa que trabalha com Gestão do Conhecimento desde 2000, procura responder a essa questão. De lá para cá, a empresa começou a passar por um verdadeiro processo de transformação, de tal sorte que os efeitos sobre sua estrutura organizacional e estilo gerencial exemplificam o impacto causado por essa mudança, principalmente para que seja colocada em prática uma política de gestão do conhecimento realmente efetiva e inovadora.

Com efeito, a experiência emergente desse caso mostra que, não obstante os avanços verificados nessa trajetória, o processo não é fácil nem simples, sobretudo quando se trata de compartilhar conhecimento, ou torná-lo acessível a quem dele necessite. Para tanto, este capítulo focaliza como algumas soluções foram adotadas para superar determinados obstáculos surgidos no ambiente interno de trabalho, dando ênfase aos desenhos estruturais facilitadores desse processo, bem como a determinadas práticas encontradas no nível técnico-gerencial do Serpro.

2. Contexto de compartilhamento do conhecimento

Nos dias atuais, afirma Drucker (1997) as empresas mais bem-sucedidas serão aquelas capazes de criar novos produtos e serviços intensivos em conhecimento. Isso implica exigências para que as organizações incrementem sua capacidade intelectual e a orientem para a produção de seus negócios, visando a obter melhores resultados com a Gestão do Conhecimento, desde o nível mais estratégico até chegar ao técnico e gerencial.

Para Bryant (2003), a Gestão do Conhecimento consiste, basicamente, em um processo destinado a criar e a compartilhar conhecimento, bem como a incorporá-lo aos produtos, sistemas e serviços de uma organização, requerendo esforços de toda a hierarquia da empresa. Aliás, como assinalado por Nonaka e Takeuchi (1997), criar novos conhecimentos não é apenas uma questão de aprender com outros ou adquirir conhecimentos externos. Além disso, o conhecimento deve ser construído internamente na empresa, passando pela conversão do conhecimento tácito em conhecimento explícito, sobretudo pelo processo de compartilhamento de experiências que a levem a rever ou a recriar modelos mentais ou habilidades técnicas, com o uso de comunicações escritas ou orais.

Por outro lado, sabe-se que é grande a dificuldade de se compartilhar algo que é intrinsecamente pessoal e subjetivo, (conhecimento tácito) diferentemente daquilo que está formalizado e posto de modo objetivo (conhecimento explícito), favorecendo trocas e combinações de conhecimento, pelo uso de diversas mídias, tais como documentos, reuniões formais, conversas telefônicas e, também, redes computadorizadas. Segundo Nonaka e Takeuchi (1997), documentos ou manuais facilitam a transferência do conhecimento explícito para outras pessoas, ajudando-as a vivenciar indiretamente as experiências dos outros, podendo-se, até mesmo, recriá-las.

Com base nessa perspectiva, entende-se que o compartilhamento do conhecimento requer não só o envolvimento da gerência, mas também condições para a utilização de base de dados, a construção de redes de relacionamentos formais e informais (*networks*), bem como a geração de confiança e de reciprocidade entre as pessoas (formas de capital social).

Compartilhar significa trocar, difundir, combinar ou transferir conhecimento produzido tanto na esfera individual como na coletiva, em decorrência de interações entre pessoas e grupos, ensejando modelos tanto interpretativos como integrativos que alcancem toda a organização, até que o conhecimento seja institucionalizado e incorporado aos seus repositórios, ou seja, rotinas, processos, práticas e normas organizacionais (CROSSAN; LANE; WHITE, 1999).

Neste sentido, pode-se dizer que o conhecimento é produzido em um processo interativo que reúne fatores tecnológicos e sociais, além de estruturar-se de acordo com a conversão de formas tácitas em explícitas em um dado contexto organizacional (LAM, 2000; PAN; SCARBROUGH, 1999; NONAKA; TAKEUCHI, 1997). Segundo Yoo e Ifvarsson (2002), a interação face a face representa a forma mais rica tanto para a criação como para o compartilhamento do conhecimento.

Entretanto, como é sabido, isso ocorre em um contexto de divisão do trabalho, hierarquização, especialização e fracionamento dos elementos que resultam na emergência de departamentos e outras unidades organizacionais (MINTZBERT, 1979). O reconhecimento dessas características organizacionais contribuiu para que Lawrence & Lorsch (1973) formulassem o conceito de diferenciação, referindo-se às partes departamentalizadas de uma organização, que se defrontam com ambientes específicos, tanto internos como externos, em diferentes níveis. Tal diferenciação, porém, exige integração, de modo a viabilizar a ação organizacional, vindo esta a ser uma das principais tarefas gerenciais.

Não há dúvida de que a divisão do trabalho constitui um dos motivos para a dispersão do conhecimento pelos diversos departamentos e setores onde os indivíduos se encontram, embora este seja continuamente gerado e apropriado por todos os que neles trabalham, integrando sua cadeia de valor (BECKER, 2001).

Sob esse aspecto, um dos maiores desafios consiste em encorajar pessoas que estão acostumadas a trabalhar em uma organização hierárquica, como é o caso do Serpro, a compartilhar o conhecimento por elas gerado. Grant (1997) aponta para dificuldades gerenciais não apenas em conciliar objetivos divergentes, mas, também, em lograr que haja cooperação e incorporação do conhecimento à atividade produtiva.

De acordo com Bryant (2003), quando uma organização possui uma estrutura na qual as pessoas não estão fisicamente localizadas próximas umas das outras, será requerida maior dedicação por parte da administração, a fim de que ocorra o compartilhamento do conhecimento. O que realmente não é algo fácil, considerando-se que isso implica escolha decorrente de decisão tomada pelo profissional em seu respectivo ambiente de trabalho. Isso porque, diferentemente da divisão formal de estruturas de trabalho imposta pela administração, o compartilhamento do conhecimento é um processo social, sendo que os empregados, freqüentemente, formam suas próprias comunidades informais, nas quais buscam conseguir ou mesmo trocar porções de conhecimento (BHATT, 2002).

Assim, é relevante que o gestor disponha de mecanismos que contribuam para a integração do conhecimento organizacional, começando pelo desenvolvimento de um contexto favorável à proliferação de práticas e crenças identificadas com confiança, reciprocidade, significados compartilhados, redes de trabalho e normas que facilitem a interação e a transferência de informação e o desenvolvimento de novo conhecimento (McELROY, 2002).

Segundo Gold, Malhotra e Segars (2001), é crucial para uma Gestão do Conhecimento efetiva a presença de normas e mecanismos de confiança, de contextos de compartilhamento e de tecnologia para assegurar o processamento de informações. Se esses elementos estiverem ausentes, não há como armazenar, transformar e transportar o conhecimento distribuído na organização. Em outras palavras, são eles que favorecem a captura, a conciliação e o compartilhamento de conhecimento de modo eficiente.

3. Problemas e soluções na busca do compartilhamento de conhecimento no Serpro-Recife

Criado em 1964, o Serpro tem sede em Brasília (DF) e atua em todo o território nacional, onde estão distribuídas dez regionais e respectivos escritórios, constituindo uma rede que cobre todo o país, de modo a oferecer uma infra-estrutura propícia para que os serviços de tecnologia da informação do governo federal possam ser disponibilizados, conforme as áreas de operação e linhas de negócio corporativo existentes.

O Serpro conta com sete níveis gerenciais, distribuídos pelas seguintes posições hierárquicas: diretorias, coordenações, superintendências, departamentos, divisões, setores e supervisores ou liderança de projetos. Por sua vez, o Serpro-Recife tem sete divisões que se reportam diretamente às superintendências que funcionam na sede. Contando com infra-estrutura técnica, equipamentos e redes suficientes para executar suas operações, cada uma das divisões existentes é especializada em algumas atividades,[1] atuando de maneira independente umas das outras e adotando formato gerencial diferenciado de acordo com o padrão da superintendência a que se subordinam.

Como é visível a tendência para a fragmentação da estrutura, sugerindo um processo competitivo entre as áreas e a necessidade de compartilhamento de conhecimento, até mesmo para minimizar incertezas e conflitos organizacionais, o Serpro implantou um esquema corporativo, denominado Ação Corporativa em Nível Regional (ACNR), que reúne, quinzenalmente, os chefes das sete divisões locais, para debaterem problemas e avaliarem as atividades de suas unidades.[2] Além disso, a cada três meses, a ACNR passa a ser coordenada por um desses chefes de divisão, o que permite a todos adquirir experiências e vivências pessoais e profissionais em um processo conjunto. Nessas oportunidades, eles acumulam a coordenação da ACNR com a sua função gerencial cotidiana.

A ACNR pode ser apontada como solução de problemas de integração organizacional, pelo fato de a estrutura organizacional da regional do Serpro-Recife apresentar uma separação departamental bem definida e possuir camadas hierárquicas claras nas divisões, em até três níveis. Entretanto, a relevância de seu papel está ligada ao poder que tem de minimizar os efeitos da centralização da tomada de decisões fora do contexto local e da adoção de regulamentações abrangentes vindas de "cima", muitas vezes visando a cobrir a empresa como um todo, sem atentar para as peculiaridades regionais. O grande desafio da ACNR é, assim, superar obstáculos relacionados com os processos comunicativos e decisórios envolvendo a alta direção e o nível técnico-gerencial.

A estrutura da ACNR tem sido um recurso fundamental para o compartilhamento de conhecimento entre os gerentes, considerando que, pelo sistema de rodízio, eles passam a ter uma visão mais holística dos problemas de outras áreas e são estimulados a resolvê-los em conjunto, muitas vezes levando para o grupo práticas que deram certo em suas áreas e vice-versa.

Sem dúvida, a prática da ACNR mostra-se reveladora de trocas e discussões mais abertas, que não seriam possíveis em uma estrutura centralizadora. Nas reuniões, cada chefe de divisão pode dizer o que pensa, pelo clima favorável mais à colaboração do que à competição. Como as relações entre eles são horizontais, não se torna necessário seguir "à risca" a cadeia burocrática de comando.

Isso ganha um significado especial quando é sabido que a empresa tradicionalmente prioriza a comunicação mais formal, mesmo com o uso intenso da Internet e da Intranet, em detrimento da formação de redes informais ou mesmo de comunidades de práticas. Tanto é que encontros e compartilhamentos freqüentes somente acontecem se houver exigência da tarefa, ou seja, necessidade operacional de juntar pessoas de diferentes áreas em torno de um projeto ou atividade comum.

Como uma reação a esse tecnicismo da estrutura, então, quando é possível, emergem esforços isolados de alguns grupos no sentido de buscar contato face a face ou por telefone. Aliás, este problema explica o porquê da quase ausência de redes de relacionamentos interpessoais, em uma empresa na qual a média de tempo de trabalho é 17 anos, ao mesmo tempo em que registra baixo *turnover* de equipes. Vale dizer que, em 2006, o Serpro-Recife tinha um contingente de 385 pessoas.

Nesse sentido, visando facilitar as trocas entre as pessoas, algumas medidas foram tomadas pela regional, tais como mudança no leiaute das salas de cada divisão organizacional, com a progressiva instalação de baias, para agrupar as equipes de trabalho. Pode-se citar, ainda, a colocação de divisórias com vidros para possibilitar maior contato visual entre as pessoas – inclusive, onde isso ainda não aconteceu, a disposição dos móveis foi usada para tornar menor o distanciamento.

Esses exemplos podem ser considerados próprios da combinação de elementos híbridos, resultantes tanto de formas mecânicas preexistentes como de tentativas de aumento da organicidade, típicas de organizações baseadas no conhecimento, nas quais se nota mais liberdade, maior fluxo na comunicação, mais autonomia e encorajamento das interações (WANG; AHRNED, 2003).

Nessa mesma direção, cabe assinalar a adoção de estratégias para incentivar a retenção de pessoas na empresa, sobretudo as que foram admitidas nos últimos quatro anos, em decorrência da realização de concurso público, após perda de cerca de 40% de seu quantitativo de pessoal nos anos 1990. Recentemente, então, o Serpro começou a passar por um processo de "oxigenação" com a entrada de pessoal novo, que já encontra uma ambiência mais favorável, com a introdução de dinâmicas integrativas e voltadas para a criação de relacionamentos. Para tanto, a empresa criou um projeto destinado a promover a socialização dos novos junto aos grupos mais antigos da instituição, denominado "Você e o Serpro".

O alinhamento com essa estratégia também aparece em iniciativas voltadas para valorizar a autonomia das pessoas, a exemplo do que recomenda o Edital do Processo Seletivo para Reclassificação 2005, no qual um dos itens referentes a fatores a serem utilizados na avaliação do servidor atribui pontuação máxima "para a execução de seus trabalhos, caso o candidato venha a demonstrar conhecimento amplo e freqüentemente passe a ser requerido para atuar em equipes multifuncionais como consultor dos processos sob a sua responsabilidade". Portanto, as pessoas poderão desenvolver seu potencial criativo e o próprio compartilhamento do conhecimento nas experiências e nos exercícios realizados em grupo.

4. À guisa de conclusão

Este capítulo focaliza diferentes facetas do contexto de trabalho encontrado no nível técnico-gerencial do Serpro, tendo-se procurado discutir experiências extraídas do cotidiano organizacional de uma de suas regionais e, ao mesmo tempo, destacar problemas e soluções adotados, bem como recursos utilizados para favorecer o compartilhamento do conhecimento.

Como já salientado, a própria ação de prover pessoas de autonomia contribui para que o Serpro adquira características mais próximas das de uma empresa que adota Gestão do Conhecimento como um de seus modelos de atuação.

No nível técnico-gerencial, simultaneamente à estrutura organizacional, cuja natureza é nitidamente tradicional e funcional, a saída foi recorrer à sobreposição de formas mais integrativas e flexíveis, propícias ao compartilhamento entre chefias de divisão e unidades locais. Nesse sentido, o caso da ACNR constitui exemplo de estímulo voltado para a contínua interação entre as pessoas, dando lugar a esquemas colaborativos de gerenciamento. Enfim, pode ser visto como uma solução para problemas identificados com o peso do desenho burocrático existente, carência de redes interpessoais e necessidades de disseminação de práticas de gestão baseadas em trocas e aprendizado coletivo.

Não menos importantes que esse recurso de integração e articulação organizacional, outros artifícios foram identificados como propulsores de mudança. Em verdade, o caso reflete passagens e pequenos fragmentos de uma contínua transformação, relacionados com a incorporação de visões, modelos cognitivos e processos de compartilhamento do conhecimento pelo nível técnico-gerencial, após sete anos de implantação de uma estratégia de gestão e de como ela chega à sua base operativa. Vale dizer que isso acontece em uma organização cuja lógica de funcionamento ainda é dominada pela influência burocrática e orientada mais para o controle, a alta especialização, a divisão do trabalho em seus departamentos e a elevada hierarquização presentes em sua estrutura. Obter sucesso com a Gestão do Conhecimento implica saber transpor essas barreiras. O que o Serpro efetivamente está fazendo.

Notas

1 No caso da Regional-Recife, cabe destacar algumas realizações: a) os primeiros trabalhos desenvolvidos com sistema de código aberto, campo em que o Serpro é o pioneiro no Brasil, tendo em vista o desenvolvimento de soluções em software livre para a inclusão social de pessoas deficientes (Serpro, 2005a); b) a obtenção de certificação via *Capability Maturity Model* (CMM), no nível 2, pelo qual o Serpro veio a ser a décima segunda empresa no Brasil e a primeira da América Latina a contar com esse título (Serpro, 2002). Atualmente, a Regional-Recife é que realiza o treinamento das demais unidades da empresa para a obtenção dessa certificação; c) o desenvolvimento do Promasp (Serpro, 2005b), projeto para o novo passaporte brasileiro, o qual compreende, além de uma nova caderneta, um sistema de controle de tráfego internacional implementado em todos os portos, aeroportos, pontos de fronteira e rede de consulados brasileiros no exterior. Esse novo passaporte poderá ser requerido pela Internet e entrou em vigor no fim de 2006. Para tanto, foi importante a parceria com a Polícia Federal e o forte apoio do pessoal da Regional-Recife (ALVES FILHO, 2006).
2 A Regional-Recife inclui os escritórios de João Pessoa, Natal e Maceió.

Referências

ALVES FILHO, B. F. **A influência do capital social e da estrutura organizacional em atividades da gestão do conhecimento.** Dissertação (Mestrado) – Mestrado em Administração, Programa de Pós-Graduação em Administração (PROPAD/UFPE), Recife, 2006.

BHATT, G. D. Management strategies for individual knowledge and organizational knowledge. **Journal of Knowledge Management**, v. 6, n. 1, p. 31-39, 2002.

BECKER, M. C. Managing dispersed knowledge: organizational problems, managerial strategies, and their effectiveness. **Journal of Management Studies**, v. 38, n. 7, p. 1037-1051, 2001.

BRYANT, S. E. The role of transformational and transactional leadership in creating, sharing and exploiting, organizational knowledge. **The Journal of Leadership and Organizational Studies**, v. 9, n. 4, p. 32-44, 2003.

CROSSAN, M. M.; LANE, H. W.; WHITE, R. E. An organizational learning framework: from intuition to institution. **Academy of Management Journal**, v. 24, n. 3, p. 522-537, 1999.

DRUCKER, P. **Sociedade pós-capitalista**. São Paulo: Pioneira, 1997.

GOLD, A.; MALHOTRA, A.; SEGARS, A. H. Knowledge management: an organizational perspective. **Journal of Management Information Systems**, v. 18, n. 1, p. 185-214, 2001.

GRANT, R. M. The knowledge-based view of the firm: implications for management practice. **Long Range Planning**, v. 30, n. 3, p. 450-454, 1997.

LAM, A. Tacit knowledge, organizational learning and societal institutions: an integrated framework. **Organization Studies**, v. 21, n. 3, p. 487-513, 2000.

LAWRENCE, P. R.; LORSCH, J. W. **As empresas e o ambiente: diferenciação e integração administrativas**. Petrópolis: Vozes, 1973.

McELROY, M. W. Social innovation capital. **Journal of Intellectual Capital,** v. 3, n. 1, p. 30-39, 2002.

MINTZBERG, H. **The structuring of organizations**. Englewood Cliffs: Prentice Hall, 1979.

NAHAPIET, J.; GHOSHAL, S. Social capital, intellectual capital, and the organizational advantage. **Academy of Management Review**, v. 23, n. 2, p. 242-266, 1998.

NONAKA, I.; TAKEUCHI, H. **Criação de conhecimento na empresa: como as empresas japonesas geram a dinâmica da inovação**. Rio de Janeiro: Campus, 1997.

PAN, S. L.; SCARBROUGH, H. Knowledge management in practice: an exploratory case study. **Technology Analysis & Strategic Management**, v. 11, n. 3, p. 359-364, 1999.

SERPRO (Brasil). **Gol de letra. Tema: a Revista do Serpro**, Brasília, n. 181, p. 46-49, set./out. 2005. Bimestral.

_____. **Passaporte para o futuro. Tema: a Revista do Serpro**, Brasília, n. 179, p. 8-15, maio/jun., 2005b. Bimestral.

_____. **Informativo especial**. Mensagem recebida por <regional Recife>. Em: 29 nov. 2002.

YOO, Y.; IFVARSSON, C. Knowledge dynamics in organizations. In: COAKES, E.; WANG, C. L.; AHRNED, P. K. Structure and structural dimensions for knowledge-based organizations. **Measuring Business Excellence**, v. 7, n. 1, p. 51-62, 2003.

WILLIS, D.; CLARKE (Eds.) **Knowledge management in the sociotechnical world: the graffiti continues**. London: Springer-Verlag London Limited, 2002.

Rezilda Rodrigues Oliveira – Administradora de empresas pela Universidade Federal de Pernambuco (UFPE); mestre em Administração Pública pela Escola Brasileira de Administração Pública, Fundação Getúlio Vargas (Ebap/FGV); doutora em Ciência Política pelo Instituto Universitário de Pesquisas do Rio de Janeiro (Iuperj). Professora-adjunta da UFPE, nos cursos de Graduação em Administração e no Programa de Pós-Graduação em Administração (Propad); coordenadora do curso de Mestrado Profissional em Gestão Pública para o Desenvolvimento do Nordeste (MPANE); bolsista de Produtividade em Pesquisa 2 (CNPq). Presidente do Pólo Pernambuco – Sociedade Brasileira de Gestão do Conhecimento (SBGC) – rezildarodrigues@yahoo.com.br

Bartolomeu de Figueiredo Alves Filho – Engenheiro eletricista – Universidade de Pernambuco (UPE); especialista em Planejamento e Administração de Recursos Humanos – Universidade Católica de Pernambuco (Uncap); especialista em Administração Financeira (UPE); especialista em Gestão do Comportamento Organizacional – Universidade Federal de Pernambuco (UFPE). Mestre em Administração (UFPE); auditor do Tesouro Municipal da Secretaria de Finanças da Prefeitura da Cidade do Recife. Professor dos cursos de Administração da Universidade Vale do Acarau (UVA) e das Faculdades do Recife (Farec).

5

Compartilhamento do Conhecimento no Contexto de Projetos de Tecnologia da Informação

Clarissa Carneiro Mussi • Maria Terezinha Angeloni

1. Introdução

O reconhecimento dos ativos intangíveis como recursos estratégicos que necessitam ser gerenciados tem conduzido a uma crescente atenção à Gestão do Conhecimento nas organizações em geral e no contexto da gestão de projetos, em particular. De acordo com Kasvi, Vartiainem e Hailikari (2003), o sucesso da gestão de um projeto é baseado no conhecimento acumulado e nas competências individuais e coletivas.

Entretanto, a Gestão do Conhecimento no contexto de projetos enfrenta vários desafios de acordo com sua natureza. Os projetos envolvem pessoas com diferentes conhecimentos, culturas e linguagens; são limitados a um período de tempo, e as pessoas envolvidas e as lições aprendidas são freqüentemente dispersas quando o projeto termina, além de algumas pessoas não se envolverem com o projeto do início ao fim (BRESNEN *et al*, 2003). Torna-se, portanto, difícil desenvolver um processo sistemático de forma a maximizar o fluxo de conhecimento e a aprendizagem. O compartilhamento do conhecimento constitui-se um desafio central.

O caso apresentado neste capítulo descreve a forma como se configurou o compartilhamento do conhecimento em um projeto de tecnologia da informação referente à implementação de um sistema ERP (*Enterprise Resource Planning*) em uma Instituição de ensino superior. As questões críticas relativas a esses sistemas repousam, especialmente, na mudança da tradicional concepção departamental para uma visão centrada em processos, e na dificuldade das organizações de alinhar os imperativos tecnológicos do sistema às necessidades de negócio (DAVENPORT, 1998).

Como ressaltam Clegg, Waterson e Axtell (1997), o projeto de implementação de um sistema é "intensivo em conhecimento", incorporando a *expertise* e as habilidades de muitas pessoas. Mais especificamente, o projeto de implementação de um sistema ERP envolve a interação de grupos de indivíduos com conhecimentos distintos e específicos – por um lado, a empresa, representada por seus colaboradores com conhecimento das necessidades organizacionais e da infra-estrutura de tecnologia existente; por outro, os fornecedores e/ou consultores do sistema com conhecimento de sua funcionalidade e experiência vivenciada, na sua implementação.

Baseando-se em pesquisas empíricas, Mabert (2001) ressalta que uma das características das empresas que obtiveram sucesso em projetos ERP residia no estabelecimento de um processo claro de compartilhamento de conhecimento dos consultores externos para a equipe interna de implementação, visando reter o conhecimento para a empresa. Criar um clima e mecanismos para o compartilhamento do conhecimento aumentará a capacidade da equipe de alcançar o sucesso do projeto (KARLSEN; GOTTSCHALK, 2004). Mas o que se entende por compartilhar conhecimento?

2. Referencial teórico

2.1 O compartilhamento do conhecimento em projetos de TI

O compartilhamento do conhecimento é caracterizado por Davenport e Prusak (1998) como a transferência do conhecimento, seja esta espontânea (informal) ou estruturada (formal), entre indivíduos. A dificuldade de compartilhar o conhecimento está diretamente relacionada ao tipo de conhecimento envolvido (explícito ou tácito). O conhecimento explícito pode ser codificado em procedimentos ou representado em documentos, livros, arquivos e banco de dados e, assim, identificado e compartilhado mais facilmente. Por outro lado, o conhecimento tácito (pessoal e subjetivo, incorporado à experiência individual ao longo do tempo), para ser compartilhado, exige um intenso contato pessoal, seja a partir de uma parceria, uma relação de orientação ou aprendizado (DAVENPORT; PRUSAK, 1998, SVEIBY, 1998).

Um projeto de TI é permeado tanto de conhecimento explícito quanto tácito, que provêm das diferentes partes envolvidas no projeto. Considerar e identificar esses conhecimentos, possibilitando meios de compartilhamento coerentes com seu tipo, contribui para um compartilhamento mais efetivo (LAHTI, 2000).

Mussi (2002) sugere vários meios de compartilhamento do conhecimento que podem ser utilizados no projeto de implementação de um sistema ERP, como: diálogo, discussão hábil, reflexão, argumentação e inquirição coletiva, metáforas e analogias, questionários e entrevistas, reuniões, *workshops,* visitas a outras empresas e os contatos com material e pessoas especializadas, treinamentos, simulações, documentos, repositórios de conhecimento e os manuais.

Tais meios de compartilhamento do conhecimento podem contribuir para processos de geração e compartilhamento do conhecimento, chamados por Nonaka e Takeuchi (1997) de modos de conversão do conhecimento.

2.2 O compartilhamento e a conversão do conhecimento

Nonaka e Takeuchi (1997) defendem a idéia de que o conhecimento humano é criado e expandido a partir da interação entre conhecimento tácito e explícito, a qual denomina de "conversão do conhecimento". Os autores apresentam quatro modos ou processos de conversão do conhecimento: socialização (tácito para tácito), externalização (tácito para explícito), internalização (explícito para tácito) e combinação (explícito para explícito).

A socialização corresponde à troca de conhecimento tácito entre indivíduos, principalmente por meio do compartilhamento de experiências vivenciadas. O processo de socialização não necessariamente precisa fazer uso da linguagem para acontecer, pode se dar, por exemplo, por meio da observação, imitação e treinamento prático.

A externalização acontece quando o conhecimento tácito, difícil de ser comunicado e formulado torna-se explícito, transmissível e articulável. A utilização de metáforas ou analogias é bastante eficaz no processo de externalização, pois permite aos indivíduos revelar o conhecimento tácito que de outra forma seria difícil de comunicar.

A combinação refere-se à troca e união de diferentes conhecimentos explícitos para gerar um conhecimento explícito novo. Pode ocorrer, por exemplo, por meio de documentos, reuniões, redes de computador e envolver a análise, a classificação, o acréscimo, a categorização.

A internalização é o processo de conversão do conhecimento explícito em conhecimento tácito por meio da verbalização e diagramação do conhecimento sob a forma de documentos, manuais ou histórias orais. O aprendizado da leitura de documentos ou manuais constitui-se um exemplo de internalização.

Os quatro modos de conversão do conhecimento possibilitam a interação entre o conhecimento tácito e o conhecimento explícito, permitindo que conhecimentos sejam gerados e compartilhados.

3. Caso – Projeto Visão – compartilhamento do conhecimento no contexto de um projeto ERP

A Universidade do Sul de Santa Catarina (Unisul) conta com 29 mil alunos, 1.800 professores e 700 técnicos. O projeto de implementação do SAP R/3, denominado e conhecido na instituição como Projeto Visão, abrangeu os três *campi* da Universidade e contemplou a integração dos seus processos administrativos e financeiros com a implementação dos seguintes módulos do sistema: Financeiro (FI), Controladoria (CO) e Materiais (MM).

A necessidade de mudança de sistemas na Universidade surgiu em decorrência do grande crescimento da instituição em um curto período de tempo e da conseqüente necessidade de um suporte informacional que proporcionasse uma visão integrada de seus setores e diferentes *campi*. Foi realizado um processo metódico de análise de adequação dos sistemas e fornecedores existentes no mercado em relação às necessidades da instituição, culminando com a seleção da empresa SAP e seu sistema SAP R/3. A própria fornecedora do sistema (SAP) fez questão de prestar a maior parte dos serviços de consultoria, isto porque a Universidade era a primeira do segmento educacional a implantar o R/3. Apresentava-se esse caso para a fornecedora como uma oportunidade de obter *know-how* no segmento.

A implantação do sistema foi orientada pela metodologia de implantação da SAP, denominada ASAP (*Accelerated SAP*). A equipe de implantação foi composta por equipes de trabalho, com dedicação *full time*, estruturadas segundo cada módulo. Essas equipes eram compostas por profissionais ligados às áreas da instituição envolvidas no projeto (usuários-chave), da área de TI e pelos consultores. A posição da gerência do projeto foi ocupada por um executivo da instituição e outro da SAP. Foram definidos comitês com dedicação parcial ao projeto: o comitê executivo (representantes da alta administração da instituição – reitoria e diretores de *campi*) e o comitê de validação (diretores das áreas envolvidas no projeto e dois representantes da área de TI). Foi também contratado um consultor cujo papel era de sensibilização dos colaboradores da instituição para as mudanças que acompanham a implementação de um sistema integrado.

Os meios de compartilhamento do conhecimento

Observou-se que, independentemente do número de etapas do projeto SAP R/3, um número de indivíduos internos e externos à Universidade participou desse projeto, incorporando-lhe diferentes conhecimentos, como preconizam Clegg, Waterson e Axtell (1997). O compartilhamento do conhecimento no projeto configurou-se por meio de um conjunto de recursos (meios de compartilhamento). A seguir, são apresentados esses recursos e seus objetivos.

- **Metáforas e analogias** – principalmente no período pré-implantação, metáforas e analogias foram utilizadas com o objetivo de buscar a aproximação de um contexto com o qual grande parte das pessoas da instituição não tinha experiência ou do qual não tinha conhecimento. A metáfora do corpo humano, por exemplo, foi utilizada no compartilhamento da idéia de mudança de uma organização departamental, contexto no qual estava baseada a experiência dos colaboradores da instituição, para uma organização orientada por processos.

- **Reuniões** – as reuniões foram extensivamente utilizadas durante o projeto. No período pré-implantação, com o objetivo de sensibilização para a idéia de mudança. Durante a avaliação dos sistemas existentes no mercado, com o objetivo de estreitar o relacionamento com os fornecedores, conhecer melhor seus sistemas e solucionar dúvidas relativas à sua adequação às necessidades da instituição. Durante a implantação do sistema, mesmo as equipes de trabalho estando estruturadas por módulo, em muitos momentos, toda a equipe do projeto era reunida para discussão dos processos como um todo. Eram também realizadas reuniões periódicas com o comitê executivo, para relatar o andamento do projeto, e com comitê de validação, a fim de validar as adequações que estavam sendo feitas no sistema.

- **Questionários e entrevistas** – na fase de avaliação e seleção dos sistemas existentes no mercado, foi elaborado um tipo de questionário – o RFI (*Request for Information*) – que tinha como objetivo o levantamento de informações sobre as empresas fornecedoras e seus sistemas, especialmente no que diz respeito à adequação do sistema às necessidades da Universidade. Para a elaboração do questionário, foram feitas entrevistas com alguns colaboradores das diferentes áreas, de forma a identificar as necessidades de cada área. Durante a implantação do sistema, uma das formas de os consultores conhecerem os procedimentos e práticas da instituição foi a partir de entrevistas realizadas com os integrantes do projeto que serviram de balizadoras para a parametrização e implantação do sistema.

- **Conversação face a face** – a conversação face a face permeou toda a interação com os consultores e equipe da Universidade. A inquirição foi utilizada especialmente pela equipe da Universidade nas conversações com os consultores, como forma de estabelecer uma linguagem de entendimento comum entre ambas as partes e, como dizem Senge *et al* (1999), como um meio de buscar compreender o pensamento e o raciocínio do outro.

- **Simulações** – nas simulações, dados reais da empresa são passados ao sistema e, por meio de tentativas, erros e acertos, conhecimentos são compartilhados buscando-se identificar as adequações que necessitam ser feitas. As simulações foram bastante utilizadas especialmente quando da adequação do sistema à instituição. A "replicação de cenários no ambiente de testes, os testes integrados", foi uma forma de os usuários participantes do projeto adquirirem conhecimentos operacionais sobre o sistema.

- **Capacitação na prática** – antes de proceder à adequação do sistema à empresa, foram realizadas capacitações pelo fornecedor do sistema e consultores para os usuários-chave, com a finalidade de os participantes do projeto (usuários-chave) conhecerem o sistema e participarem mais ativamente do processo de adequação do sistema à empresa. No final da etapa de implantação, foi conduzida a capacitação do sistema para os usuários finais pelos usuários-chave, neste caso não houve a participação da SAP. O objetivo das capacitações realizadas, tanto para os usuários-chave quanto para os usuários finais, era transmitir conhecimentos relativos à operação do sistema.

- **Workshops** – na etapa de implantação do sistema foram realizados *workshops* de sensibilização para a mudança, conduzidos por um consultor contratado especificamente para esse fim. O objetivo dos *workshops* era "preparar as pessoas para entender que mudanças iriam ocorrer com a implementação do SAP". As pessoas da Universidade que participaram dos *workshops* foram a equipe de projeto e alguns gestores.

- **Visitas e contatos com material e pessoas especializadas** – no período pré-implantação, com o objetivo de suscitar na Universidade o compartilhamento de questões relacionadas a projetos ERP, foram utilizados instrumentos, como textos e livros, que tratavam sobre integração de sistemas, mudança de cultura. A fim de obter conhecimentos sobre sistemas ERP, antes de sua adoção, foram também realizadas visitas a empresas que já haviam implementado tais sistemas. Também, após o R/3 ter sido implementado na Universidade, foram realizadas visitas e troca de experiências com outras empresas que utilizam o sistema do mesmo fornecedor. Os contatos e visitas a empresas que já haviam implantado o sistema permitiram o compartilhamento de experiências.

- **Jornal e *homepage* da universidade** – para as pessoas que não trabalharam diretamente no projeto, o jornal interno e mensal da Universidade e uma *homepage* sobre o projeto mostraram-se úteis como meios de compartilhamento de informações sobre o projeto e seu andamento, de forma a manter os colaboradores da instituição informados.

- **A documentação** – todas as reuniões realizadas ao longo do projeto foram registradas em atas e todas as decisões tomadas, documentadas. Na implantação, foram utilizados repositórios de conhecimento, disponíveis a toda a equipe, que mantinha os documentos de cada módulo, facilitando o compartilhamento e fornecendo uma visão centralizada do projeto. Essa documentação foi útil para o compartilhamento das atividades e experiências não só durante o projeto, mas também estava servindo como base de conhecimento para a empresa, depois que o projeto foi finalizado. Quanto aos conhecimentos obtidos sobre a operação do sistema, a documentação foi feita pelos próprios usuários-chave. Cada equipe de trabalho documentava os conhecimentos obtidos de seu módulo, à medida que eram transmitidos pelos consultores.

- **A tecnologia da informação** – na etapa de implantação, um dos conhecimentos explícitos que necessitou ser compartilhado e entendido por todos os participantes do projeto foi a própria metodologia de implantação do sistema, no caso a ASAP. Foi utilizado o software *Microsoft Project*, justamente com esse objetivo. Os documentos de cada módulo relativos ao projeto estavam disponíveis e eram compartilhados entre todos os envolvidos. O *Microsoft Word* foi utilizado para registro da documentação da operação do sistema, feita pelas equipes de trabalho durante o contato com os consultores, estando hoje disponível para todos os usuários.

- **O *Help Desk* da SAP e os Grupos de Usuários** – o *Help Desk* da SAP, suporte virtual oferecido pela SAP após a implantação do sistema, foi utilizado pela equipe da Universidade que participou do projeto para trocar algumas informações e solucionar dúvidas. Além disso, a participação em grupos de usuários, listas de discussão, não apenas do *software* em si, mas também de questões relacionadas a sistemas integrados, possibilitou o compartilhamento de experiências, de esclarecimento de dúvidas e de aquisição de novos conhecimentos.

Como pode ser observado, no projeto ERP na Universidade, identificaram-se vários meios pelos quais os conhecimentos foram compartilhados. Entre esses meios encontram-se aqueles que permitem o compartilhamento do conhecimento explícito e tácito. Os meios de compartilhamento do conhecimento utilizados também propiciaram os processos de conversão do conhecimento definidos por Nonaka e Takeuchi (1997), como ilustra o Quadro 1.

Quadro 1 – Meios de compartilhamento do conhecimento no Projeto Visão

Meio de Compartilhamento	Objetivo	Conversão do Conhecimento
Metáforas e Analogias	• Buscar a aproximação de um contexto em que pessoas da instituição não tinham experiência. • Metáfora do corpo humano: visão centrada em processos.	Externalização
Reuniões	• Sensibilizar para a idéia de mudança buscando uma visão comum. • Estreitar o relacionamento e solucionar dúvidas com os fornecedores. • Apresentar produtos de cada fase do projeto e tomar decisões. • Validar as decisões tomadas (comitê de validação) e relatar o andamento do projeto (comitê executivo).	Combinação
Questionários e Entrevistas	• Levantar informações sobre as empresas fornecedoras e seus sistemas (questionário). • Identificar as necessidades e características de cada área (entrevistas com colaboradores das diferentes áreas). • Transmitir conhecimentos aos consultores sobre os procedimentos e práticas da Universidade (entrevistas).	Externalização Combinação
Conversação face a face	• Trocar conhecimentos sobre o sistema e práticas de trabalho da Universidade (consultores e as equipes de trabalho). • Presença da inquirição como uma forma de estabelecer uma linguagem de entendimento comum entre ambas as partes.	Socialização Externalização Combinação Internalização
Simulações	• Aprendizado do sistema, testes e adequação do sistema à Universidade.	Internalização
Capacitação prática	• Transmissão de conhecimentos sobre a operação do sistema aos usuários-chave pelos consultores. • Transmissão de conhecimentos da operação do sistema aos usuários finais pelos usuários-chave.	Socialização Internalização

(continua)

Quadro 1 – Meios de compartilhamento do conhecimento no Projeto Visão
(continuação)

Meio de Compartilhamento	Objetivo	Conversão do Conhecimento
Workshops	• Preparar as pessoas (reitoria, gerentes, equipe de projeto) para mudanças que iriam ocorrer com a implementação do sistema.	Socialização Combinação
Visitas e contato com material e pessoas especializadas	• Utilização de textos e livros para suscitar o compartilhamento de questões relacionadas a sistemas integrados e mudança organizacional. Esclarecimento de dúvidas e troca de experiências (visitas a outras empresas).	Combinação Internalização
Jornal e *homepage*	• Divulgação e transmissão de informações sobre a implantação para os usuários que não participaram diretamente do projeto e demais colaboradores da Universidade.	Combinação
Documentação	• Registro eletrônico das atas de reuniões, registro de documentos de contato com os fornecedores e das decisões tomadas. Facilitar o compartilhamento e fornecer uma visão centralizada do projeto (repositórios de conhecimento).	Externalização Internalização Combinação
Tecnologia da informação	• Representação detalhada da metodologia e dos produtos das etapas no *Microsoft Project*. Registro no *Microsoft Word* dos conhecimentos obtidos sobre a operação do sistema pelos usuários-chave, disponível a todos os usuários para consulta pós-implementação.	Internalização Externalização Combinação
Help Desk SAP e os Grupos de usuários	• Suporte virtual SAP utilizado pela equipe do projeto para solucionar dúvidas. Troca de experiências em grupos de usuários e listas de discussão.	Socialização Combinação Internalização

Fonte: Elaborado pelas autoras.

O Quadro 1 mostra que os quatro modos de conversão do conhecimento apareceram no contexto do projeto propiciados pelos meios de compartilhamento do conhecimento.

4. Considerações finais

Na implementação do projeto SAP R/3 na Universidade, considera-se que algumas questões merecem destaque. Essa não era uma experiência familiar às implementações de sistemas na instituição que ocorriam no âmbito dos próprios departamentos. Assim, parece que a própria forma de trabalhar por projeto (o trabalho em equipe, a interação interdepartamental, a necessidade do compartilhamento) já contribuiu para que seus participantes começassem a incorporar a filosofia de trabalho que um sistema integrado requer.

Foi possível perceber que a definição dos meios pelos quais o conhecimento é compartilhado e a forma com que esses meios são utilizados podem facilitar e/ou dificultar o compartilhamento. A aquisição de conhecimentos operacionais sobre o sistema (por meio da capacitação) pela equipe da Universidade, antes de iniciar a implantação, é um exemplo da opção de utilização de um meio de compartilhamento em um determinado momento que constituiu um fator facilitador.

Destaca-se a ênfase dada pela instituição aos meios potenciais de compartilhamento do conhecimento tácito, notadamente durante a implantação do sistema na interação entre consultores e equipe da Universidade. Nesse período, predominaram a conversação face a face e meios que permitiram o aprender-fazendo como, por exemplo, as simulações pelas quais eram realizados testes integrados do sistema com os dados "reais" da instituição. Esse é um fator positivo, considerando, nesse período, a necessidade de um processo intensivo de compartilhamento, de forma que os consultores obtivessem a visão dos processos da instituição e a equipe Universidade, a visão das funcionalidades do sistema. Em contrapartida, o fato de a instituição ser a primeira organização universitária a implementar o R/3, de certa forma dificultou o compartilhamento e o projeto, já que os consultores não haviam passado por experiências nesse tipo de segmento.

Embora se tenham observado vários meios potenciais de compartilhamento do conhecimento tácito, estes parecem ter sido utilizados especialmente "dentro do projeto" – entre a equipe da Universidade que participou diretamente do projeto e consultores. Não foi estabelecido um processo sistematizado de interação e integração da equipe do projeto com os demais usuários do sistema, o que poderia ter propiciado um compartilhamento mais efetivo entre ambas as partes, principalmente quanto às necessidades das áreas envolvidas.

Quanto ao compartilhamento dos conhecimentos relacionados ao sistema entre os consultores e a equipe da Universidade, parece ter havido maior preocupação com a incorporação dos conhecimentos sobre a operação do sistema (*know-how*), e menor ênfase aos conhecimentos relativos à sua parametrização (*know-why*). Ambos os conhecimentos são importantes e complementam-se (KIM, 1993). Esse caso de **parcialidade do co-**

nhecimento, como denominam Clegg *et al* (1997), pode indicar maior dependência de pessoas externas quando da necessidade desse tipo de conhecimento.

A busca pela troca de experiências com empresas que já implementaram sistemas integrados, por meio de visitas e o contato com material especializado (leitura de livros e artigos sobre sistemas ERP), também merecem destaque, considerando que essa foi uma oportunidade para a aquisição de conhecimentos. Ressalta-se, ainda, a preocupação com a documentação do projeto de implementação do sistema, o que está sendo útil para consultas, para o aprendizado de novos colaboradores da instituição e para auxílio em outros projetos.

Ainda que o contexto de projetos de TI, especialmente de projetos ERP, tenda a ser influenciado por inúmeros fatores, as evidências reforçam a importância de observar e "trabalhar" aqueles relacionados ao compartilhamento do conhecimento, visando buscar a efetividade do projeto.

Referências

BRESNEN, M.; EDELMAN, L.; NEWELL, S.; SCARBROUGH, H.; SWAN, J. Social practices and the management of knowledge in project environments. **International Journal of Project Management**, v. 21, p. 157-166, 2003.

CLEGG, C. W.; WATERSON, P. E.; AXTELL, C. M. Software development: some critical views. **Behaviour & Information Technology**, v. 16, n. 6, p. 359-362, 1997.

DAVENPORT, T. H. Putting the enterprise into the enterprise system. **Harvard Business Review**, Boston, v. 76, n. 4, p. 121-131, Jul/Aug 1998.

DAVENPORT, T. H.; PRUSAK, L. **Conhecimento empresarial: como as organizações gerenciam o seu capital intelectual.** Rio de Janeiro: Campus, 1998.

KARLSEN, J. T.; GOTTSCHALK, P. Factors affecting knowledge transfer in IT projects. **Engineering Management Journal,** v. 16, n.1, p. 3-10, Mar. 2004.

KASVI, J. J. J.; VARTIAINEN, M.; HAILIKARI, M. Managing Knowledge and knowledge competences in projects and project organizations. **International Journal of Project Management,** v. 21, p. 571-582, 2003.

LAHTI, R. K. Knowledge transfer an management consulting: a look at "the firm". **Business Horizons**, Jan. 2000.

MABERT, V. A. Enterprise Resource Planning: common myths versus evolving reality. **Business Horizons**, v. 44, n. 3, p. 69-76, May/June, 2001.

MUSSI, C. **O compartilhamento do conhecimento no processo de implementação de sistemas integrados de informação: o caso da Universidade do Sul de Santa Catarina (Unisul).** Florianópolis, 2002. 182 p. Dissertação (Mestrado em Administração) – Curso de Pós-Graduação em Administração, Universidade Federal de Santa Catarina.

NONAKA, I e TAKEUCHI, H. **Criação de conhecimento na empresa: como as empresas japonesas geram a dinâmica da inovação.** Rio de Janeiro: Campus, 1997.

SENGE, P. *et al*. **A quinta disciplina: caderno de campo: estratégias e ferramentas para construir uma organização que aprende.** Rio de Janeiro: Qualitymark, 1999.

SVEIBY, K. E. **A nova riqueza das organizações: gerenciando e avaliando patrimônios do conhecimento.** Rio de Janeiro: Campus, 1998.

Clarissa Carneiro Mussi – Doutoranda no Programa de Pós-Graduação em Administração da Faculdade de Economia, Administração e Contabilidade (FEA) da Universidade de São Paulo (USP); mestre em Administração pela Universidade Federal e Santa Catarina (UFSC) e graduada em Ciências da Computação. Professora do curso de graduação em Administração da Universidade do Sul de Santa Catarina (Unisul). Pesquisa nas áreas de sistemas de informação, gestão da informação e do conhecimento – clarissa.mussi@unisul.br

Maria Terezinha Angeloni – Doutora em Administração na área de Concentração de Sistemas de Informação e Decisão pela École Supérieure des Affaires, Université Pierre Mendes France de Grenoble, França. Professora e pesquisadora da Universidade do Sul de Santa Catarina (Unisul) nas áreas de Gestão da Informação, Gestão do Conhecimento e Comunicações Administrativas. Coordenadora do livro "Organizações do Conhecimento: infra-estrutura, pessoas e tecnologia". São Paulo: Saraiva, 2002. Autora de diversos capítulos de livros e artigos científicos. Coordenou o Núcleo de Estudos em Gestão da Informação do Conhecimento e da Tecnologia da Universidade Federal de Santa Catarina (UFSC). Presidente do Conselho Científico da Sociedade Brasileira de Gestão do Conhecimento (SBGC) – terezinha.angeloni@unisul.br

6

O Contexto Tecnológico da Gestão do Conhecimento: das Comunidades de Prática aos Portais Corporativos do Conhecimento

Thiago José Tavares Ávila • Olival de Gusmão Freitas Júnior

1. Introdução

Nos últimos anos, muitos estudos e trabalhos têm sido desenvolvidos na tentativa de apresentar a importância do entendimento e da implementação dos conceitos, princípios, modelos e ferramentas de Gestão do Conhecimento como um novo paradigma para a boa gestão e o sucesso das organizações.

Para as empresas privadas, a Gestão do Conhecimento pode proporcionar vantagem competitiva quando melhora a qualidade de produtos e serviços, aumenta a satisfação dos clientes, inova processos de trabalho, eleva a produtividade e, conseqüentemente, aumenta a rentabilidade e o desempenho em relação à concorrência. Já no setor público, essa finalidade é bem mais ampla, isto é, transcende a finalidade de melhorar o desempenho organizacional, possibilitando ao mesmo tempo maior transparência, ética e economia para o cidadão.

Segundo pesquisa do Instituto de Pesquisa Econômica Aplicada (Ipea, 2005), ainda que de forma isolada, algumas iniciativas referentes à implementação de práticas de Gestão do Conhecimento já estão sendo adotadas em organizações públicas, tais como: fóruns de discussão, comunidades de prática, sistema de gestão por conteúdo, educação corporativa, melhores práticas, sistema de gestão por competência, entre outras.

Embora muitas práticas de Gestão do Conhecimento já existam em várias organizações, as mesmas ainda são pouco praticadas pelas instituições do setor público no Brasil. Para Batista (2006), isso acontece porque essas práticas não são gerenciadas de maneira interligada com a finalidade clara de melhorar o desempenho organizacional. Para tanto, é necessário que haja um sistema de Gestão do Conhecimento que alinhe as práticas com a missão, a visão de futuro e as estratégias organizacionais.

Neste capítulo, parte-se da identificação da importância da Gestão do Conhecimento no ambiente organizacional, bem como são apresentadas e discutidas importantes tecnologias da informação e comunicação utilizadas para criação, compartilhamento, armazenamento e utilização do conhecimento. Relata-se a experiência da implantação de uma comunidade virtual de prática no Departamento de Trânsito de Alagoas (Detran/AL), que se tornou uma ferramenta estratégica de apoio à Gestão do Conhecimento.

2. Referencial teórico

2.1 A Importância da Gestão do Conhecimento

Segundo Terra (2000), a Gestão do Conhecimento tem um caráter universal, ou seja, aplica-se a qualquer empresa, e a sua efetividade requer a criação de uma nova infra-estrutura organizacional (estrutura, cultura, processos, estilo gerencial), novas posições quanto à capacidade intelectual de cada membro da organização e uma efetiva liderança, disposta a enfrentar, ativamente as barreiras impostas ao processo de transformação.

Entre os objetivos da Gestão do Conhecimento estão: (1) formular uma estratégia de alcance organizacional para o desenvolvimento, visando à criação, aquisição, compartilhamento e uso do conhecimento; (2) implantar estratégias orientadas ao conhecimento; (3) promover uma melhoria contínua dos processos de trabalho; (4) monitorar e avaliar os lucros obtidos mediante a aplicação do conhecimento; (5) reduzir o tempo de ciclo de desenvolvimento de novos produtos e melhorias dos já existentes; (6) reduzir o tempo de duração dos processos decisórios.

Analisando alguns segmentos organizacionais, como o setor público, traz-se à tona uma ótica muito negativa da importância da Gestão do Conhecimento, pois para os membros de uma organização, o compartilhamento do seu conhecimento tácito representa uma ameaça direta ao seu posto de trabalho e, por esse motivo, jamais deverá ser compartilhado. Diante dessa afirmação, alguns questionamentos podem ser feitos: qual o conhecimento organizacional que um colaborador leva consigo ao deixar uma organização? E o que a organização deve fazer ao necessitar de um conhecimento que se encontra na mente de um colaborador que não faz mais parte do seu quadro funcional?

As respostas para as duas questões acima fazem-nos refletir sobre onde se encontra o conhecimento de nossas organizações e, ainda, o quão compartilhado esse conhecimento está. Diante desses questionamentos, tem-se a indagação: o que fazer para estimular a transformação do conhecimento tácito que se encontra nas mentes dos colaboradores em conhecimento explícito que possa ser gerido pelas organizações, independentemente de quantos e quais colaboradores existem na instituição?

A implantação de um sistema de Gestão do Conhecimento encontra também uma série de outras barreiras, tais como: o pouco conhecimento do processo básico de gerenciamento da informação e, por conseqüência, do conhecimento; a falta de pessoal técnico especializado e recursos financeiros para a própria implantação; a falta de uma cultura voltada ao uso adequado da informação e do conhecimento dentro da estratégia organizacional; e diferenças de linguagens entre os vários setores da organização.

Em linhas gerais, as etapas que delineiam o processo da Gestão do Conhecimento nas organizações constituem-se de (PROBST, RAUB e ROMHARDT, 2002):

- **criação do conhecimento** – essa fase refere-se a todas as formas de criação do conhecimento, seja a partir da interação com o ambiente externo, seja por meio da interação entre os membros da organização, incluindo, entre os esforços despendidos, a criação de fóruns de discussão, com temas de interesse da organização;

- **armazenamento do conhecimento** – essa fase tem como objetivo armazenar os conhecimentos úteis para a organização de maneira a torná-los acessíveis àqueles que deles necessitem;

- **compartilhamento do conhecimento** – essa fase corresponde à transferência do conhecimento entre os membros da organização. O compartilhamento é o processo de dividir conhecimentos (explícitos e tácitos) através de práticas formais e informais, visando estimular o fluxo de conhecimento interno;

- **utilização do conhecimento** – significa o gerenciamento dos mecanismos que garantam a agregação dos conhecimentos em novos produtos e serviços. Neste aspecto, a TI faz, efetivamente, a diferença, pois não adianta investir na criação do conhecimento se não houver na organização uma cultura voltada para o aproveitamento e utilização desse conhecimento.

Essas etapas constituem a linha comum que deve estar presente em qualquer ação de Gestão do Conhecimento organizacional. Todavia, administrar o conhecimento organizacional é um processo complexo, devendo-se apoiar em diversas tecnologias da informação e comunicação integradas para a efetiva Gestão do Conhecimento em uma organização, atendendo à necessidade de compartilhamento de ativos de informação e conhecimento, com focos determinados e ligados aos objetivos do negócio.

Normalmente, as organizações utilizam os recursos de comunicação da Internet para auxiliar os processos de estruturação, armazenamento e compartilhamento do conhecimento, fazendo uso das Intranets corporativas. Os sistemas baseados na Intranet privilegiam a informação interna à organização, auxiliando os processos de codificação e transferência do conhecimento. As Intranets são redes privadas de comunicação que utilizam os mesmos padrões de comunicação da Internet, sendo um ambiente ideal para o compartilhamento de informações dinâmicas e interligadas. O problema da Intranet consiste no excesso de *informações,* que pode dificultar a busca de conteúdo na rede. Quando a situação atinge esse estágio, é necessária uma mudança de paradigma de maneira a perceber o servidor Web como um repositório de conteúdos (CARVALHO, 2000).

Assim, o termo "portal" tem sido utilizado para designar um novo enfoque sobre os sistemas baseados em Intranet. O portal estende sua aplicação à Intranet e se constitui em um único ponto de acesso (interface) a todos os recursos de informação e sistemas aplicativos existentes em uma organização, bem como fornece suporte às comunidades de trabalhadores do conhecimento que compartilham dos mesmos interesses (DIAS, 2001).

A utilização de comunidades virtuais de prática consiste em um passo importante para o fomento da Gestão do Conhecimento nas organizações. Entretanto, outras etapas precisam ser estruturadas e consolidadas para que o conhecimento organizacional gere resultados efetivos e que agreguem valor ao negócio.

As comunidades virtuais de prática têm como objetivo reunir grupos de indivíduos motivados por algum interesse (ou propósito comum) para se relacionarem de forma colaborativa, continuada e em rede e/ou virtualmente, independentemente da localização física, visando compartilhar conhecimentos, aprender e gerar inovações no trabalho. Para algumas organizações, as comunidades virtuais de prática podem ser o passo inicial para a Gestão do Conhecimento.

2.2 Portais corporativos do conhecimento

O portal do conhecimento pode ser visto como um sistema centrado no usuário, integrando e divulgando conhecimentos e experiências de usuários e equipes, atendendo, assim, às necessidades atuais das organizações do conhecimento. Assim, o portal do conhecimento surge como elemento-chave, por fornecer aos usuários uma visão comum da memória organizacional, fácil acesso aos serviços compartilhados e aos recursos de conhecimento da organização e ferramentas, para que eles encontrem e compartilhem essas funcionalidades e serviços em um ambiente de trabalho integrado (TOLEDO, 2002).

Segundo Terra e Gordon (2002), os portais de conhecimento auxiliam os membros da instituição a encontrar informações relevantes e fontes de conhecimento, codificar e publicar seus conhecimentos e colaborar on-line, por meio de videoconferência, sistemas eletrônicos de reuniões, fóruns de discussão etc.

Segundo os autores, o desenvolvimento de um portal do conhecimento requer um conjunto de componentes integrados em uma arquitetura para a execução de todas as suas complexas funcionalidades e serviços. Esses componentes podem ser agrupados em três níveis:

- **apresentação e personalização** – permite que os usuários (membros da organização, clientes, fornecedores e parceiros), por meio da definição de seus perfis, acessem informações oportunas e relevantes, disponibilizadas pelo portal. Com esse componente, o portal oferece personalização às informações de acordo com o perfil do usuário;

- **taxonomia e mecanismo de busca** – determina quão fácil será para os usuários encontrarem informações oportunas e relevantes por meio de um conjunto de critérios de busca e mecanismos de categorização (taxonomia e *thesaurus*);

- **aplicações web** – fornece um conjunto de recursos que permite a integração de sistemas legados, bem como outras aplicações Enterprise Resource Planning (ERP), Customer Relationship Management (CRM), Data Warehousing (DW) etc., sem necessidade de ajustes. Com esse componente, o portal permite o acesso organizado à informação disponibilizada em múltiplos e diferentes aplicativos.

Dessa forma, um portal do conhecimento disponibiliza, para cada membro da organização, uma única interface personalizada para acessar o conteúdo e serviços necessitados por ele para a realização de seu trabalho. Conclui-se, assim, que os portais agregam tecnologias e aplicações que, combinadas, originam um único ponto de acesso a diversas fontes de informação e conhecimento da organização. Assim, os portais têm grande importância em organizações que necessitam da difusão e do compartilhamento de conhecimento, visando a reutilização do capital intelectual.

O portal do conhecimento possibilita a integração e articulação de seus colaboradores internos, agregando valor e eficiência aos processos de trabalho, constituindo em uma etapa fundamental para a Gestão do Conhecimento. Os portais configuram-se como um braço da GC, e foram criados para impulsionar nas organizações a dimensão do conhecimento enquanto um ativo empresarial. A GC envolve outros elementos além de um portal, como a criação de um ambiente propício para o fluxo de conhecimento tácito. Os portais integram aplicações internas, como e-mail, acesso a bases de dados e gestão de conteúdos, comunidades virtuais de práticas com aplicações externas, como serviços de notícias e web sites de consumo.

2.3 Comunidades de prática

As comunidades de prática são conhecidas há muito tempo no contexto histórico, social, econômico e antropológico. O conceito de comunidade relaciona-se com a idéia de termos indivíduos unidos por assuntos comuns. Entretanto, o conceito de comunidade no contexto da gestão é um fenômeno bastante recente. Segundo Wenger e Snyder (2000), as comunidades de prática consistem em pessoas que estão ligadas, informal e contextualmente, por um interesse comum no aprendizado e, principalmente, na aplicação prática. Comunidade de prática é um termo que se refere às maneiras como as pessoas trabalham em conjunto e se associam às outras naturalmente.

Terra (2004) complementa que o conhecimento tem um caráter social, e nossa identidade é formada a partir das múltiplas comunidades que validam o nosso conhecimento individual e coletivo. As comunidades de prática podem ser constituídas de três maneiras: comunidades virtuais, comunidades presenciais e comunidades virtual-presenciais.

O Ministério da Saúde do Brasil, em seu documento "Cem palavras para Gestão do Conhecimento", complementa que uma comunidade virtual é um agrupamento estabelecido a partir de interações em rede, mediante adesão a processo de discussão pontual. Geralmente, utilizam-se fóruns e salas de bate-papo virtuais como mecanismo de relacionamento.

A principal diferença entre as comunidades presenciais e virtuais está no uso da Tecnologia da Informação e Comunicação (TIC) como instrumento de união e interação dos indivíduos da comunidade em questão. Com a crescente utilização dos recursos da Internet, as comunidades virtuais se multiplicam em números consideráveis. Ambientes como o Orkut[3], Gazzag[4] e Linkedin[5] refletem o sucesso das comunidades virtuais de prática no mundo, nos quais se discutem e debatem assuntos relacionados às mais diversas áreas do conhecimento.

Terra (2004) fala sobre a importância dos resultados associados com organizações que adotam o conceito de comunidades. Wenger e Snyder (2000) identificaram alguns desses valores: ajudam a dirigir a estratégia; dão início a novas linhas de negócios; resolvem problemas rapidamente; transferem as melhores práticas; desenvolvem habilidades profissionais; ajudam a organização a recrutar e reter talentos; ajudam a servir melhor os clientes (internos e externos); melhoram o capital social da organização;

ajudam a preservar conhecimento estratégico e servem como espaço para apoio a decisões tomadas em consenso.

Verifica-se que, com o sucesso de ambientes de comunidades virtuais como os citados, o comportamento resistente em compartilhar o conhecimento tácito se reduz, e essas comunidades podem ser utilizadas de forma estratégica pelas organizações, por meio da estruturação de ambientes tecnológicos adequados e com a presença de moderadores capacitados, a fim de extrair dos participantes das comunidades as informações necessárias e que devem ser compartilhadas para a organização.

3. Comunidade Virtual Detran/AL – Ambiente de Integração, Colaboração e Conhecimento na Iniciativa Pública

O Departamento Estadual de Trânsito de Alagoas (Detran/AL) é uma autarquia estadual, cuja missão é promover a segurança do trânsito no Estado de Alagoas. Oferece como serviços principais a emissão de carteiras de habilitação e o registro de veículos automotores. Entretanto, apesar do atual estado de municipalização do trânsito no Brasil, ainda cabe ao Detran/AL, gerenciar políticas de educação e segurança do trânsito, como o controle estatístico de acidentes, gerenciamento de infrações de trânsito e questões judiciais com o apoio das Juntas Administrativas de Trânsito (Jaris). Em todo esse contexto, o volume de informações e dados produzidos e gerenciados pela autarquia é muito grande, e uma estratégia de gestão desses dados e informações consiste em uma necessidade latente para a evolução dessa instituição, visando oferecer uma administração eficiente do trânsito, componente que influencia o dia-a-dia dos seres humanos a todo o instante.

A comunidade virtual Detran/AL consiste em um arcabouço de um portal corporativo, voltada diretamente ao colaborador interno da Instituição, e visa à estruturação de uma cultura de uso da tecnologia da informação e comunicação, visando oferecer as condições necessárias para prestação de um melhor serviço à sociedade como um todo, oferecendo ao colaborador interno um fácil acesso aos dados, informações e conhecimento gerenciais.

Na prática, a comunidade virtual Detran/AL compõe-se de um ambiente de colaboração virtual baseada em uma ferramenta originalmente desenvolvida para suportar fóruns de discussão, denominada *phpBB* (*php Bulletin Board*). Este aplicativo foi escolhido com base em suas funcionalidades e, sobretudo, ao seu baixo custo de aquisição, manutenção e expansão.

Nos tópicos custo de aquisição e atualização, trata-se de um software livre, cuja licença proporciona liberdade para alteração e reprodução do original, com custo ou não. Nesse caso, o *phpBB* é mantido por uma extensa comunidade de desenvolvedores, que contribuem voluntariamente para o projeto, oferecendo correções de segurança e diversas funcionalidades adicionais.

Graças a esse extenso suporte, foi possível customizar a ferramenta adicional para atender a algumas das necessidades principais do Detran/AL. A interface do aplicativo, baseado na *web*, podendo ser acessado por qualquer *browser*, consistiu em outro fator importante na aceitação e disseminação da ferramenta pelo quadro funcional da instituição.

A comunidade virtual Detran/AL teve seu êxito beneficiado devido a uma grande deficiência da Instituição, a ausência de uma estrutura eficiente de comunicação interna, somada à sua flexibilidade, que trata as informações veiculadas através do sistema como conteúdo de uma forma genérica, podendo ser moldado de acordo com cada demanda existente. O sistema subdivide-se em fóruns e subfóruns, que foram criados de acordo com cada setor da Instituição. Através do sistema, são veiculados desde comunicados simples, até relatórios mais complexos, produzidos em softwares auxiliares, como planilhas eletrônicas, relatórios, memorandos, ofícios, imagens, entre outros.

Para amenizar os efeitos da exclusão digital, foram explorados outros recursos do aplicativo, de forma que motivassem os colaboradores, principais detentores das informações corporativas a fazer parte da comunidade. Recursos, como galeria de fotos e imagens, correio eletrônico interno e a veiculação de informações não-corporativas estão diminuindo a resistência entre os membros da instituição, resultando em uma primeira etapa para a construção de uma cultura de gestão do conhecimento plena.

Com essa soma de recursos, o quadro funcional dispõe, hoje, de um ambiente integrado de apoio à Gestão das Informações e Conhecimento corporativos. O ambiente desenvolvido permite uma rápida localização de informações necessárias ao dia-a-dia administrativo do órgão e que os colaboradores internos troquem informações e mantenham contato entre si freqüentemente, independentemente de sua localização geográfica, pois o Detran/AL é dividido em 15 unidades geográficas na capital e no interior do Estado de Alagoas.

A Figura 1, a seguir, ilustra o processo de criação do conhecimento na comunidade virtual Detran/AL.

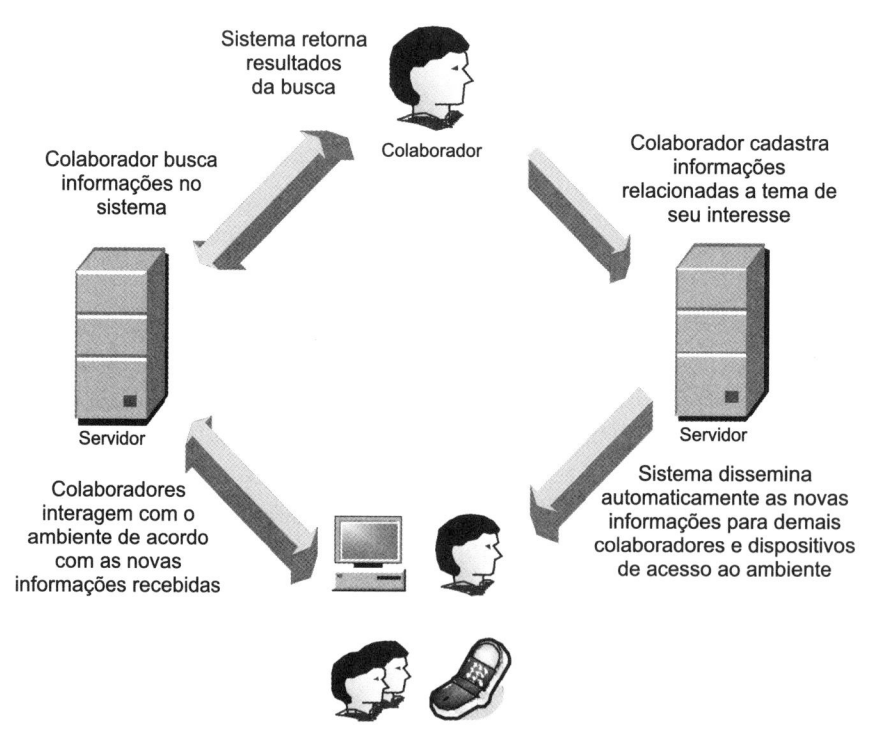

Figura 1 – Processo de criação do conhecimento na comunidade virtual Detran/AL

O processo de construção do conhecimento na comunidade virtual Detran/AL (Figura 1) é realizado através de etapas de criação, armazenamento, compartilhamento e reutilização do conhecimento, conforme descrição a seguir:

- **criação** – o colaborador que deseja iniciar o processo de construção do conhecimento localiza, no sistema, a área relacionada ao seu tema de interesse. Após realizar esta busca, cadastra uma determinada informação no ambiente (tópico ou *post*). Essa informação poderá ser originada de uma sessão de socialização ou, ainda, oriunda de alguma idéia do colaborador;
- **armazenamento** – após o cadastramento, o sistema registrará junto às informações do colaborador, metainformações, como a identificação do usuário, data e hora de cadastro, palavras-chave e codificação das informações em formato XML, para posterior disseminação;
- **compartilhamento** – as informações armazenadas serão disseminadas através de procedimentos proativos ou reativos. A disseminação proativa se dará por meio do envio de mensagens eletrônicas de "alerta de novas informações", mensagens de texto via celular, alertas para softwares de leitura de conteúdo XML (agregadores) etc. A disseminação reativa será realizada através de destaque para a nova mensagem cadastrada na página inicial do sistema, assim como dos resultados de buscas realizadas pelos colaboradores;
- **utilização e reutilização do conhecimento** – após a disseminação, o colaborador poderá absorver a informação e transformá-la apenas em conhecimento tácito, para posterior utilização, ou, ainda, gerar novas informações através de exercícios de geração de conhecimento explícito (externalização e combinação), cadastrando novas mensagens no sistema, relacionadas com a mensagem inicial (respostas aos tópicos).

4. Considerações finais

Verifica-se que a Gestão do Conhecimento é um processo estratégico que visa a gerir o capital intelectual da organização e estimular a conversão do conhecimento. No contexto da colaboração, componente estratégico para o exercício da socialização do conhecimento, a capacidade do indivíduo de fazer da informação (e do conhecimento) uma ferramenta de apoio à sua rotina de trabalho é um dos fatores principais da existência das comunidades virtuais de prática.

Dentro desse contexto, uma comunidade virtual de prática consiste em uma ferramenta estratégica de apoio à GC e, conseqüentemente, à implementação de portais corporativos do conhecimento que estejam aliados à estratégia, processos de trabalho, integração dos colaboradores e, principalmente, que gerem resultados e valor agregado para as organizações.

Os portais corporativos consistem em uma completa estrutura de gestão organizacional e do conhecimento para as organizações. A base de um portal corporativo permeia entre a sua utilização e participação por parte dos indivíduos, o alinhamento desse ambiente com os processos de trabalho das organizações e a utilização das tecnologias adequadas para o devido suporte ao negócio da organização e ao fomento da Gestão do Conhecimento. No contexto tecnológico, um portal corporativo não é uma única tecnologia ou sistema, mas um conjunto de tecnologias, que, se corretamente integradas, provêem uma única interface ao usuário para acessar qualquer recurso de informação e de processos de trabalho. Além de uma plataforma mais confortável, o portal pode constituir-se em um verdadeiro ambiente de trabalho e repositório de conhecimento para a organização e seus colaboradores.

O caso relatado mostra a realidade do Departamento Estadual de Trânsito de Alagoas Detran/AL, que possui 15 unidades de negócio e atendimento e um universo de clientes de mais de 250.000 condutores e 250.000 proprietários de veículos, cuja implementação de uma comunidade virtual de prática proporcionou à Instituição o melhor aproveitamento da informação e do conhecimento gerados pelos seus 560 colaboradores, com o objetivo de prestar um atendimento de excelência à sociedade do Estado de Alagoas.

Notas

1   A memória organizacional é o conjunto de todo o tipo de artefatos e documentos de que se tem registro na organização.

2   Lista de palavras com significados semelhantes, dentro de um domínio específico de conhecimento.
3   Orkut – Ambiente de comunidade virtual de prática pertencente à Google Inc. – www.orkut.com
4   Gazzag – Ambiente de comunidade virtual de prática pertencente à Gazzag Network – www.gazzag.com
5   LinkedIn – Ambiente de comunidade virtual de prática pertencente à LinkedIn Corporation. – www.linkedin.com

Referências

BATISTA, F. F. **O governo que aprende: implementando a gestão do conhecimento no Executivo Federal.** In: **Gestão estratégica da informação e inteligência competitiva**. São Paulo: Saraiva, p. 185-194, 2006.

CARVALHO, R. B. **Aplicações de softwares de gestão do conhecimento: tipologia e usos.** 2000. Dissertação (Mestrado em Ciência da Informação), UFMG.

DIAS, C. A. **Portal corporativo: conceitos e características.** Ci, Inf., Brasília, v. 30, n. 1, p. 50-60, jan./abr., 2001.

INSTITUTO DE PESQUISA ECONÔMICA APLICADA. **Gestão do conhecimento na administração pública.** Texto para discussão. Brasília, DF, 2005.

Ministério da Saúde do Brasil (2003), **Cem palavras para gestão do conhecimento**. Acessado em agosto de 2004. URL: *http://dtr2001.saude.gov.br/bvs/publicacoes/cem_palavras.pdf*

PROBST, G.; RAUB, S.; ROMHARDT, K. **Gestão do conhecimento: os elementos construtivos do sucesso.** Porto Alegre: Bookman, 2002.

TERRA, J. C. C.; GORDON, C. **Portais corporativos: a revolução na gestão do conhecimento.** São Paulo: Negócio Editora, 2002. 453 p.

TERRA, J. C. C. **Gestão do conhecimento o grande desafio empresarial: uma abordagem baseada no aprendizado e na criatividade.** São Paulo: Negócio Editora, 2000.

TERRA, J. C. C. (2004), **Comunidades de prática: conceitos, resultados e métodos de gestão.** Acessado em dezembro de 2004. URL: *http://www.terraforum.com.br*

TOLEDO, A. M. **Portais corporativos: uma ferramenta estratégica de apoio à gestão do conhecimento.** Monografia (Especialização em Sistemas de Negócios Integrados) – UFRJ, Outubro, 2002.

WENGER, E.; SNYDER, W. **Communities of practice: the organizational frontier**, 2000.

Thiago José Tavares Ávila – Formado em Ciência da Computação pelo Instituto de Computação da Universidade Federal de Alagoas (UFAL). Está em fase de conclusão do MBA Executivo em Gerência Executiva de Projetos pela Fundação Getúlio Vargas (FGV). É professor universitário e pesquisador nas áreas de Governo Eletrônico, Mobilidade, Convergência Tecnológica, Inclusão Digital, Interoperabilidade, Gestão da Informação e do Conhecimento. Atualmente, é diretor de Tecnologia da Informação no Instituto de Tecnologia em Informática e Informação do Estado de Alagoas (ITEC-AL). Trabalha em projetos de Gestão do Conhecimento desde 2004, sendo coordenador da implantação de um arcabouço de portal do conhecimento no Detran-Alagoas, coordena projetos de portais de informação e gestão de conteúdo para diversos órgãos do Poder Executivo do Estado de Alagoas – tjtavila@gmail.com

Olival de Gusmão Freitas Júnior – Doutor em Engenharia de Produção na Universidade Federal de Santa Catarina (UFSC); professor da Universidade Federal de Alagoas (UFAL) desde 1993, do quadro do curso de Ciências da Computação, lecionando e orientando na graduação e na pós-graduação. Desde então, vem também exercendo funções administrativas, entre as quais, coordenação de curso, coordenação de modernização administrativa e coordenação de planejamento. Atualmente, ocupa o cargo de coordenador de Planejamento e Desenvolvimento Universitário na Pró-Reitoria de Gestão Institucional da UFAL. Em 2000, quando do início da realização do seu doutorado, começou a se interessar pelas áreas de Gestão e Engenharia de Conhecimento, tendo publicado diversos trabalhos nessas áreas. Destacam-se o desenvolvimento de um portal de conhecimento para o Detran-Alagoas e a implantação de um sistema de gestão de conteúdos na UFAL – olivalfreitas@gmail.com

7

Compartilhamento do Conhecimento por Meio do Site Exigências Técnicas Internacionais

Sonia Wada Tomimori • Sérgio I. A. Yamashita

1. Introdução

O país vem investindo cada vez mais para melhorar a sua inserção internacional, por meio das exportações e com maior valor agregado nos produtos exportados. As políticas atuais dos principais países e blocos econômicos, porém, tendem a proteger setores da economia, principalmente com a aplicação de barreiras não-tarifárias (Barreiras Técnicas, Barreiras Sanitárias/Fitossanitárias, Defesa Comercial [*Anti-dumping*; Subsídios e Medidas Compensatórias; Salvaguardas], Licenciamento de Importação, Regras de Origem e Valoração Aduaneira). Ainda, em virtude dos acordos para redução de tarifas, os países têm desenvolvido um sistema cada vez mais complexo de exigências técnicas que acabam dificultando as exportações, principalmente dos países em desenvolvimento. Dessa forma, para que seja possível ampliar as exportações e melhorar a inserção do país no cenário internacional, é necessário superar as barreiras técnicas impostas pelos países desenvolvidos. Ministério do Desenvolvimento Indústria e Comércio Exterior (MDIC), Associação Brasileira de Comércio Exterior (AEB), Confederação Nacional da Indústria (CNI), Barreiras técnicas: conceitos e informações sobre como superá-las, Brasília, 2002.

Há várias formas de defini-las e, segundo as regras estipuladas pela Organização Mundial do Comércio (OMC), sugere-se: "Barreiras Técnicas às Exportações são barreiras comerciais derivadas da utilização de normas ou regulamentos técnicos não transparentes ou que não se baseiem em normas internacionalmente aceitas ou, ainda, decorrentes da adoção de procedimentos de avaliação da conformidade não transparentes e/ou demasiadamente dispendiosos, bem como de inspeções excessivamente rigorosas*".

Tendo em vista o panorama mencionado acima, foi desenvolvido o *site* Exigências Técnicas Internacionais, cujo objetivo é a disseminação e/ou o compartilhamento dos conhecimentos relacionados a barreiras técnicas à exportação, baseado nas experiências obtidas no Programa de Apoio Tecnológico à Exportação (Progex).

2. Referencial teórico

2.1 Conceitos

Como normas e regulamentos técnicos entendem-se os documentos que estabelecem características do produto, como função, desempenho, embalagem e etiquetagem, ou métodos e processos de produção relacionados. Entretanto, norma tem caráter voluntário e regulamento compulsório.

No Brasil, as normas são elaboradas por consenso no âmbito da Associação Brasileira de Normas Técnicas (ABNT), entidade privada sem fins lucrativos, criada com o objetivo de coordenar, orientar e supervisionar o processo de elaboração das normas nacionais. Apesar do caráter voluntário, não impedem que algum produto seja comercializado. Contudo, os produtos que não estiverem de acordo com as normas estipuladas têm maior dificuldade para sua aceitação no mercado.

Os regulamentos são estabelecidos pelo governo nas áreas de saúde, segurança, meio ambiente, proteção ao consumidor e outras inerentes ao poder público e são aplicados, igualmente, aos produtos nacionais e importados. Os produtos que não estiverem de acordo com tais regulamentos não poderão ser vendidos. No Brasil, além do Ministério do Desenvolvimento Indústria e Comércio Exterior (MDIC), vários ministérios são autori-

---
*Instituto de Pesquisas Tecnológicas do Estado de São Paulo – IPT.

zados a emitir regulamentos técnicos, tais como: Ministério da Saúde; Ministério da Agricultura, Pecuária e Abastecimento; Ministério das Cidades; Ministério da Justiça; Ministério dos Transportes; Ministério da Defesa; Ministério do Trabalho e Emprego; e Ministério do Meio Ambiente.

Como procedimentos de avaliação da conformidade entendem-se os procedimentos técnicos utilizados para confirmar se tais normas ou regulamentos estão sendo cumpridos. Para tanto, são realizados testes, verificações, inspeções e certificações no intuito de avaliar sistemas da qualidade, produtos, serviços e pessoal.

Tais procedimentos permitem que se crie confiança nos produtos testados ou avaliados, protegendo, assim, o consumidor e as empresas.

Os custos referentes à adaptação de produtos às normas técnicas, regulamentos técnicos e procedimentos de avaliação da conformidade incidem normalmente sobre o produtor. Para diminuir esses custos, têm sido promovidos acordos de reconhecimento mútuo dos procedimentos de avaliação da conformidade, cujo objetivo principal é fazer com que os resultados de uma avaliação sejam reconhecidos internacionalmente, ou, em outras palavras, "testado uma vez, aceito em qualquer lugar".

As Barreiras Não-Tarifárias e Barreiras Técnicas são medidas, e instrumentos da política econômica, que afetam o comércio entre dois ou mais países e que dispensam o uso dos mecanismos tarifários. Ao contrário das barreiras tarifárias, as não-tarifárias são de difícil identificação, pois encontram-se dispersas entre as diversas atividades econômicas e podem ser implementadas por vários tipos de limitação Ministério da Ciência e Tecnologia – (MCT, 2005).

Quando se fala em exportação de um determinado produto, é necessário levar em conta para que país ele será exportado, devido a barreiras que esse país importador possa impor ao produto. Exemplificando: o calçado de couro com utilização de metais pesados, como o cromo VI, certos solventes e corantes, é proibido ser importado e comercializado em alguns países (principalmente da Comunidade Européia), por considerarem elementos altamente tóxicos, nocivos e poluentes.

No caso de exportação de jóias, bijuterias e folheados, é preciso verificar se os produtos metálicos e/ou químicos utilizados na sua fabricação são aceitos no país importador, pois determinados produtos utilizados na sua confecção não são aceitos na maioria dos países desenvolvidos.

2.2 A micro e pequena empresa *versus* exportação

Em 2002, segundo dados obtidos pelo Instituto Brasileiro de Geografia e Estatística (IBGE): Cadastro Central de Empresas (Cempre de 2005), o universo de empresas formais era de 4,92 milhões, sendo que a grande maioria deste grupo (99,7%) estava composto por micro, pequenas e médias empresas (MPMEs), empregando um montante aproximado de 18,5 milhões de pessoas, conforme dados do MDIC, 2006 – a mão-de-obra está distribuída da seguinte forma nas empresas: Grandes: 0,3%; Médias: 0,5%; Pequenas: 5,6%; e Micros: 93,6%.

Deve-se destacar, também, que a grande maioria dessas MPMEs atua no setor industrial e é extremamente grande o seu impacto na produção, na geração de empregos e renda deste setor.

Com relação à exportação, dados – MDIC, 2006 – indicam que do total de empresas exportadoras no ano de 2004, o montante de 76,7% era de MPMEs, distribuídas da seguinte maneira: Micro e Pequenas: 51,6%; Médias: 25,1%; e Grandes: 20,2%. Entretanto, com relação ao valor exportado, o que se verificou no ano 2004 foi que: 2,6% foram realizados pelas micro e pequenas empresas; 8,1% pelas médias empresas; e 89,0% pelas grandes, o que indica baixos valores de transação comercial e, provavelmente, produtos com baixo valor agregado.

2.3 Programa Nacional de Apoio Tecnológico à Exportação – Progex

Desta forma, o Ministério da Ciência e Tecnologia (MCT) e o Ministério do Desenvolvimento da Indústria e do Comércio Exterior (MDIC) lançou o Programa Nacional de Apoio Tecnológico à Exportação (Progex) – (Portaria Interministerial nº 606, de 20 de setembro de 2005). A finalidade é prestar assistência tecnológica às micro e pequenas empresas que queiram se tornar exportadoras, ou àquelas que já exportam e desejam melhorar seu desempenho nos mercados externos. A operacionalização dessas legislações, fortalece as políticas e ações já existentes e contribui para a alavancagem competitiva das MPMEs, principalmente nos aspectos que envolvem a inserção delas no mercado internacional, visando: a melhoria da qualidade de seus produtos; a redução dos custos; a adequação dos produtos e processos produtivos; o atendimento às normas técnicas internacionais; a capacitação; o *design*; embalagens, superação de barreiras técnicas, além de outros fatores.

Esse Programa privilegia as Empresas, Associações e Consórcios de Produtores, podendo, ou não, pertencer a Arranjos Produtivos Locais (APLs) ou Temáticos que já possuem: produto definido, mercado definido e posicionamento em face da exportação/substituição de importação.

Fundamentalmente, envolve uma ação proativa do empresário no sentido de, concretamente, dar um salto, melhorando seu produto, atingindo novos mercados, aumentando a sua competitividade, tornando-se mais sólido e mais bem preparado para a competição comercial, tanto no mercado nacional como no mercado internacional. Embora o objetivo fundamental seja gerar um exportador, é muito importante que a empresa, em um primeiro instante, se fortaleça no mercado nacional. Para instrumentar o empresário nesse salto, é fundamental que o atendimento tenha fortes componentes, tais como:

- amplo uso de *"Normas Internacionais"*, de *"Regulamentos Técnicos"* e de *"Boas Práticas de Produção"*, adequando o produto e seu processo produtivo às exigências estabelecidas nesses documentos, trabalhando em conjunto com a empresa na consecução deste objetivo;
- ação decidida sobre o processo produtivo e sobre suas variáveis;
- trabalho laboratorial de envergadura que garanta, na prática, o atendimento e a qualificação do produto diante das exigências técnicas. O trabalho laboratorial é executado segundo duas vertentes básicas. A primeira consiste em ações laboratoriais desenvolvidas com o objetivo de conhecer as causas de um problema e, se for o caso, quantificá-las, estabelecendo critérios tecnológicos para conduzir à solução desejada. A outra vertente está ligada ao fato de que, conhecendo o problema, não basta recomendar uma ação corretiva, tornando-se necessário confirmar, laboratorialmente, se essa ação foi adequada.

O atendimento é feito por intermédio de **Núcleos de Atendimento Credenciados**, coordenados pela Financiadora de Estudos e Projetos (Finep), que possuem comprovada experiência, contando com equipes altamente qualificadas em várias áreas do conhecimento, grande acervo de normas técnicas internacionais e laboratórios equipados para a prestação do serviço tecnológico.

Atualmente, os núcleos credenciados são: o Instituto de Pesquisas Tecnológicas do Estado de São Paulo – SP (IPT), Fundação Centro Tecnológico de Minas Gerais – Belo Horizonte – MG (Cetec); Fundação Centro de Análise, Pesquisa e Inovação Tecnológica – Manaus – AM (Fucapi), Fundação Núcleo de Tecnologia Industrial – Fortaleza – CE (Nutec), Instituto Tecnológico do Estado de Pernambuco – Recife – PE (Itep), Centro Integrado de Manufatura e Tecnologia – Salvador – BA (Cimatec), Instituto Nacional de Tecnologia – Rio de Janeiro – RJ (INT), Instituto de Tecnologia de Alimentos – Campinas – SP (Ital), Instituto de Tecnologia do Paraná – Curitiba – PR (Tecpar), Sociedade Educacional de Santa Catarina – Joinville – SC (Sociesc) e Fundação de Ciência e Tecnologia – Porto Alegre – RS (Cientec), com a previsão de ser ampliada a base de atendimento para outras regiões do país.

Tendo em vista todos os desafios a serem superados, a informação e o conhecimento passam a ser considerados ativos estratégicos com valor cada vez maior no que tange ao fator competitividade. Dessa forma, o acesso a informações sobre Barreiras Técnicas (Ex.: Regulamentos Técnicos, Normas Técnicas, Avaliação da Conformidade, entre outros) e informações sobre as experiências do Programa de Apoio Tecnológico à Exportação (Progex) deverão ser disponibilizadas, de forma prática e organizada, para auxiliar à sensibilização e *benchmarking* das empresas brasileiras potencialmente exportadoras. Ao longo desses cinco anos de vigência do Progex, o programa vem apoiando as micro, pequenas e médias empresas na adequação dos seus produtos às exigências tecnológicas do mercado, incluindo a:

- qualificação de produtos para certificação internacional e obtenção de marcações, como a marcação CE. A certificação CE representa as "*Communautés Européennes*" ou Comunidades Européias. A aplicação da Marca CE foi introduzida pela Comissão Européia, e foi essa Comissão que estabeleceu as condições de uso da Marca CE a partir das diferentes diretivas da certificação CE. Com a aplicação da Marca CE, o fabricante, ou seu representante legal dentro da União Européia, declara que o produto individual está em conformidade com as normas gerais de segurança das diretivas de aplicação da Marca CE. Os fabricantes que estão fora da União Européia podem indicar importadores europeus como seus representantes dentro da UE;

- atendimento a normas técnicas internacionais;
- superação de barreiras técnicas em geral.

Os resultados dos trabalhos citados acima, realizados pelo Progex, estão sendo armazenados em um sistema gerencial, e o subconjunto desses dados estão divulgados com o intuito de estimular potenciais empresas à exportação, informando-as quais regulamentos, normas e diretivas foram atendidas para um produto e mercado específico.

3. Caso *Site* Exigências Técnicas Internacionais: Compartilhando Conhecimento

Foi elaborado um site denominado Exigências Técnicas Internacionais, cujo objetivo é disseminar e compartilhar informações e conhecimentos sobre Barreiras Técnicas à exportação dos produtos brasileiros, utilizando tecnologias da informação e sistemas que possibilitem a integração, o tratamento e a disseminação do conhecimento. As informações não sigilosas relativas aos atendimentos realizados pelo Progex-IPT às empresas estão disponibilizadas de forma organizada, a fim de facilitar o acesso à informação sobre a superação de barreiras técnicas relativas à exportação, sempre baseada nas experiências do Progex.

O conteúdo do *site* caracteriza-se da seguinte forma:

- pesquisa por categorias (Produto; Nomenclatura Comum do Mercosul – NCM) dos produtos adequados pelo Progex;
- mercado-alvo (Mercosul, Comunidade Européia, outros países e regiões);
- normas e regulamentos técnicos utilizados na adequação de produto em relação um determinado mercado-alvo;
- estatística sobre os resultados de exportação alcançados após atendimento do Progex. Negociação entre o IPT/Progex e o MDIC/Secex com interveniência do MDIC/STI para disponibilizar infor-

mações do IPT e da Secex, dentro da confidencialidade exigida, para acompanhar e verificar resultados de exportação das empresas atendidas pelo Progex;

- relação dos casos de sucesso do Progex (atualização mensal);
- possibilidade futura de inserção de informações adicionais relevantes via intranet ou internet;
- depoimentos de empresários atendidos pelo Progex;
- principais "*links*" relacionados com as entidades nacionais e internacionais ligados ao assunto (Barreiras Técnicas) utilizados pelo Progex.

O *site* www.exigenciastecnicas.ipt.br foi desenvolvido por solicitação do Ministério do Desenvolvimento, Indústria e Comércio Exterior (MDIC). O *site* irá sensibilizar os empresários para a importância de adequar seus produtos para exportação conforme as exigências técnicas solicitadas pelos países importadores. Estão disponíveis no *site* informações sobre exigências técnicas que se baseiam em regulamentos, diretivas e/ou normas técnicas que foram levantadas e estudadas pelo IPT, em São Paulo; Cientec, no Rio Grande do Sul; Sociesc, em Santa Catarina e Tecpar, no Paraná durante a condução de casos do Programa de Apoio Tecnológico à Exportação (Progex). Caso o empresário não encontre as exigências técnicas do produto desejado, poderá entrar em contato com o programa por meio do ícone "fale conosco".

O objetivo do *site* é divulgar os resultados da atuação do programa para todas as empresas que tiverem interesse na exportação.

A partir da Nomenclatura Comum do Mercosul (NCM), ou da descrição do produto e indicação do país ou mercado a que se pretende exportar, é possível obter do *site* as informações sobre regulamentos ou diretivas aplicáveis a determinadas categorias, contribuindo para o aumento da exportação de produtos brasileiros, principalmente para a Comunidade Européia, que é o mercado mais exigente.

Além das normas, o *site* apresenta casos de sucesso, com vídeos e depoimentos dos empresários que adequaram seus produtos e hoje os exportam. Resumidamente, no *site*, estão disponibilizadas informações técnicas que contribuam no esclarecimento de como exportar para mercados competitivos.

4. Considerações Finais

A informação e o conhecimento, como insumos, podem contribuir em decisões que resultam em ganhos de eficiência operacional e de diferenciação de produtos por agregação de valor. O processo de concepção e criação desse sistema demanda esforços e articulação de diferentes atores da cadeia de suprimentos. Fatores diversos, como confiança, credibilidade, localização geográfica e estrutura de gestão, e outros que, por meio de uma análise mais criteriosa, possam ser levantados, quando não favoráveis criam grandes dificuldades aos propósitos de criação e consolidação de um sistema de inteligência para uma cadeia.

O objetivo do *site* Exigências Técnicas Internacionais é tornar acessíveis informações pertinentes às empresas industriais exportadoras e/ou potenciais exportadoras e promover o seu compartilhamento, disponibilizando conteúdo organizado, qualificado e confiável, gerado e acessado por atores pertencentes aos centros tecnológicos, institutos de pesquisa, governo, empresas, especialistas e profissionais da área participantes da rede Progex. É uma estrutura que está sendo montada, com muitos atores com diferentes papéis.

Considerando que na economia atual a informação é crucial para a tomada de decisão, o *site* vem contribuir na fácil recuperação da informação sobre exigências técnicas, cada vez mais presentes na inserção do produto no mercado global.

O *site* Exigências Técnicas Internacionais insere-se na estratégia contemporânea do Instituto de Pesquisas Tecnológicas (IPT) de utilizar a Gestão do Conhecimento para realizar sua missão de incorporar tecnologia e inovação no tecido produtivo, em benefício da sociedade. Essa estratégia se apóia nos seguintes pressupostos: (a) busca de eficiência coletiva do segmento empresarial, articulado em arranjos interinstitucionais de base territorial e setorial; (b) utilização do conhecimento relevante como indutor da dinamização desse segmento de empresas exportadoras; e (c) aceleração dos processos de *catchup* competitivos mediante trabalho em redes de inovação, polarizadas por institutos de pesquisa tecnológica públicos.

Compartilhar o conhecimento adquirido durante esse período na adequação dos produtos a serem exportados é o objetivo maior desse *site*.

Referências

Brasil, MDIC. **Barreiras técnicas: conceitos e informações sobre como superá-las.** [executores] MDIC, AEB, CNI, Brasília, 2002.

FIESP, SEBRAE-SP. **Manual básico de exportação.** São Paulo, 2004.

Tecnologia industrial básica: trajetória, desafios e tendências no Brasil. Ministérios da Ciência e Tecnologia, Confederação Nacional da Indústria, Serviço Nacional de Aprendizagem Industrial, Instituto Euvaldo Lodi. Brasília: MCT; CNI; SENAI/DN; IEL/NC, 2005.

MCT. Coordenação de Política Tecnológica Industrial. **Programa de tecnologia industrial básica e serviços tecnológicos para inovação e competitividade.** Ministério da Ciência e Tecnologia. Brasília, 2001.

www.mct.gov.br (acesso 7/11/2006)

www.ipt.br (acesso 6/11/2006)

www.exigenciastecnicas.ipt.br (acesso 16/10/2006)

Sonia Maria Akiko Wada Tomimori – Mestre em Information Stratégique et Critique/Veille Technologique (Inteligência Competitiva) – Université d'Aix Marseille III, Faculté des Sciences et Technicques de Saint-Jerome, Marseille, France. Especialização em Inteligência Competitiva – INT/IBICT/UFRJ (Pós-Graduação lato sensu). Especialização em Informação Tecnológica para a Indústria (Infotec, México). Trabalha no Instituto de Pesquisas Tecnológicas do Estado de São Paulo S.A. (IPT) e na Agência IPT de Inovação. Gerenciamento e co-gerenciamento de diversos projetos. Realização do Projeto "Montagem de um Centro de Informações e Documentações Técnicas para Setor Naval". Patrocinado pelo Instituto Nacional de Tecnologia (INT) e Fundo de Amparo à Tecnologia (Funat), desenvolvido no Instituto de Pesquisas Tecnológicas do Estado de São Paulo. Organizadora de eventos – soniwada@gmail.com

Sérgio Ikuo Akao Yamashita – Engenheiro de Produção Mecânica pela Universidade Paulista (Unip). MBA em Gestão Estratégica de Tecnologia do IPT – Instituto de Pesquisas Tecnológicas (prepara profissionais para atender aos novos e complexos requisitos de planejamento e gestão da capacitação tecnológica da empresa). Trabalha no Instituto de Pesquisas Tecnológicas do Estado de São Paulo (IPT). Especialista em trabalhos sobre Inteligência Competitiva. Conhecimento em diversas bases de dados nacionais e internacionais especializados na área científica e tecnológica e de propriedade industrial. Utiliza métodos e ferramentas para utilizar a informação para tomada de decisão estratégica. Experiência em treinamento e capacitação de equipes para atuação em centros de Informação Tecnológica. Atuação no Programa de Apoio Tecnológico à Exportação (Progex) e Programa de Apoio Tecnológico à MPE/PATME (programas patrocinados pelo Sebrae-SP).

8

Tratamento de Recursos Intangíveis Organizacionais

Sandra Rolim Ensslin • Leonardo Ensslin

1. Introdução

Parte-se da premissa de que os ativos baseados em conhecimento[1] configuram-se como um dos elementos responsáveis pela riqueza organizacional; portanto, seu gerenciamento e monitoramento são questões centrais. Essa opinião é compartilhada por alguns pesquisadores. Kaplan e Norton (2004) afirmam que "atualmente, todas as organizações criam valor sustentável por meio da **alavancagem** de seus ativos intangíveis" (2004, pp. 3-4, ênfase adicionada). Nesse sentido, e conforme Stewart, "gerenciar o capital intelectual deve ser a prioridade número um de uma empresa" (1998, p. 05).

Essas afirmações remetem à necessidade de alavancar os recursos intangíveis (RIs). Assim, advoga-se a idéia de que essa alavancagem é promovida por meio do gerenciamento e monitoramento de tais recursos. Nesse contexto, focaliza-se e explora-se a necessidade de se "saber tratar" os recursos intangíveis organizacionais. O termo "tratar" se materializa quando esse tratamento consegue promover resultados efetivos na organização. Para o alcance desse resultado, três etapas se fazem necessárias: a identificação dos intangíveis críticos relacionados à criação de valor; a avaliação e a mensuração desses intangíveis; e, finalmente, o gerenciamento e a monitoração dos recursos intangíveis (SÁNCHEZ, CHAMINADE, OLEA, 2000; ENSSLIN et al, 2004).

Argumenta-se que o tratamento dos elementos de natureza intangível fundamenta-se nas seguintes hipóteses: (i) não se pode gerenciar o que não se pode medir; (ii) não se pode medir o que não se conhece/entende (KAPLAN e NORTON, 2004).

Observe-se, então, que o olhar deve focalizar os objetivos internos da organização, em oposição àqueles externos. Ou seja, trata-se de uma tentativa de identificar os intangíveis críticos da organização, que precisam ser monitorados, para o alcance dos objetivos estratégicos ou melhoria das competências centrais, e não da necessidade de oferecer a terceiros informações úteis sobre o (real) valor da organização.

Para dar conta da tarefa de identificar, avaliar e gerenciar os recursos intangíveis, argumenta-se não ser possível utilizar um modelo único e definitivo, uma vez que o tratamento de intangíveis está intimamente vinculado às especificidades de cada organização e à própria natureza dinâmica[2] dos mesmos (BUKH, LARSEN e MORITEN, 2001).

Adicionalmente ao aspecto de não-aderência a um modelo único e definitivo, Mourtisen, Bukh e Marr (2005) apontam para os desafios que muitas organizações têm de enfrentar: (i) como identificar fontes críticas de recursos intangíveis e (ii) como encontrar os meios corretos de gerenciá-las, a fim de melhorar a posição competitiva da organização. Aponta-se, ainda, para a necessidade de existência de uma ferramenta de gerenciamento que auxilie os gestores a identificar que ativos de conhecimento a organização possui, como esses recursos estão sendo gerenciados e se os recursos intangíveis da organização estão aumentando ou diminuindo.

Nesse contexto, propõe-se explorar a questão de como proceder à identificação, avaliação e gerenciamento dos recursos intangíveis críticos de cada organização, em face da sua natureza dinâmica.

2. Elementos (recursos) de natureza intangível: conceituação e tratamento

Assim como a literatura apresenta diversas terminologias para identificar os recursos intangíveis, apresenta também diversos conceitos a eles associados (KAUFMANN, SCHEIDER, 2004). Entretanto, esses conceitos podem ser associados, basicamente, a dois eixos de pesquisa: aquele que investiga o RI como produto (sua materialização) e aquele que investiga a origem e formação (análise conceitual) do RI. No primeiro eixo, o mais explorado, alguns autores relacionam o RI, diretamente, ao valor econômico e à produção de riqueza que este gera (OECD, 1999); outros o associam à questão da agregação de valor e promoção de competitividade e de sustentabilidade (BARNEY, 1991; STEWART, 1998; GUTHRIE, PETTY, 2000 a/b). Já no segundo eixo, o menos explorado, alguns autores entendem o RI como o resultado do aprendizado e conhecimento organizacional (ROSS et al, 1997; SÁNCHEZ, CHAMINADE, OLEA, 2000; PABLOS, 2004); outros pesquisadores o associam à tecnologia da informação (DAVENPORT, PRUSAK, 1998); ainda outros entendem o RI como um aspecto sinérgico resultante de elementos inter-relacionados (BUKN, LARSEN, MOURISTEN, 2001; MOURTISEN, BUKH e MARR, 2005). Em síntese, enquanto no primeiro eixo, o debate em torno do RI tem sido uma busca pela materialização de suas propriedades, quer seja em termos quantitativos ou qualitativos, o segundo sugere que o RI pode ser entendido como uma coesão entre uma variedade de elementos heterogêneos, compreendidos como práticas inter-relacionadas (CARVALHO, ENSSLIN, S., 2006b). A discussão deste capítulo se afilia à visão do segundo eixo.

Para fins de enquadramento das reflexões aqui desenvolvidas, cumpre conceituar e informar o que se entende por (i) RI; (ii) emergência desses elementos; e, (iii) intervenção pontual para a alavancagem de tal emergência. Parte-se da premissa de que, mesmo diante da potencial existência dos intangíveis – advindos da sinergia dos recursos de conhecimento dos processos organizacionais – em uma organização, sua emergência só ocorre como resultado de uma prática intervencionista (doravante referida como *práticas/atividades*). Nessa linha de raciocínio, os elementos intangíveis resultam, ou se materializam como resultados, das práticas intervencionalistas. Portanto, as perguntas que levam à identificação dos RIs passam, necessariamente, por perguntas relacionadas aos efeitos sinérgicos e às práticas que os geram.

Conforme mencionado na seção introdutória, o tratamento dos intangíveis críticos é alavancado pela realização de três etapas: identificação dos RIs relacionados à criação de valor, avaliação e mensuração destes RIs e, finalmente, gerenciamento e monitoração dos RIs (SÁNCHEZ,

CHAMINADE, OLEA, 2000; ENSSLIN et al, 2004). Essas três etapas são apresentadas sucintamente, a seguir.

2.1 Identificação

A etapa de indentificação tem por objetivo trazer à luz os RIs críticos da organização. Para tal, esta precisa determinar quais são seus objetivos estratégicos, quais são seus RIs e quais, dentre estes, estão ligados aos objetivos estratégicos, aqui denominados *críticos,* cuja criação e incremento constituem atual preocupação das organizações. Nesse quadro, passam a merecer atenção aquelas atividades que venham por afetar os RIs, tanto positiva quanto negativamente. É importante ressaltar que os dois eixos – positivo e negativo – merecem atenção, uma vez que a desconsideração do eixo negativo pode levar a uma diminuição, ou mesmo bloqueio, do nível dos RIs organizacionais. Isso significa que as organizações precisam conhecer quais RIs são importantes e como eles são combinados na distribuição do desempenho organizacional (MOURTISEN, BUKH e MARR, 2005).

Para fins de identificação, cumpre, então, investigar os objetivos estratégicos da organização, as características que lhe promovem vantagem competitiva, suas potencialidades internas. Para obter tal informação, a organização deve propor a si mesma perguntas da seguinte natureza: O que faz (ou deveria fazer) com que meus colaboradores sintam-se satisfeitos e se comprometam com a organização? O que ofereço a meus clientes que pode deixá-los satisfeitos? O que considero importante alcançar? Que ações/práticas devo implementar para alcançar meus objetivos? Quais são meus futuros objetivos estratégicos? Como identificar os RIs que merecem alocação de recurso (financeiros ou não-financeiros)? Como os produtos e serviços por mim produzidos criam valor para meus usuários (internos e externos)? Qual a natureza específica de meu produto ou serviço?

Usualmente, essas perguntas emergem como resultado de discussões internas ou sessões de *brainstorming* (KEENEY, 1992; ENSSLIN, MONTIBELLER, NORONHA, 2001), na maioria das vezes com a intervenção de facilitadores externos, que podem ser uma excelente ajuda para as organizações preocupadas com o tratamento de seus intangíveis.

Como resultado desse processo de investigação, um modelo – que contemple os RIs identificados e que seja aceito pelos gestores envolvidos nesse processo de identificação de intangíveis – é construído. Esse modelo deverá representar, de forma estruturada, aqueles fatores que se configuram como RIs críticos. Este processo se traduz como uma estrutura que consegue representar quais são os RIs centrais da organização e a interação entre eles (SÁNCHEZ, CHAMINADE, OLEA, 2000; ENSSLIN, ENSSLIN, S., DUTRA, 2000; MOURTISEN, BUCK, MARR, 2005). A parte superior da Figura 1, na página 106, representa o resultado do processo de identificação de intangíveis críticos.

No topo da Figura 1, encontra-se a denominação do que se pretende alcançar – tratar os RIs organizacionais – que deverão estar alinhados aos objetivos estratégicos organizacionais. No nível imediatamente inferior, encontram-se os eixos críticos, vinculados aos objetivos estratégicos. No terceiro nível, apresenta-se o conjunto de RIs críticos que podem ajudar a manter ou a aumentar a vantagem competitiva da organização e/ou alcançar seus objetivos estratégicos.

Para Mouritsen, Bukh, *et al* (2003), quando a interação entre esses RIs é compreendida, sua estratégia de gerenciamento pela organização torna-se clara. Observe-se, entretanto, que a compreensão dos RIs é condição necessária, porém não *suficiente*: para o gerenciamento dos RIs críticos, a organização precisa saber o quanto cada RI contribui para o alcance dos objetivos estratégicos da organização.

2.2 Avaliação e Mensuração

Antes de se passar à fase de avaliação/mensuração, acredita-se ser necessário apresentar as noções de avaliação e mensuração.

Conceituação de Avaliação e Mensuração

O termo "avaliação", segundo Pereira (2001, p. 198), "refere-se ao ato ou efeito de se atribuir valor, sendo que valor pode ser entendido em um sentido qualitativo (mérito, importância), ou em um sentido quantitativo (mensuração)". O autor explica que o sentido qualitativo expressa a idéia de julgamento, formação de juízo ou atribuição de conceito a determinados atributos de algum objeto (por exemplo: bom, ótimo e eficaz). Por sua vez, o sentido quantitativo refere-se à quantificação de atributos de um objeto, com o intuito de expressá-los, numericamente (como, por exemplo, o preço de um produto, a altura de uma pessoa e a temperatura ambiente).

Do ponto de vista de Glautier e Underdown (*apud* GUERREIRO, 1989, p. 76), "(...) mensuração tem sido definida como atribuição de números a objetos de acordo com regras, especificando o objeto a ser medido, a escala a ser usada e as dimensões de unidade". Sendo assim, pode-se afirmar que a identificação dos objetos ou eventos e a delimitação das unidades de medidas são o ponto inicial no processo de mensuração.

Consideram-se as seguintes definições para os termos "avaliar" e "mensurar" (ENSSLIN, ENSSLIN, S., 2003, Notas de aula):

> avaliar – função abrangente destinada a associar números à performance de um determinado RI, visando identificar seu desempenho. Avaliação, portanto, é realizada por meio das seguintes etapas: (i) identificar os RIs críticos; (ii) construir os níveis de desempenho (escala ordinal); (iii) transformar a escala ordinal em escala cardinal, por meio da identificação das diferenças de atratividade entre os níveis da escala anterior – função de valor – (Esta etapa (iii) é também conhecida como a atividade de "mensuração");
>
> mensurar – uma das etapas do processo de avaliação do desempenho, que consiste na identificação das diferenças de atratividade entre os níveis de uma escala (item iii acima).

Feita a conceituação, retoma-se à fase de avaliação e mensuração.

A partir do conhecimento de quais são os RIs críticos da organização, começa-se a buscar medidas para esses intangíveis. Essas medidas serão escalas ordinais (referenciadas, pela maioria dos pesquisadores, como "indicadores" que deverão informar o que a organização deve perseguir para alcançar seus objetivos estratégicos e permitir a mensuração e a avaliação do desempenho das iniciativas propostas. Para Mourtisen, Bukh e Marr (2005), os indicadores possibilitam que uma organização visualize seu desempenho e, a partir daí, gerencie seus RIs. Para tal, as organizações devem certificar-se de que o conjunto de indicadores e suas escalas cardinais possibilitem monitorar o sucesso das iniciativas até então implementadas e se esses indicadores têm sido suficientes para apoiar o gerenciamento. Destaca-se, ainda, que não existe um conjunto predefinido de indicadores; as organizações devem escolher o conjunto mais apropriado por suas posições e contextos únicos (2005).

Nesse sentido, as escalas ordinais (indicadores) são formadas por níveis de impacto que devem, necessariamente, ser: (i) bem definidos, de tal forma que não haja dúvidas entre um nível de impacto e outro; e (ii) ordenados, definindo a direção de preferência, de tal forma a identificar as "atratividades" (BANA e COSTA, SILVA, 1994) entre cada nível de impacto. Observe-se que "atratividade é entendida como a intensidade de preferência de um nível em relação a outro" (DUTRA, 1998, p. 154). Os possíveis níveis de impacto devem estar ordenados do melhor ao pior, constituindo-se, assim, em uma escala de preferência local (escala ordinal).

Mourtisen, Bukh e Marr (2005) subscrevem a esta visão ao afirmarem que os indicadores têm de ser claros, viáveis e úteis para a organização. Por clareza, entende-se a necessidade de o indicador ser bem definido, para evitar a ambigüidade; por viabilidade, entende-se a necessidade de a organização ser capaz de coletar a informação exigida pelo indicador; por utilidade, entende-se a necessidade de o indicador ser significativo para a organização.

Assim, a etapa de avaliação/mensuração se subdivide em quatro etapas, apresentadas a seguir. A primeira etapa focaliza a construção das funções de valor para cada escala ordinal de cada RI; a segunda etapa focaliza a identificação das taxas de compensação entre os RIs críticos; a terceira etapa objetiva traçar o perfil de desempenho de cada iniciativa (atividades intervencionistas para alavancar os RIs); e, a quarta fornece a avaliação global dessas atividades intervencionistas.

Define-se "função de valor" como a representação matemática das preferências dos gestores organizacionais, por meio de gráfico ou escalas numéricas (BEINAT, 1995). As escalas, representam, numericamente, o quanto, para os gestores, um nível de impacto é preferível (ou mais atrativo) em relação a outro nível de impacto. A construção das funções de valor (escalas cardinais) configuram-se como a etapa de mensuração. Nesse momento, torna-se possível analisar o ganho/a contribuição da passagem de um nível de impacto para outro nível de impacto mais atrativo à organização. Ou seja, onde a diferença numérica seja mais acentuada.

Determinadas as "funções de valor", cumpre, agora, integrar os RIs, a fim de poder-se avaliar as iniciativas propostas, bem como o *status quo* da organização, diante de seus RIs críticos. Para tal, é necessário determinar suas taxas de compensação. As taxas de compensação irão expressar a perda de performance que uma iniciativa deve sofrer em um RI, para compensar o ganho de desempenho em outro, expressando, também, a sua contribuição para o valor global do objetivo estratégico analisado (ENSSLIN et al, 2001).

De posse da informação sobre as funções de valor e das taxas de compensação, é possível proceder-se à identificação do perfil de desempenho atual de cada RI ou de cada iniciativa analisada, bem como proceder-se à avaliação global. Mediante esses procedimentos, é possível conhecer o estado atual de cada RI ou iniciativa, bem como da sua contribuição para o todo. A partir desse conhecimento, torna-se possível atuar de maneira focada naqueles RIs que, realmente, agregam valor à

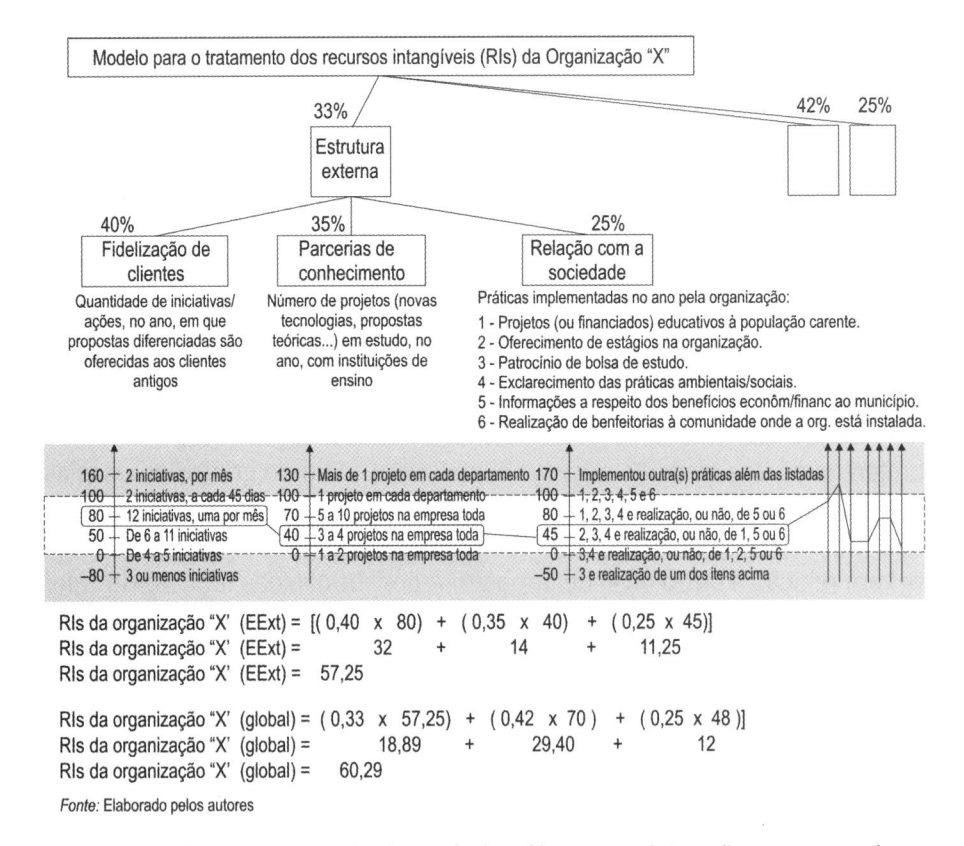

Figura 1 – Representação dos intangíveis críticos, suas interações, suas escalas ordinais, suas escalas cardinais, perfil de desempenho e avaliação global

organização. Ou seja, a tarefa de estabelecimento de metas alinhadas com os objetivos estratégicos da organização fica muito facilitada e fundamentada (SCHNORRENBERGER, 2005).

Uma vez construídas as escalas cardinais de cada RI, as taxas de compensação dos RIs, o perfil de desempenho das iniciativas, pode-se obter a avaliação global das iniciativas, por meio de um procedimento de agregação aditiva (procedimento que transforma as unidades de desempenho local em unidades de desempenho global).

2.3 Monitoramento e Gerenciamento

Concluídas as fases de identificação e de avaliação e mensuração, inicia-se a terceira e última fase, que consiste no gerenciamento e monitoramento. Ou seja, uma vez que o sistema de avaliação e mensuração tenha sido construído e implementado, as organizações devem analisar seus resultados internamente.

Da perspectiva de um processo de gerenciamento eficaz, faz-se necessário investigar, para cada iniciativa, em quais RI ela impacta positiva ou negativamente. Adicionalmente, em função do caráter sinérgico dos RI deve-se verificar quais iniciativas virão impactar em um maior número de RI. Isso porque, conhecendo o perfil de desempenho das iniciativas nos RI, devem-se direcionar os esforços para a busca e seleção daquelas iniciativas que melhor impactam naqueles RI críticos que tragam uma maior contribuição para a organização.

Uma vez que a proposta aqui formulada oferece informações quanto ao desempenho desejado para cada RI – por meio das escalas ordinais e cardinais construídas –, tem-se, então, a tarefa de identificar iniciativas que venham promover a passagem do impacto do desempenho do nível atual para um desempenho superior. Observe-se que a decisão quanto àquelas iniciativas que devem ser implementadas pode ser tomada com base na maior contribuição agregada.

A proposta aqui apresentada deve ser assumida em um sentido dinâmico. A organização avalia seus RIs críticos; etapa esta considerada como o instante (t). A partir daí, identifica diferentes iniciativas que podem alavancar o desempenho de cada RI, ao longo do tempo. Seleciona aquelas iniciativas que mais contribuem para a alavancagem dos RIs (considerando a relação custo/benefício) e as implementa. Após implementação, no período t+1, avalia, novamente, o desempenho desses RIs. Nesse contexto, a organização passa a monitorar o desempenho e a natureza dinâmica de seus recursos intangíveis.

3. Estudo de Caso – Centrais Elétricas de Santa Catarina S.A. (Celesc)

O Programa Anual de Pesquisa e Desenvolvimento Tecnológico do Setor Elétrico foi criado pela Lei nº 9991, de 24 de julho de 2000, que, em seu art 1º, obriga as concessionárias e permissionárias de serviços públicos de distribuição de energia elétrica a investir o montante de, no mínimo, 0,75% (setenta e cinco centésimos por cento) de sua Receita Operacional Líquida em pesquisa, desenvolvimento do setor elétrico e inovação tecnológica, com o objetivo de buscar inovações para fazer frente aos desafios tecnológicos e de mercado das empresas de energia elétrica (Ministério da Ciência e Tecnologia, 2000).

Em 15 de março de 2004, a Lei nº 10.848, em seu art. 12, estabelece que os arts. 4º e 5º da Lei nº 9.991, de 24 de julho de 2000, passam a vigorar, a partir desta data, com as seguintes alterações: "Art. 4º, II – 40% (quarenta por cento) para projetos de pesquisa e desenvolvimento, segundo regulamentos estabelecidos pela Agência Nacional de Energia Elétrica – Aneel (ABRACEEL. Lei nº 10.848, de 15 de Março de 2004). Segundo reportagem publicada na Revista Furnas, esse valor passou a corresponder a "0,8% da Receita Operacional Líquida (ROL) da Empresa" (Revista Furnas. Ano XXX. Nº 314. Novembro 2004, p. 11).

Os recursos financeiros que resultam da aplicação desta medida são significativos. Em face disso e da inexperiência das concessionárias e permissionárias de serviços públicos de distribuição de energia elétrica em destinar verbas a projetos de pesquisa e desenvolvimento (P&D), estas se viram diante uma situação problemática: como garantir que os aportes de recursos de P&D sejam direcionados de forma eficiente e efetiva a esforços que venham por assegurar contínua melhoria dos processos administrativos e produtivos, bem como a melhoria da qualidade dos serviços prestados aos consumidores.

Cumpre observar que P&D, por si própria, já se constitui como um RI. A questão que se coloca, então, para cada concessionária, é identificar quais são seus RIs críticos, de tal forma a garantir que os projetos selecionados contemplem tais RIs.

Nesse contexto, insere-se a Centrais Elétricas de Santa Catarina S.A. (Celesc). Mesmo tendo um ciclo de programas de pesquisa e desenvolvimento a cada ano, a Celesc defronta-se com a questão primária: Quais projetos selecionar? Essa questão é permeada pela seguinte questão secundária: Quais RIs contribuem para os objetivos estratégicos da Celesc (quais devem ser levados em consideração na seleção dos projetos)? A inexistência de um procedimento que permita orientar o processo de escolha de projetos de P&D tem trazido dificuldades para: (i) o planejamento estratégico plurianual de atividades de pesquisa; (ii) o desenvolvimento e inovações tecnológicas; (iii) a definição de grandes temas de pesquisa; e (iv) a definição de áreas prioritárias de aplicação dos recursos.

Para cumprir tal tarefa, inicialmente, procedeu-se à identificação daqueles RIs críticos da Celesc que deveriam se constituir como a base para a análise dos projetos encaminhados. Na seqüência, uma estrutura para representar as interconexões entre os vários RIs críticos foi construída; o próximo passo foi a construção, para cada RI, de uma escala ordinal, posteriormente transformada em cardinal; e, finalmente, para a agregação desses RIs, foi identificada sua taxa de compensação (de contribuição).

Apoiada nos resultados desse procedimento, a comissão de seleção de Projetos de P&D encontrou-se em condições de: (i) identificar os pontos fortes e fracos dos projetos de P&D submetidos à avaliação; (ii) sistematizar o processo de avaliação dos projetos de P&D; e (iii) ter uma ferramenta que, de forma transparente, ofereça como resultado a seleção dos projetos.

Para a Celesc – enquanto concessionária e distribuidora de energia elétrica –, a operacionalização do construto teórico-metodológico aqui apresentado possibilitou, entre outros, os seguintes resultados: (i) alinhamento do programa de P&D com o planejamento estratégico e com os interesses dos gestores; (ii) planejamento das áreas prioritárias onde os recursos de P&D foram e serão aplicados, tendo como conseqüência uma alavancagem dos RIs críticos, bem como um melhor aproveitamento dos resultados dos projetos; (iii) redução dos custos operacionais praticados na Celesc para a seleção de projetos de P&D a serem encaminhados à

Aneel; e, (iv) focalização do processo de execução dos projetos de P&D para a gestão com base em resultados.

4. Conclusão

O presente capítulo se propôs contribuir para a construção de um arcabouço teórico direcionado ao tema geral de Gestão do Conhecimento. Nesse cenário, e partindo da premissa de que os RIs configuram-se como um dos elementos responsáveis pela riqueza organizacional, o capítulo propôs-se a refletir sobre um aspecto específico, qual seja, o seu tratamento pelas organizações. O argumento aqui desenvolvido foi que o tratamento (identificação, avaliação e gerenciamento) dos RIs organizacionais críticos é uma questão central para qualquer organização. No intuito de oferecer um instrumento para alavancar tais recursos intangíveis (RIs), focalizou-se e explorou-se a necessidade de se "saber tratar" os RIs organizacionais. Para tanto, três etapas foram sugeridas como necessárias: a identificação dos intangíveis críticos relacionados à criação de valor; a mensuração e avaliação desses intangíveis; e, finalmente, a monitoração e gerenciamento dos RIs, sempre focalizando os objetivos internos da organização.

Para dar conta da tarefa de identificar, avaliar e gerenciar os recursos intangíveis, foi apresentado um construto teórico-metodológico. Esse construto foi operacionalizado na Centrais Elétricas de Santa Catarina S.A. (Celesc).

Notas

1 Neste capítulo, os termos "ativos baseados em conhecimento", "recursos intangíveis", "recursos intelectuais", "capital intelectual", "ativos intangíveis", "ativos estratégicos", "competências centrais", "capital social" (GUTHRIE, PETTY, 2000a; LEV, 2001; KAUFMANN, SCHNEIDER, 2004; TEIXEIRA, ZACCARELLI, 2007) são usados intercambiavelmente para remeter ao conjunto de elementos de uma organização que a ela agregam valor, por meio da construção e Gestão do Conhecimento gerado a partir de seu tratamento. Para fins metodológicos, elegem-se os recursos intangíveis (RI) para representar tais elementos.

2 Por natureza dinâmica entende-se a associação dos intangíveis a uma visão mais orgânica, na qual tais recursos intangíveis são vistos como interconecta-

dos nos processos organizacionais; essa visão está em oposição a uma visão mais estática dos recursos intangíveis, tal como aquela implícita nas patentes.

3 O ponto de partida vem a ser o processo de privatização das empresas do setor elétrico, com a inclusão de cláusulas nos contratos de concessão assinados com as empresas adquirentes visando a aplicação de recursos em pesquisa e desenvolvimento tecnológico nesse campo de atuação. Foram criados os Fundos Setoriais de Apoio ao Desenvolvimento Tecnológico, que geraram um novo modelo de gestão de P&D, em conformidade com as políticas de C&T no Brasil. Uma das intenções foi evitar a saída de recursos das empresas adquiridas por grupos estrangeiros para desenvolvimento tecnológico fora do Brasil e incentivar ações de P&D no país, promovendo parcerias estratégicas com centros tecnológicos, universidades e institutos de pesquisa (BRASIL, 2000).

Referências

ABRACEEL – ASSOCIAÇÃO BRASILEIRA DAS AGÊNCIAS COMERCIALIZADORAS DE ENERGIA ELÉTRICA. LEI nº 10.848, DE 15 DE MARÇO DE 2004. Disponível em: http://www.abraceel.com.br/todasNoticias.asp. Acesso: 27/06/2005.

BANA e COSTA, C. A.; SILVA, F. N. Concepção de uma "Boa" Alternativa de Ligação Ferroviária ao Porto de Lisboa: uma aplicação da metodologia multicritério de apoio à decisão e à negociação. **Investigação Operacional**, vol. 14, p. 115-131, 1994.

BARNEY, J. Firm resources and sustained competitive advantage. **Journal of Management**. V. 17, n. 1, p. 99, 1991.

BEINAT, E. **Multiattribute value functions for environmental management**. Amsterdam: Timbergen Institute Research Series, 1995.

BRASIL, Lei nº 9.991, de 24 de julho de 2000. Dispõe sobre realização de investimentos em pesquisa e desenvolvimento e em eficiência energética. Brasília, 2000. Disponível em: <www.aneel.gov.br/cedoc/lei20009991.pdf>. Acesso em 6 abr. 2003.

BUKN, P. N.; LARSEN, H.; MOURISTSEN, J. Constructing Intellectual Capital Statements. **Scandinavian Journal of Management**, V. 17, n. 1, p. 87-108, 2001.

CARVALHO, F. N.; ENSSLIN, S. R. **A evidenciação voluntária do capital intelectual: um estudo revisionista do contexto**. 6º Congresso USP Controladoria e Contabilidade. P. 658–671. São Paulo. 2006(a).

CARVALHO, F. N.; ENSSLIN, S. R. **Evidenciação voluntária do capital intelectual no contexto brasileiro: cotejamento com os contextos internacional e australiano**. 30º Encontro ANPAD. Salvador. 2006(b).

DAVENPORT, T. H.; PRUSAK, L. **Conhecimento empresarial: como as organizações gerenciam o seu capital intelectual**. Rio de Janeiro: Campus, 1998.

DUTRA, A. **Elaboração de um sistema de avaliação de desempenho dos recursos humanos do SEA à luz da metodologia multicritério de apoio à decisão**. Dissertação, Programa de Pós-Graduação em Engenharia de Produção, Universidade Federal de Santa Catarina, Florianópolis, Brasil, 1998.

ENSSLIN, S. R. **A incorporação da perspectiva sistêmico-sinergética na metodologia Mcda-construtivista: uma ilustração de implementação**. Florianópolis. Tese de doutorado em Engenharia de Produção da Universidade Federal de Santa Catarina, 2002.

ENSSLIN, S. R.; DUTRA, A.; IGARASHI, D. C. C.; ERN, E. V.; ALVES, F. A. **Diagnóstico do capital intelectual informado pelas ferramentas gerenciais navegador do capital intelectual e o balanced scorecard: uma proposta de gerenciamento**. Anais do XV ENANGRAD. – ago./set., Florianópolis, 2004.

ENSSLIN, S, R.; IGARASHI, D. C. C.; WAGNER, M. L. **Modelo de gerenciamento do capital intelectual: uma proposta advinda da consorciação das potencialidades de bases teóricas**. Anais do VIII SIMPOI – ago./set., São Paulo, 2005.

ENSSLIN, L. & ENSSLIN, S. R. **Notas de aula da disciplina de MCDA I**. Mimeo: Florianópolis, 2003.

ENSSLIN, L.; MONTIBELLER NETO G.; NORONHA S. M.; **Apoio à Decisão**; INSULAR. Florianópolis-SC, 2001.

ENSSLIN, L.; ENSSLIN, S; DUTRA, A. **MCDA: A constructivist approach to the management of human resources at a governmental agency**. International Transactions in Operational Reseach (Intl.Trans. in Op. Res.) IFORS – Published by Elsevier Science Ltd., 2000. V. 7, p. 79-100. ISBN 0969-6016/00.

GUERREIRO, R. **Modelo conceitual de sistema de informação de gestão econômica: uma contribuição à teoria da comunicação da contabilidade**. São Paulo, 1989. 385f. Tese (doutorado em Contabilidade) – Faculdade de Economia, Administração e Contabilidade, Universidade de São Paulo.

GUTHRIE, J.; PETTY, R., Intellectual capital literature review: measurement, reporting and management. **Journal of Intellectual Capital**. Bradford. V. 1, n. 2, p. 155-176, 2000(a).

_____. Intellectual capital: Australian annual reporting practices. **Journal of Intellectual Capital**. Bradford. V. 1, n. 3, p. 241-250, 2000(b).

LEV, B., **Intangibles: management, measurement, and reporting**. Washington: The Brookings Institution, 2001.

KAPLAN, S. R.; NORTON, D. P. **A estratégia em ação: balanced scorecard**. 15.ed. Rio de Janeiro: Campus, 1997.

_____. **Mapas estratégicos: convertendo ativos intangíveis em resultados tangíveis**. Rio de Janeiro: Campus, 2004.

KEENEY, R. L. **Value-focused thinking: A path to creative decisionmaking**, Harvard University Press, 1992.

KAUFMANN, L. SCHNEIDER, Y. **Journal of Intellectual Capital**. V. 5, n. 3, 2004.

MARR, B. **Perspectives on inteilectual capital: multidisciplinary insights into management, measurement, and reporting**. Elsevier Butterworth-Heinemann, 2005.

MOURITSEN, J. Intellectual capital and the capital market. **Accountig, Auditing and Accountability Journal,** 16, n. 1, p. 18-30, 2003.

MOURITSEN, J.; BUKH, P. N. et al. **Intellectual capital satements – the new guideline danish ministry of sciences technology and innovation**. Copenhagen: Ministry of Science Technology and Innovation, 2003.

MOURTISEN, J.; BUKH, P. N.; MARR, B. A reporting perspective on intellectual capital, p. 69-81, 2005 (In **Perspectives on intellectual capital: multidisciplinary insights into mamgement, measurement, and Reporting**, Cp. 5, 2005).

Organisation for Economic Co-operation and Development (OECD), "Guidelines and instructions for OECD Symposium", **International Symposium Measuring Reporting Intellectual Capital: experiences, issues, and prospects**, June, Amsterdam, OECD, Paris, 1999.

PABLOS, P. O. de. Intellectual capital reports in India: lessons from a case study. **Journal of Intellectual Capital**. Bradford: 2005. V. 6, n. 1, p. 141-149.

_____. Organizational learning and knowledge strategies: the case of Spanish firms. **Journal of Intellectual Capital**. Bradford: 2004. V. 5, n. 1, p. 116-129.

REVISTA FURNAS. ANO XXX. Nº 314. NOVEMBRO 2004. Disponível em: http://www.furnas.com.br/arqtrab/ddppg/revistaonline/linhadireta/RF314_p&d.pdf. Acesso: 24/06/2005.

PEREIRA, C. A. **Controladoria: uma abordagem da gestão econômica – GECON**. Organizador Armando Catelli. 2. ed. São Paulo: Atlas, 2001.

ROOS, J.; ROOS, G.; DRAGONETTI, N. C. & EDVINSSON, L. **Intellectual capital: navigating the new business landscape**. London: Macmillan Press,1997, p. 143.

SÁNCHEZ, P.; CHAMINADE, C.; OLEA, M. Management of intangibles: An attempt to build a theory. **Journal of Intellectual Capital**. V. 1, n. 4, p. 312-327, 2000.

SCHNORRENBERGER, D. **Identificando, avaliando e gerenciando os recursos organizacionais tangíveis e intangíveis por meio de uma metodologia constutivista (MCDA): uma ilustração na área econômico-financeira**. Tese. Universidade Federal de Santa Catarina. Programa de Pós-Graduação em Engenharia de Produção. Florianópolis, 2005.

STEWART, Thomas A. **Capital intelectual: a nova vantagem competitiva das empresas**. Rio de Janeiro: Campus, 1998.

SVEIBY, Karl Erik. **A nova riqueza das organizações**. Rio de Janeiro: Campus, 1998.

TEIXEIRA, M. L. M.; ZACCARLLI, L. M. A nova ambiência competitiva. In: HANASHIRO, D. M. M.; TEIXEIRA, M. L. M.; ZACCARELLI, L. M. **Gestão do fator humano: uma visão baseada em stakeholders**. São Paulo: Saraiva, 2007.

Sandra Rolim Ensslin – Graduada em Ciências Contábeis pela Universidade Católica de Pelotas-RS; mestre e doutora em Engenharia de Produção pela Universidade de Santa Catarina (UFSC); professora do Departamento de Ciências Contábeis da UFSC e dos Programas de Pós-Graduação (Mestrado) em Contabilidade e de Engenharia de Produção (Mestrado e Doutorado) da UFSC. Pesquisadora nas áreas de Ativos Intangíveis, Apoio à Decisão e Avaliação de Desempenho.

Leonardo Ensslin – Graduado em Engenharia Mecânica pela Universidade Federal do Rio Grande do Sul (UFGS); mestre em Engenharia de Produção pela Universidade Federal de Santa Catarina (UFSC). Ph.D. em Engenharia Industrial e Sistemas pela University of Southern Califórnia; pós-doutorado em Management Science pela University of Lancaster (UK). Professor titular do Departamento de Engenharia de Produção e do Programa de Pós-Graduação (Mestrado e Doutorado) da UFSC. Consultor e coordenador do Laboratório de Metodologias Multicritério em Apoio à Decisão (LabMCDA). Autor e organizador do livro "Apoio à decisão", Editora Insular; e pesquisador nas áreas: Apoio à Decisão, Avaliação de Desempenho Organizacional e Gestão de Riscos.

Parte 3

A Inter-relação da Gestão do Conhecimento com Outras Áreas de Estudos Organizacionais

9

Inovação e Pesquisa & Desenvolvimento no Setor Elétrico. Chesf: uma Empresa na Era do Conhecimento

Maria de Fátima Peregrino Torres • Rezilda Rodrigues Oliveira

1. Introdução

O caso aqui relatado insere-se em um contexto que remete à implementação de uma política pública voltada para o aumento do conhecimento existente em um importante setor econômico brasileiro. Na verdade, busca novas formas de criar conhecimento e promover seu compartilhamento, com vistas a "maximizar a competitividade das empresas de energia elétrica" (Aneel, 2001).

A empresa focalizada neste capítulo é a Companhia Hidro Elétrica do São Francisco (Chesf), na qual se analisa como estabeleceu conexões intrínsecas com a questão da inovação, por meio de um desenho organizacional de P&D associado a processos interativos de relacionamento, surgidos não só de redes internas constituídas para sua implantação e implementação, mas também de ligações que essa empresa estatal passou a desenvolver como um dos atores integrantes de uma rede que tem nítida interface com a produção de ciência e tecnologia no Brasil.

Dessa forma, aborda-se a temática de P&D na Chesf, examinando suas implicações em relação à ambiência necessária para que prosperem redes e articulações necessárias ao cumprimento dessa política pública.

Nesse caso, a criação de redes de cooperação no âmbito de empresas e universidades pode ser vista como um indicador de maturidade política e cultural, propiciando o aumento da capacidade tecnológica requerido na geração de inovações e para absorção de *know-how* e *know-who* (SCHLEMM; SOUZA, 2006).

2. Referencial Teórico

2.1 Inovação *versus* Ciência & Tecnologia

A palavra inovação encontra-se na literatura associada a diferentes conceitos. No caso da tecnologia, por exemplo, aponta-se a inovação tanto como componente de um processo de geração de idéias e projeto de soluções como implementação de algo novo, como captação de conhecimento externo e, finalmente, como uma idéia de desenvolvimento integral do ambiente, sendo ainda possível atribuir-lhe uma visão social, integrada à ciência e à tecnologia (C&T). Nesse sentido, inovação deve ser parte integrante das prioridades de C&T de uma nação que deseja modernizar suas empresas, tornar-se competitiva e ter acesso a mercados internacionais, visando a inserir-se no processo de desenvolvimento econômico e social de seu povo.

As mudanças tecnológicas seriam efeitos da inovação, dando lugar a atividades de P&D, como expressão de uma ação coletiva, implementada de modo sistêmico, com a finalidade de aumentar o acervo de conhecimentos técnico-científicos e usá-los no projeto e realização de aplicações práticas (MARCOVICH, 1980).

No Brasil, o histórico de políticas públicas industriais mostra que elas, invariavelmente, foram definidas segundo eixos setoriais, vindo a se modificar nos anos 1990, quando novas políticas horizontais passaram a ser priorizadas. Evoluiu-se de uma política setorial, baseada em incentivos fiscais e proteção tarifária, voltada para a produção de bens tangíveis, para uma política sistêmica, agregando novos mecanismos de fomento à inovação aos instrumentos existentes, entretanto, sem implicar o abandono do eixo setorial das políticas (BONELLI; VEIGA, 2003). A criação de Fundos Setoriais sinaliza para o cenário discutido neste capítulo.

2.2 Fundos Setoriais

Em fins dos anos 1990, instituíram-se mecanismos de coordenação e cooperação entre agentes privados, públicos e da comunidade acadêmica envolvida com P&D, os quais foram viabilizados por meio dos Fundos Setoriais de Apoio ao Desenvolvimento Científico e Tecnológico, com o desenvolvimento e consolidação de parcerias entre universidades, centros de pesquisa e setor produtivo. Tudo isso faz com que conhecimento e geração de inovações sejam compartilhados, inclusive com o propósito de reduzir desigualdades regionais, considerando que 30% dos recursos devem ser destinados à implementação de projetos nas regiões Norte, Nordeste e Centro-Oeste, estimulando um desenvolvimento mais harmônico para o país (MCT, 2004).

2.3 O Fundo Setorial de Energia – CT-Energ

O caso da Chesf permite focalizar a aplicação de recursos do Fundo Setorial de Energia – CT-Energ e mostrar sua interface com a promoção da pesquisa e da inovação no país. A criação desse Fundo deu-se pela Lei nº 9.991/2000, que ampliou a obrigatoriedade da aplicação em P&D dos recursos oriundos da receita operacional líquida das concessionárias, permissionárias e autorizadas do setor elétrico. A partir deste fato, as empresas que o integram tiveram de se estruturar para implementar programas de trabalho referentes a essa atividade, que, de início, não foi bem compreendida, sendo até considerada uma imposição. O que parece ter sido superado, registrando-se considerável aumento de investimentos na área, na busca do desenvolvimento sustentável e de remoção de obstáculos inerentes aos impactos causados pela era do conhecimento e das redes de cooperação, como base indispensável para que políticas de inovação tecnológica e programas de P&D sejam bem-sucedidos, assunto que é tratado a seguir.

2.4 Redes de Cooperação e Aplicação de Conhecimento

A compreensão da estrutura das redes sociais pode explicar como uma coalizão consegue ser vitoriosa na implantação e difusão de uma tecnologia ou processo inovador, fixando e definindo projetos em uma organização. Sob esse aspecto, interações e relacionamentos entre indivíduos constituem ponto focal para se saber como se dá a captação e absorção de novos conhecimentos dentro das organizações, e, em particular, no setor público (TORRES, 2004).

Segundo Stewart (1998), desenvolver a gestão de agentes sociais em redes possibilita articular saberes e habilidades em torno de uma atividade de forma dinâmica, concomitantemente estimulando autonomia, flexibilidade e participação dos que delas fazem parte, com sensível incremento da conectividade e das parcerias como geradoras de informação e conhecimento destinados ao serviço que visam prestar, dando margem a que tanto o aprendizado como a inovação aconteçam.

Na literatura, a emergência das redes de inovação é caracterizada por relações formais e informais que favorecem o fluxo de informação e conhecimento entre grupos e organizações (NADLER; TUSHMAN, 2004). Já Inkpen e Tsang (2005) entendem que redes interorganizacionais, redes de relacionamentos e alianças estratégicas atuam como facilitadores na transferência de conhecimento, na obtenção de *know-how* e no desenvolvimento de inovações. Nesse contexto, considera-se rede de inovação como uma rede de organizações engajadas no desenvolvimento de inovações de produtos e processos (VAN AKEN; WEGGEMAN, 2000).

Para Moore e Bolinches (2001), tecnologia e práticas de gestão do conhecimento requerem processos de comunicação e de construção de confiança entre agentes internos e externos das organizações, a fim de que não haja rebatimento negativo nos relacionamentos. Com efeito, desconfiança, falta de credibilidade entre as partes, comunicação imperfeita, recusa a aplicar conhecimentos fora da organização e incapacidade de gerar processos e procedimentos que facilitem o intercâmbio de informação entre organizações, entre outros, constituem desafios para a efetividade de parcerias entre empresas, universidades e centros de pesquisa, como inicialmente aconteceu nesse caso. Como já visto, os processos de conversão de conhecimento devem agregar aspectos humanos, tecnológicos, relacionais, financeiros e organizacionais, integrados a uma complexa rede de relações que envolvem os agentes internos e externos da organização. Nesse particular, a gestão de uma rede de relações produz um sistema de coordenação capaz de vincular tarefas realizadas em prol da inovação, temática esta que é examinada em detalhes neste capítulo, que focaliza o caso da Chesf.

4. Caso Chesf – Inovação, Pesquisa e Desenvolvimento

4.1 A Organização

A Chesf é uma empresa com mais de 60 anos de existência, tendo, ao longo de sua trajetória, destacado se tanto no setor elétrico como por sua liderança no desenvolvimento regional (OLIVEIRA, 1998). Subsidiária das Centrais Elétricas Brasileiras S/A (Eletrobrás), a empresa é hoje a maior geradora e transmissora de energia elétrica do país. Seu principal traço cultural privilegia a eficiência e a competência técnica do corpo funcional, destacando-se a profissionalização reinante na empresa, aliás, um legado dos empreendedores da era pioneira, sendo esta considerada uma verdadeira saga organizacional (OLIVEIRA, 2001). Desde então, no ambiente em que a Chesf atua, a qualidade das relações que mantém com seus *stakeholders* influencia positivamente em seus resultados, até porque as tarefas críticas que os envolvem constituem importante papel (OLIVER, 1997).

4.2 O Programa de P&D na Chesf

Como mencionado, a Lei nº 9.991/2000 determinou que todas as empresas do setor elétrico passassem a desenvolver programas de P&D (BRASIL, 2000), o que as levou a adotar práticas, incentivos, políticas e instrumentos normativos para implementá-los. Na Chesf, partindo-se do primeiro ciclo 2000/2001, conta-se cerca de uma centena de projetos de pesquisa aprovados e em fase de implementação, contemplando os segmentos de geração, transmissão e comercialização de energia elétrica (Aneel, 2001, p. 1-2).

Essa atividade constitui, hoje, uma das indiscutíveis estratégias empresariais da Chesf, sobretudo em termos de inovação e desenho organizacional de P&D, que, associado a processos interativos de relacionamento, fortalece ligações e redes que ela já tinha com importantes atores de seu ambiente técnico e institucional. Um deles, a Agência Nacional de Energia Elétrica (Aneel) impôs-se tanto pelo seu papel regulatório como interativo, exigindo soluções negociadas para resolver os primeiros impasses da implantação do Programa Chesf de P&D, bastante marcado como um processo *top down* e pela existência de *champions*, ou seja, gerentes de projeto que atuaram de forma diferenciada da postura usual da empresa, podendo ser interpretados quase que como defensores de uma causa (TORRES; OLIVEIRA, 2005), até mesmo na perspectiva do indivíduo (SLAPPENDEL, 1996), e não apenas na da organização. Assim, podem-se salientar questões que vão desde as ações de natureza mais pessoal de cada envolvido nesse processo, até àquelas ligadas ao ambiente, a exemplo do perfil inovador que devem ter as grandes empresas, à complexidade das tarefas e à competência para realizá-las.

Tudo isso foi decorrente dos indicativos dados pela legislação e de como as empresas responderam a esse desafio da sobrevivência. A Chesf, para implantar seu Programa de P&D, criou um grupo gestor, composto por seis membros efetivos, sendo um deles coordenador-geral e os demais representantes de cada uma de suas cinco diretorias. Vale dizer que esse grupo gestor logo se integrou à rede criada entre as empresas do setor elétrico, atendendo ao processo de mobilização e sinergia liderado pela Eletrobrás, de maneira a haver ação conjunta, por meio do Comitê de Integração Corporativa de Pesquisa e Desenvolvimento Tecnológico (Cicop). A intenção foi fazer convergir empresas e projetos de modo mais eficiente, não dissonante e racionalmente alinhado com o propósito ditado pela legislação, não obstante o engajamento cívico percebido entre os participantes do Cicop, seja pela complementaridade entre as ações coletivas por eles realizadas, seja pelas relações horizontais estabelecidas (TORRES, 2004).

A Chesf também estreitou seus laços com as universidades da região Nordeste, em muito facilitados pela história profissional dos membros do Grupo Gestor de P&D e de sua reputação técnica, os quais contribuíram para que conquistassem confiança e reciprocidade nas transações sociais, organizacionais e interorganizacionais que passaram a manter entre si.

Cabe salientar a verdadeira luta da empresa em torno da aquisição de recursos de conhecimento, considerando-se que os gestores tiveram de identificar insumos e processos necessários à sua consecução, com o devido aproveitamento de oportunidades proporcionadas pelos novos contatos estabelecidos. De um lado, fortaleceram-se laços entre as empresas do setor, instituições de pesquisa e pesquisadores internos, imprescindíveis para que o sistema de captação, na fase de pré-projetos, começasse a agregar valor. Da mesma forma, a transparência e a espontaneidade do processo passaram a atrair novas idéias e a mobilizar pessoas, muitas delas não inteiradas da existência da legislação e da obrigatoriedade da aplicação dos recursos em P&D. Como um processo de aprendizado, a Chesf foi incorporando esse trabalho como algo integrado aos processos da empresa, estimulando novas competências e habilidades em decorrência do Programa. Por conta disso, tornou-se evidente a emergência de lideranças, notadamente os chamados *gatekeepers*, ou seja, aqueles responsáveis por conectar as pessoas da organização com os assuntos de seu interesse, identificando externamente fontes de novas informações, de maneira a promover a inovação (NADLER; TUSHMAN, 2004).

Entre as práticas adotadas pela Chesf, assinalam-se as freqüentes rodadas de discussões relacionadas com a prospecção de temas dos projetos de pesquisa, sugeridos pelos representantes de cada diretoria da empresa, que ficam responsáveis pelos relacionamentos com as universidades e os centros de pesquisa interessados em submeter propostas, conforme a agenda do Programa. Nos relacionamentos, os conflitos inicialmente detectados envolvendo questões ligadas às exigências contratuais e propriedade intelectual dos resultados das pesquisas, aos poucos, foram sendo equacionados, havendo registro apenas de problemas ligados aos índices de realização dos projetos em função do tempo determinado para a sua conclusão, considerando que alguns pesquisadores se preocupam mais com aspectos puramente cognitivos do que propriamente com a obtenção dos resultados no tempo previsto no cronograma de trabalho (TORRES; OLIVEIRA, 2006). Mesmo assim, a experiência pode ser considerada salutar para a troca e a captura de conhecimento, dessa forma, contribuindo para o desenvolvimento científico e tecnológico regional e do país.

5. Considerações Finais

Este capítulo mostra uma iniciativa que insere a discussão nacional sobre P&D, na agenda de C&T no Brasil, inspirada pela criação dos Fundos Setoriais, os quais motivaram a emergência de fatores dinâmicos geradores de uma ambiência favorável à inovação, respaldada em cooperação, confiança e objetivos comuns, típicos da era do conhecimento, na qual é comum a existência de atividades para conquista e preservação da autonomia tecnológica das empresas. Pela atuação do Programa Chesf de

P&D, é possível afirmar que ele está correspondendo às mudanças institucionais introduzidas com a pretendida reestruturação do setor elétrico, cujo caso real aqui relatado sugere uma bem-sucedida experiência de troca e integração de conhecimento, sobretudo por envolver ações de parceria com universidades e centros de pesquisa regionais e nacionais. O relato mostra que a promulgação da legislação, bem como o ambiente de discussão nacional sobre P&D, pode produzir exemplos de como preencher lacuna em termos de desenvolvimento científico e tecnológico, como fatores dinâmicos favoráveis à efetiva gestão do conhecimento organizacional, respaldada em cooperação, confiança e objetivos comuns.

Para a Chesf, isso pode significar um resgate da tradição de pioneirismo e de superação de dificuldades histórico-institucionais em uma situação que favorece seu desenvolvimento organizacional, até porque ela reúne claro potencial técnico e competência profissional em seus quadros funcionais. O momento enfocado mostra as condições objetivas de que a empresa desfruta com esse contexto institucional relacionado com a contínua busca da capacitação científica para conquista e preservação da autonomia tecnológica do país, da região e da própria empresa, cujos avanços são sinais de seu ingresso na era do conhecimento.

Não há dúvida de que as regras e as diretrizes definidas pelo governo federal catalisaram o processo e promoveram o surgimento de alianças estratégicas, cujas ações merecem destaque. O Cicop é produto de tal momento e exemplo dessas alianças, as quais ensejam ações que reforçam a cooperação entre as empresas do grupo, sobretudo na perspectiva institucional, que ressalta o papel exercido pela Eletrobrás, renovado com as atribuições de que hoje está incumbida. Internamente, cabe ressaltar a já notada existência dos empreendedores institucionais, ou *champions* da inovação tecnológica, os quais chegam a assumir os projetos de P&D como "seus", defendendo a causa e, até mesmo, extrapolando suas atribuições na empresa. O Programa de P&D, de fato, incorporou a inovação como um valor e procurou introduzi-la favorecendo ambiente de compartilhamento, respaldado em cooperação, confiança e objetivos comuns típicos de uma forma democrática e participativa de ação. Assim, começaram a ser mobilizados novos atores, emergiram novas competências e foram incrementados relacionamentos graças à interação e ao trabalho em rede.

Referências

ANEEL, Agência Nacional de Energia Elétrica. **Manual para elaboração do programa de P&D**, 2001. Disponível em <www.aneel.gov.br>. Acesso em 10 dez. 2002.

BONELLI R.; VEIGA, P. M. Política Industrial: A dinâmica das políticas setoriais no Brasil na década de 1990: Continuidade e Mudança. **Revista Brasileira de Comércio Exterior**, n. 75, abril/junho, p. 1-24, 2003.

BRASIL, Lei Nº 9.991, de 24 de julho de 2000. Dispõe sobre realização de investimentos em pesquisa e desenvolvimento e em eficiência energética. Brasília, 2000. Disponível em: <www.aneel.gov.br/cedoc/lei20009991.pdf>. Acesso em 6 de abril de 2003.

INKPEN, A. C.; TSANG, E. W. K. Social capital, networks, and knowledge transfer. **Academy of Management Review**, v. 30, n.1, p. 146-165, 2005.

MARCOVICH, M. L. et al. **Administração do processo de inovação tecnológica**. São Paulo: Atlas, 1980.

MCT. Min. da Ciência e Tecnologia. **Temas em C&T – Fundos Setoriais**. 2004 Disponível em: <http://www.mct.gov.br/Fontes/Fundos/info/geral.htm> Acesso em 5 de abril de 2004.

MOORE, C. H. S.; BOLINCHES, S. B. El desarrollo de un sistema de gestión del conocimiento para los institutos tecnológicos. **Espacios**, v. 22, n. 3, set. 2001. Disponível in <http://www.scielo.org.ve/scielo.php?pid=S0798-10110152001 000300004&script=sci_arttext&tlng=es>. Acesso em 14 maio 2006.

NADLER, D. A.; TUSHMAN, M. L. Strategic linking. In: TUSHMAN, M. L.; NADLER, D. A. (Ed.) **Managing Strategic Innovation and Change**. New York: Oxford University Press, 2nd ed., 2004.

OLIVEIRA, R. R. A saga dos pioneiros da Chesf. **Organizações & Sociedade,** v. 8, n. 20, p. 139-152, 2001.

_____. **Chesf: gênese e trajetória de uma empresa estatal no Brasil**. Rio de Janeiro: Instituto Universitário e Pesquisa do Rio de Janeiro, 1998. Tese de Doutorado em Ciência Política.

OLIVER, C. The influence of institutional and task environment relationship on organizational performance. **Journal of Management Studies**, v. 34, n. 1, p. 99-124, 1997.

SCHLEMM, M. M.; SOUZA, Q. R. **Coep Paraná e empreendedorismo social: uma experiência de gestão do conhecimento para inovação**. Disponível in: <http://www.coepbrasil.org.br/downloads/ tese_queila.doc>. Acesso em 12 maio, 2006.

SLAPPENDEL, C. Perspectives on innovation in organizations. **Organization Studies**, v.17, n.1, p. 107-129, ABI/INFORM Global, 1996.

STEWART, T. A. **Capital intelectual**. Rio de Janeiro: Campus, 1998.

TORRES, M. F. P. **A gestão do conhecimento e o capital social das empresas: um estudo na Chesf.** Recife: Programa de Pós-Graduação em Administração da Universidade Federal de Pernambuco – Propad/UFPE, 2004. Dissertação de Mestrado.

TORRES, M. F. P.; OLIVEIRA, R. R. Inovação tecnológica e P&D numa empresa do setor elétrico brasileiro: um estudo na Chesf In: **Anais** do IX Seminário Modernização Tecnológica Periférica, 2005, Recife. Fundação Joaquim Nabuco – Coordenação Geral de Estudos em Ciência e Tecnologia, Diretoria de Pesquisas Sociais, 2005.

_____. Possibilidades de internalização de um programa de pesquisa e desenvolvimento numa empresa estatal. In: **Anais** do XXIV Simpósio de Gestão da Inovação Tecnológica, 2006, Gramado, Associação Nacional dos Programas de Pós-Graduação em Administração (ANPAD), 2006.

VAN AKEN, J.; WEGGEMAN, M. P. Managing learning in informal innovation networks: overcoming the Dafne-dilemma. **R&D Management**, v. 30, n. 2, p. 139-149, 2000.

Maria de Fátima Peregrino Torres – Engenheira eletricista pela Universidade Federal de Pernambuco (UFPE). Especialista em Electric Power Systems Engineering (Power Technology Course, PTI, EUA); em Engenharia de Qualidade e em Comercialização de Energia Elétrica (UFPE). Mestre em Administração (UFPE); engenheira eletricista da Companhia Hidro Elétrica do São Francisco (Chesf) durante 29 anos; professora dos cursos de Pós-Graduação do Colégio Salesiano Sagrado Coração, da Faculdade Salesiana do Nordeste. Diretora-secretária do Pólo Pernambuco – Sociedade Brasileira de Gestão do Conhecimento (SBGC) e consultora independente.

Rezilda Rodrigues Oliveira – Administradora de empresas pela Universidade Federal de Pernambuco (UFPE); mestre em Administração Pública pela Escola Brasileira de Administração Pública, Fundação Getúlio Vargas (Ebap/FGV); doutora em Ciência Política pelo Instituto Universitário de Pesquisas do Rio de Janeiro (Iuperj). Professora-adjunta da UFPE, nos cursos de Graduação em Administração e no Programa de Pós-Graduação em Administração (Propad); coordenadora do curso de Mestrado Profissional em Gestão Pública para o Desenvolvimento do Nordeste (MPANE); bolsista de Produtividade em Pesquisa 2 (CNPq). Presidente do Pólo Pernambuco – Sociedade Brasileira de Gestão do Conhecimento (SBGC) – rezildarodrigues@yahoo.com.br

10

Cultura Organizacional: um Fator Determinante para a Promoção da Aprendizagem Organizacional e da Gestão do Conhecimento

Gabriela Gonçalves Silveira Fiates

1. Introdução

A dinâmica do mundo em que vivemos é inquestionável, é bem verdade que a mudança sempre fez parte do processo de evolução da humanidade; no entanto, o que fez com que a mudança se tornasse tão presente nas discussões acadêmicas e empresariais atualmente é a velocidade e a intensidade com que estas mudanças estão sendo desenvolvidas e trazidas ao convívio cotidiano da sociedade.

Entretanto, um contexto assim, com mudanças significativas percebidas em vários setores da economia, exige altos níveis de flexibilidade e capacidade de autotransformação por parte das organizações, tal que sejam capazes de promover o desenvolvimento de soluções e respostas mais criativas e inovadoras.

Nesse sentido, as organizações têm buscado desenvolver um ambiente voltado ao aprendizado contínuo, capacitando seus membros a adquirir, armazenar, criar e utilizar o conhecimento como o maior bem da organização.

Diante do exposto, a aprendizagem deixou de ser objeto de estudo apenas de pedagogos e psicólogos para tornar-se um processo essencial para as organizações; na prática, porém, a aprendizagem organizacional, etapa fundamental da Gestão do Conhecimento, é repleta de desafios e dificuldades.

Esse capítulo tem como objetivo apresentar de que forma a cultura organizacional pode ser determinante para o desenvolvimento da aprendizagem organizacional entre tantas dificuldades e desafios inerentes ao processo.

2. Referencial Teórico

2.1 Desafios e dificuldades para o desenvolvimento da aprendizagem organizacional

Após décadas promovendo comportamentos previsíveis e controláveis, não é tão fácil mudar modelos mentais construídos e solidificados. Então, como habilitar as pessoas dentro do ambiente organizacional a criar, adquirir, aplicar e transferir conhecimentos de forma natural e cotidiana?

Dessa forma, é preciso conhecer e fomentar o processo de aprendizagem individual dentro da organização e proporcionar as condições favoráveis à transformação da aprendizagem individual em aprendizagem organizacional.

O momento presente é um ponto de inflexão entre a era da certeza e do raciocínio lógico e uma nova era caracterizada pela imprecisão, pelo futuro desconhecido e pelo número infinito de possibilidades objetivas. O aspecto mais determinante deste momento é a sua complexidade dinâmica. Para Mariotti (1999), complexidade quer dizer diversidade, convivência com o aleatório, com mudanças constantes e com conflitos, é ter de lidar com tudo isso, mobilizando potenciais criadores e transformadores.

Essa complexidade requer um modelo de organização mais aberto, que interaja mais com o ambiente, não somente para se adaptar, mas também, e principalmente, para influenciar suas mudanças de forma a potencializar seus pontos fortes, ou seja, é importante que a empresa desenvolva uma postura voltada para o aprendizado.

Para que a organização desenvolva as características necessárias ao desenvolvimento do processo de aprendizagem, é preciso estruturar uma maneira sistemática para adquirir, criar, captar, armazenar, gerenciar, utilizar e transmitir conhecimentos dentro da organização.

Nesse sentido, a Gestão do Conhecimento passa a ser responsável por garantir que o processo de aprendizagem seja contínuo e permanente, uma vez que a obsolescência do conhecimento torna-se cada vez mais rápida. Essa aceleração da mudança induz à renovação permanente como condição de sobrevivência.

É essa rapidez que estimula e torna cada vez mais necessária a aprendizagem organizacional. No entanto, alguns fatores organizacionais devem ser considerados para o desenvolvimento do processo de aprendizagem, entre eles destacamos aqui a cultura organizacional.

2.2 Cultura Organizacional: determinante para a aprendizagem

Nesses últimos anos, em que as organizações têm buscado desenvolver esse novo perfil, esse novo modelo organizacional, percebeu-se que a chave para a mudança organizacional residia na cultura vigente, uma vez que é a cultura a responsável pela orientação e regência dos padrões de comportamentos observados. Por isso, qualquer tentativa de implementação de uma Gestão do Conhecimento, ou mesmo de promoção isolada de processos de aprendizagem, tem-se mostrado infrutífera, sem que haja uma mudança profunda na cultura organizacional.

Uma mudança cultural deve envolver um processo de avaliação, modificação e transformação dos valores, crenças e modelos mentais compartilhados pelos indivíduos que trabalham na organização.

É preciso que haja uma total reconstrução da identidade organizacional baseada em uma nova estrutura, uma nova visão estratégica e, por conseguinte, novos padrões de comportamento. A cultura organizacional precisa não apenas apoiar um comportamento flexível e inovador, mas, sobretudo, fomentar e recompensar a aprendizagem e o conhecimento resultante. Uma cultura de aprendiz requer:

- valorizar o conhecimento, seus detentores e, mais ainda, seus disseminadores;
- eliminar o medo e incentivar o espírito empreendedor e inovador;
- promover uma postura, um padrão de comportamento que valorize a busca de conhecimento e a experimentação;

- criar um clima de confiança e liberdade entre os membros da organização;
- interagir continuamente com o ambiente externo (clientes, fornecedores e concorrentes) e saber aprender com essa interação;
- fomentar uma postura curiosa e investigativa em toda a organização, de forma a permitir também maior interação com o meio e com outras pessoas, não apenas limitada aos níveis de diretorias e gerências, mas também em toda a organização;
- minimizar as dificuldades existentes na transmissão de informações claras e transparentes, principalmente aquelas decorrentes de barreiras funcionais, ocasionadas por uma cadeia rígida de comando e poder das empresas, ou seja, flexibilizar o processo de comunicação;
- transmitir o *know-how* – saber fazer das pessoas, ou seja, explicitar o conhecimento tácito;
- se possível e apropriado, de acordo com as características da organização, selecionar o que for mais adequado em termos de hardware e software e fazer com que todos na organização conheçam e utilizem a infra-estrutura disponível.

É importante ressaltar que não se pretende aqui dar a "receita da cultura organizacional ideal". Pode-se dizer, porém, que esses pontos apontados são os mais comuns e podem servir como ponto de partida; no entanto, é fundamental que cada organização identifique seus próprios desafios, segundo suas peculiaridades.

Para ilustrar a influência da cultura na aprendizagem e na Gestão do Conhecimento, temos na seqüência o caso da Companhia Vale do Rio Doce (CVRD).

A escolha CVRD para discutir como a mudança cultural pode promover um crescimento significativo do processo de aprendizagem gerou algumas dúvidas, por dois motivos: primeiro para que não ficasse associado um tema tão amplo e relevante como mudança cultural com o processo de privatização; segundo, porque o objetivo do caso era mostrar como a mudança cultural foi fundamental para o sucesso da organização e, nesse caso, a Vale já vinha de uma história de sucesso. Finalmente, porém, a decisão positiva quanto à escolha resultou da crença de que os leitores serão capazes de perceber que a privatização, neste caso, representa apenas um marco histórico importante, e não o determinante do sucesso, assim como poderão perceber também que a história da CVRD tornou-se ainda mais rica a partir das mudanças empreendidas.

3. Caso Companhia Vale do Rio Doce (CVRD): Mudando a cultura para promover a aprendizagem

A Companhia Vale do Rio Doce (CVRD) foi criada pelo governo federal em 1º de junho de 1942, na cidade de Itabira-MG e foi privatizada em 7 de maio de 1997, quando o Consórcio Brasil, liderado pela Companhia Siderúrgica Nacional (CSN), venceu o leilão realizado na Bolsa de Valores do Rio de Janeiro, adquirindo 41,73% das ações ordinárias do governo federal por US$ 3,338 bilhões.

A CVRD possui aproximadamente 25.000 empregados diretos e, atualmente, é a maior produtora e exportadora de minério de ferro do mundo, maior companhia de mineração diversificada das Américas, bem como a segunda maior produtora de manganês do mundo. Também é considerada como a maior fornecedora de serviços de logística do Brasil. Atua com importante participação em siderurgia, alumínio, caulim e energia.

Ao longo de sua história, a Vale expandiu sua atuação estando presente em 11 estados brasileiros (Minas Gerais, Espírito Santo, Rio de Janeiro, Pará, Maranhão, Bahia, Sergipe, Mato Grosso do Sul, Tocantins, Rio Grande do Sul e São Paulo). Possui negócios na França, Noruega, Estados Unidos, Argentina e Bahrain, além de clientes em 30 países. Opera, também, com escritórios em Nova Iorque, Bruxelas, Tóquio e Xangai. A CVRD vem ainda diversificando seu portifólio de produtos minerais e consolidando a prestação de serviços logísticos.

A CVRD abastece o mercado global com produtos que dão origem a uma infinidade de elementos presentes no dia-a-dia de milhões de pessoas em todo o mundo. Exportados para diversos países, os minérios passam por transformações e são incorporados aos costumes locais na forma de novos produtos, que passam a fazer parte da vida de cada um de nós.

A Companhia Vale do Rio Doce como empresa estatal já conquistava lugar de destaque no setor. Em 1989, elaborou um Plano Estratégico

1989-2000, com foco na internacionalização, e, em 1993, foi classificada como a primeira empresa no ranking nacional pelo Instituto Brasileiro de Economia da Fundação Getúlio Vargas (FGV).

No entanto, apesar de uma trajetória bem-sucedida, o Estado, em seu papel regulador, parecia criar dificuldades ao crescimento da organização diante dos pesos pesados surgidos com a globalização. Nessa época, as empresas estatais, sob o berço esplêndido da burocracia, sustentavam sua estabilidade nas práticas neocorporativistas, excluindo a participação dos trabalhadores e das comunidades locais dos processos decisórios de políticas públicas. Com isso, iniciou-se uma crescente pressão para a desestatização de alguns setores da economia, entre os quais a siderurgia. Entre uma luta bastante dividida que mesclou argumentos econômicos, sociais e, sobretudo, políticos, em 10 de outubro, o Conselho Nacional de Desestatização (CND) aprovou o modelo de desestatização da Vale, que ocorreu de fato em 1997.

Viebig; Myczkowsky (2004), em um estudo sobre a imagem da organização logo após a privatização, observaram que a CVRD, apesar de seu excelente posicionamento no mercado, passava por algumas dificuldades.

Percebeu-se que produzir bem não bastava. Era preciso produzir com qualidade. E o homem é o princípio de todo o processo de qualidade. A visão dos funcionários em relação à empresa era de uma instituição de atividade primária. Havia falhas no processo produtivo, relacionadas com a atuação humana, função inadequada do funcionário, crença reinante entre as pessoas de que "nada muda", pressões psicológicas, alta preocupação dos líderes de não "magoar" as pessoas; incompatibilidade entre as expectativas individuais com as necessidades organizacionais. Com isso, detectou-se um alto grau de desmotivação (VIEBIG; MYCZKOWSKY, 2004).

A partir de então, de forma gradual, algumas mudanças foram ocorrendo, e logo no primeiro ano após a privatização, a Vale, demonstrando uma mudança na cultura organizacional, antes mais burocrática e engessada, explicitou sua preocupação com o conhecimento por meio do lançamento do Programa "De Volta para o Futuro", de apoio à educação formal, para propiciar o primeiro grau completo a todos os funcionários.

Com uma estrutura mais flexível e um processo de tomada de decisão mais ágil, a atuação da Vale hoje é pautada por uma gestão transparente, pelo respeito aos direitos dos acionistas, pela proteção ao meio ambiente, pelo desenvolvimento de seus empregados e pela promoção da melhoria da qualidade de vida das comunidades. Por meio da Fundação Vale do Rio Doce, criada em 1998, já no ano seguinte à privatização, para o desenvolvimento de projetos sociais em suas áreas de atuação, sua missão foi realizar programas sociais voltados ao desenvolvimento territorial sustentado das regiões onde está presente, sempre orientado por um profundo respeito aos valores e costumes locais.

Em 2000, a CVRD deixa clara sua postura em relação à responsabilidade ambiental quando foi criado o Instituto Ambiental, responsável por tratar de áreas protegidas ou as unidades de conservação ("UC"), restauração do meio ambiente e assuntos semelhantes, bem como para gerenciar e implantar programas e projetos originários da sua política ambiental e das atuais exigências legais.

Em 2002, foi criada a Universidade Corporativa Vale (VALER) consolidando a CVRD como uma organização com foco no aprendizado continuado, que investe na proposta de formação permanente, para o trabalho e para a vida. Sua atuação está fundamentada nas seguintes premissas: pessoas são chave para o alcance de resultados; proposta pedagógica diferenciada; educação permanente; pesquisa e qualificação técnica; e inovação.

A CVRD fundamenta sua gestão em quatro pilares estratégicos para garantir um diferencial competitivo. São esses pilares que definem o conjunto de competências requeridas pela organização, ou seja, são os conhecimentos, habilidades e atitudes ideais para o desempenho com excelência. Dessa forma, esses pilares orientam todo o Programa de Aprendizagem da Companhia. São eles:

- **excelência em gestão** – condução dos negócios com base nas diretrizes estratégicas e no modelo de governança corporativa;
- **atuação global** – visão e orientação para atuar no mercado global;
- **empreendedorismo** – identificação e antecipação das tendências de mercado e necessidades dos clientes atuais e potenciais, com estímulo à inovação e realização;
- **responsabilidade social e ambiental** – comprometimento com o conceito de desenvolvimento sustentável e correto posiciona-

mento da empresa perante às comunidades próximas das áreas de atuação.

Todas as mudanças facilmente observadas na cultura organizacional da CVRD demonstram a valorização das pessoas e do conhecimento pela organização, resultando no estreitamento dos laços de confiança da equipe na gestão e no corpo funcional, promovendo o seu comprometimento e o conseqüente sucesso nos negócios.

Um aspecto importante a ser considerado é que um processo de mudança da cultura organizacional é lento e gradual e precisa ser constantemente comunicado aos pares para que seja compreendido e internalizado. Na Vale, a comunicação recebeu uma atenção considerável, tanto interna como externa. O Relatório Social – Valores e Transparência, por exemplo, lançado pela primeira vez em 2000, relata a relação da Vale com seu pessoal, sua interação com as comunidades e sua preocupação com o meio ambiente.

Além do Relatório Social – Valores e Transparência, a CVRD conta com um jornal interno, cujo objetivo é integrar toda a empresa, de Norte a Sul, de Leste a Oeste. A avaliação desse jornal é feita através da intranet, com as sugestões dos colaboradores. Há ainda outros veículos de comunicação utilizados de forma sistemática e uniforme, como o Vale Informar, o Jornal Mural e o Vale@informar que é destinado a todos os usuários de correio eletrônico e veicula notícias de interesses diversos.

Além da comunicação, é importante que o processo de mudança da cultura organizacional seja reforçado, sistematicamente, por meio de ações concretas que possibilitem e promovam a valorização de uma postura de aprendiz. Nesse sentido, outros programas implementados pela CVRD chamam a atenção pela capacidade de mobilização das pessoas:

- Programa "CCQ" (Círculo de Controle de Qualidade) – possibilita a busca de melhorias de forma sistemática e cooperativa.
- Programa "Patente" – pequenas idéias, grandes inventos, que incentiva a criatividade do "empregado-inventor" e garante sobre a propriedade intelectual.
- Benefícios Múltiplos – voltado para as pessoas, a qualidade de vida começa dentro da empresa.

- Programa Vale Viver – um dos principais instrumentos para estreitar a relação com os empregados. Com o foco dirigido para a promoção de mudança de hábitos, integração família-empresa e melhoria do ambiente de trabalho, esse programa tem suas atividades baseadas em cinco pilares: Saúde, Segurança, Cultura, Comunicação e Ambiente. Em 2002 a Vale investiu aproximadamente R$ 3 milhões apenas neste programa.

4. Questões para reflexão

Analise o desempenho da organização atualmente e verifique se as mudanças implementadas geraram os resultados superiores aos obtidos até 1997.

Analise se as mudanças implementadas geraram resultados em termos de aprendizagem, ou seja, conhecimento aplicável, por meio do número de patentes registradas, inovação em produtos, serviços e mercados.

5. Considerações Finais

A aprendizagem organizacional, etapa fundamental na Gestão do Conhecimento, encontra nas organizações uma série de dificuldades para sua implementação, entre elas, a cultura organizacional vigente tem se mostrado determinante para a adoção de um compromisso claro pró-aprendizagem.

Um aspecto importante de uma cultura voltada para a aprendizagem é a concepção adotada para o processo que se baseia na autogestão da aprendizagem, confiando na autonomia e na capacidade de aprendizagem e de escolha dos indivíduos.

Na CVRD, por premissa, as competências que compõem os diferentes perfis da VALER são desdobramentos da sua estratégia, missão e visão. A partir desses, são definidas as competências organizacionais e técnicas que viabilizam uma análise do perfil profissional e a seleção das ações de desenvolvimento. Os empregados são estimulados a exercer a autonomia no processo de desenvolvimento. O processo de avaliação de competências é feito com base no diálogo aberto com as lideranças, dando origem, assim, ao Plano de Desenvolvimento do Empregado (PDE), um conjunto de ações de desenvolvimento individuais planejadas para cada ano. (http://www.cvrd.com.br, acessado em novembro de 2006.)

Cabe ressaltar ainda que o próprio processo de mudanças na cultura organizacional é, em si, um processo de aprendizagem a partir da reflexão intensa quanto às mudanças em seu meio, aliado à vivência dos membros do grupo. As mudanças na cultura organizacional decorrem não de uma decisão resultante a partir de uma necessidade observada, mas de uma convergência de condições organizacionais próprias, que favorecem a identificação de problemas e o surgimento de propostas para solucioná-los. Portanto, a mudança cultural exige, antes de tudo, atitudes favoráveis das pessoas, além de condições de estrutura organizacional, estrutura de poder e controle e de infra-estrutura que favoreçam as iniciativas e garantam o sucesso da implementação.

É importante, ainda, considerar que um processo de mudança da cultura organizacional é lento e gradual e precisa de um processo de comunicação transparente e fluido. Na Vale, o processo de comunicação, tanto interna como externa, foi bastante intenso. Como exemplos disso, podem-se ressaltar o Relatório Social – Valores e Transparência, o jornal interno, o Vale Informar, o Jornal Mural e o Vale@informar.

Além da comunicação, a adoção de ações sistemáticas que promovem a aprendizagem e a valorização do conhecimento foi fundamental para que o processo de mudança da cultura fosse reforçado.

Finalmente, cabe ressaltar, ainda, que qualquer processo de mudança cultural pode gerar resistências e inadaptações provocadas pela incorporação de novas idéias, novos valores e ritos. Por essa razão, não se pode analisar a mudança cultural sob uma perspectiva simplista e cartesiana de pensar, pois a empresa naturalmente, como em todo processo de aprendizagem, precisa de tempo para absorver e internalizar as novas idéias e padrões esperados de comportamento.

Referências

FIATES, Gabriela Gonçalves Silveira. **Uma proposta de avaliação de ferramentas da internet para auxiliar o desenvolvimento de organizações de aprendizagem.** Trabalho Apresentado para Obtenção do Título de Doutora em Engenharia na Universidade Federal de Santa Catarina. Santa Catarina, 2001.

VIEBIG, M. C. O. e MYCZKOWSKY, M. H. B. **Uma boa imagem diz tudo: o caso numa indústria de mineração, sob a perspectiva da comunicação interna**. Trabalho apresentado na Sessão de Temas Livres no XXVII Congresso Brasileiro de Ciências da Comunicação, Porto Alegre, RS, 2004.

http://www.cvrd.com.br

http://www.dominiopublico.gov.br

http://www.inpresspni.com.br/clientes/corporativo/valeriodoce/index.shtm

http://odia.terra.com.br/especial/economia/acoes/vale.htm

http://www1.folha.uol.com.br/folha/especial/2002/valedoriodoce/

Gabriela Gonçalves Silveira Fiates – Doutora em Engenharia de Produção pela Universidade Federal de Santa Catarina (UFSC), com tese sobre "Desenvolvimento de Organizações de Aprendizagem". Atuou como engenheira nas empresas Prensas Schüller do Brasil, em São Paulo, e Cerâmicas Portobello, em Tijucas; como instrutora e consultora nas áreas de Gestão da Qualidade e Gestão Empreendedora em diversas empresas em Santa Catarina; como consultora associada do Instituto de Estudos Avançados. Atuou também como docente de ensino superior na Universidade do Vale do Itajaí. É docente na Universidade do Sul de Santa Catarina, desde 2000 e, desde março de 2005, é coordenadora de Pós-Graduação e coordenadora do Mestrado em Administração da Unisul – gabriela.fiates@unisul.br

11

Organização de Aprendizagem e Gestão do Conhecimento

Edgar Rufatto Jr.

1. Introdução

Aprendizagem e conhecimento estão intimamente ligados. A aprendizagem está intrinsecamente relacionada à própria história da humanidade. "A estrutura viva é sempre um registro dos desenvolvimentos já ocorridos" (CAPRA, 2002, p. 51). Aprender é uma atividade que acontece no indivíduo e que é realizada por ele, sendo que ninguém pode aprender por outro e ninguém pode obrigar o indivíduo a aprender. Não pode obrigá-lo nem impedi-lo.

Conhecimento também é um produto humano. Davenport e Prusak (1998) apontam que toda a atividade criadora de conhecimento tem lugar dentro dos seres humanos e entre eles.

Portanto, falar de conhecimento e aprendizagem não é algo novo, mas a abordagem dos dois temas dentro do ambiente organizacional, a partir da perspectiva da Organização de Aprendizagem e da Gestão do Conhecimento, é algo recente e que merece uma reflexão.

Auxiliando nessa reflexão, apresentaremos alguns conceitos sobre os dois temas e tentaremos demonstrar suas principais inter-relações e aspectos críticos, bem como demonstrar alguns casos em que a Organização de Aprendizagem e a Gestão de Conhecimento estão em interseção.

2. Referencial Teórico

2.1 Conhecendo alguns conceitos

Organização de Aprendizagem é um ambiente onde ocorre o aprendizado, onde deve existir cultura, valores, políticas e estratégias que admitam a mudança, facilitando, assim, a aprendizagem (GUIMARÃES, 2002). A Gestão do Conhecimento vem da necessidade de reconhecer o conhecimento como um ativo corporativo e entender a necessidade de geri-lo e cercá-lo com o mesmo cuidado dedicado à obtenção de valor de outros ativos mais tangíveis (DAVENPORT e PRUSAK, 1998).

Observando alguns modelos teóricos de Organização de Aprendizagem, percebermos seu relacionamento com a perspectiva da Gestão do Conhecimento.

Senge (1998) apresenta uma visão da Organização de Aprendizagem que se institui na proposição de cinco disciplinas, destinadas a auxiliar na constituição de uma nova e revolucionária concepção de liderança e gerenciamento empresarial.

Domínio pessoal	Nível de proficiência elevado relacionado com a capacidade de esclarecer e aprofundar a visão pessoal e ver a realidade de forma objetiva. Indica o comprometimento com auto-desenvolvimento.
Modelos mentais	Crítica constante aos pressupostos arraigados que influenciam a maneira de agir e ver o mundo existente na organização. Indica a importância de avaliação racional do *modus operandi* vigente para verificar pontos fortes e fracos e possibilidades de mudança.
Visão compartilhada	Habilidade de descobrir perspectivas futuras compartilháveis que estimulem o compromisso genuíno e o envolvimento, e não apenas a aceitação. Indica que uma visão não deve nunca ser imposta.
Aprendizagem em equipe	Os membros devem buscar abdicar de idéias preconcebidas para adotar a perspectiva do pensamento conjunto. Indica o diálogo como a possibilidade de percepção e trânsito de idéias.
Visão sistêmica	Integração de todas as outras, que busca fundi-las em um corpo coeso de teoria e prática, que visa a atrelar todas as idéias à realidade vigente e não permitindo que as outras disciplinas, isoladas, sejam apenas truques separados ou modismos.

Garvin (1993), adotando uma postura crítica com relação a perspectivas visionárias, como a apresentada por Senge, propõe uma definição plausível de Organização de Aprendizagem, inteligível e fácil de aplicar, com diretrizes mais claras para sua gestão e métodos e ferramentas de mensuração para comprovar os benefícios advindos da aprendizagem. Define a Organização de Aprendizagem como aquela que está capacitada para cinco principais atividades.

Solução sistemática de problemas	Originária da Qualidade Total, considerando metodologias de diagnóstico de problemas, utilizando a tomada de decisão com base em fatos e dados e usando ferramentas simples de estatística para organizar informações e estabelecer os focos de inferência.
Experimentação	Busca sistemática e testagem de novos conhecimentos, utilizando-se de métodos científicos. Aponta duas formas básicas de experimentação: Programas Contínuos, que envolvem uma série de experimentos menores que possibilitam a produção incremental de ganhos em conhecimento e os Projetos de Demonstração, normalmente destinados a propiciar contato inicial com abordagens que a organização pretende avaliar para adoção em larga escala no futuro.
Aprendizagem com experiências anteriores	Capacidade de rever os sucessos e fracassos, acessá-los sistematicamente e registrar observações que estariam disponíveis e acessíveis por todos os colaboradores.
Aprender com os outros	Experiências de outras empresas, às vezes até de ramos diferentes, podem trazer possibilidades interessantes para serem exploradas para geração de excelentes resultados.
Transferência rápida e eficiente do conhecimento através de toda a organização	As idéias geram maior impacto quando são amplamente compartilhadas ao invés de estarem sob o domínio de apenas algumas pessoas. Processos de comunicação eficientes podem auxiliar neste fim, além de estratégias como relatórios e visitas técnicas com vistas ao compartilhamento dos conhecimentos interessantes.

Goh e Richards (1997) produziram um trabalho interessante no sentido de avaliar a condição de uma organização se considerar como Organização de Aprendizagem. Com base nesse estudo e motivados pela a falta de metodologias de mensuração da capacidade das organizações aprenderem, como já citado por outros autores, construíram um instrumento de pesquisa baseado em um conjunto de características.

Característica	Definição
Clareza e propósito da missão	O propósito da organização precisa ser compreendido em cada uma das unidades e pelos funcionários, que devem entender sua relação com o trabalho que executam.
Compromisso da liderança e *Empowerment*	Comprometimento dos líderes com as metas da organização e da aprendizagem e com um clima de igualdade e confiança em que as pessoas sejam acessíveis e os erros aceitos e haja estímulo para a tomada de decisões que envolvam riscos.
Experimentação e recompensas	A organização precisa apoiar e reconhecer a experimentação de novos métodos e processos inovadores.
Transferência de conhecimento	Comunicação precisa ser clara e rápida para permitir que a informação cruze os limites da organização.
Trabalho em equipe e resolução de problemas em grupo	Devem ser estimulados o trabalho em grupo e a menor dependência das equipes de uma administração superior, buscando o trabalho entre equipes e o compartilhamento de conhecimento com todos os intervenientes organizacionais.

Fazendo a relação inversa, ou seja, observando alguns conceitos de Gestão do Conhecimento, também percebemos seu relacionamento com as perspectivas da Organização de Aprendizagem:

Nonaka e Takeuchi (1996) abordam o processo de transferência do conhecimento do indivíduo para a organização na perspectiva da criação do conhecimento. Apontam que a criação do conhecimento não pode prescindir das pessoas e indicam que sua transferência também é um processo que pressupõe as relações interpessoais. Classificam o conhecimento em duas dimensões: o conhecimento tácito, que é pessoal, vinculado ao contexto e difícil de ser formulado e comunicado, e o conhecimento explícito, codificado, transmissível em linguagem formal e sistemática.

Com base nesses processos de transferência e apreensão de conhecimento que relacionam um processo de aprendizagem que envolve indivíduos, grupos e o contexto organizacional, os autores apontam que a função da organização seria fornecer o contexto apropriado para a facilitação das atividades em grupo e para a criação e acúmulo do conhecimento em nível individual.

Davenport e Prusak (1998) propõem um modelo teórico para o gerenciamento do conhecimento da empresa, que abrange três dimensões:

Geração do Conhecimento	À medida que interagem com o ambiente, as organizações absorvem informações e transformam-nas em conhecimento para combiná-lo com suas experiências, valores e regras internas.
Codificação do Conhecimento	A codificação busca tornar o conhecimento acessível aos que precisam dele, considerando os objetivos que serão atingidos, as formas de conhecimento, sua utilidade e adequação ao processo de codificação e o meio apropriado para codificação e distribuição.
Transferência do conhecimento	Dá-se por estratégias que incentivam as trocas espontâneas, assim como a troca formalizada através de metodologias e utilização de apoio tecnológico

Ao avaliar os modelos expostos, podemos perceber a profunda inter-relação entre eles nos âmbitos do indivíduo, da importância do trabalho em equipe, do posicionamento da liderança e da estrutura organizacional.

O **indivíduo** é a célula principal do processo de aprendizagem e da geração do conhecimento. A aprendizagem está situada na esfera do indivíduo, que vai buscar o alimento do conhecimento para subsidiar sua existência no mundo. O conhecimento subsidia a ação no ambiente em que o indivíduo está inserido, inclusive nas organizações, e é, simultaneamente, a fonte da aprendizagem e da geração de novos conhecimentos, processo que também se inicia no indivíduo. A Gestão do Conhecimento também é atributo da pessoa, seja no momento em que gerencia sua aprendizagem, seja no momento que atua enquanto usuário de uma proposta sistematizada de Gestão do Conhecimento, seja codificando-o ou sendo agente de transferência.

O **trabalho em equipe** oferece dentro dos dois universos conceituais a criação de um ambiente propício. A equipe propicia a oportunidade de aprendizagem, da troca de experiências, da discussão e debate, da explicitação e da compreensão da melhor utilização dos processos de administração do conhecimento e sua utilização. É também no trabalho em equipe que o conhecimento se amplia da esfera do indivíduo para o grupo, gerando a condição de conhecimento e conceituação mais abertos, que, ao mesmo tempo, preserva a posição individual, mas começa a estabelecer uma noção cultural para o grupo e a condição de ter o conhecimento disseminado pela organização.

A assimilação dos conceitos de Organização de Aprendizagem e Gestão do Conhecimento pelos **líderes** das organizações é fator crucial para a implementação e sucesso de modelos baseados nessas teorias. No contexto da Organização de Aprendizagem, o líder atua como mestre e como aprendiz, como apoiador e como alguém que trabalha para tirar os obstáculos ao ambiente de aprendizagem, como o mentor da aprendizagem no ambiente de trabalho e patrocinador das estratégias formais de aprendizagem. No contexto da Gestão do Conhecimento, atua como apoiador da sistematização da gestão e utiliza as informações e conhecimentos para buscar melhores processos, novos produtos e alocar e manter os talentos com maior efetividade, gerando benefícios para as pessoas e para a empresa.

Por fim, uma **estrutura organizacional** que se estabelece para praticar a Gestão do Conhecimento oferecendo condições mais apropriadas para a aprendizagem (e vice-versa). Ao identificar, modelar e disponibilizar o conhecimento, está possibilitando um fluxo em que a aprendizagem surge como recurso e fim. O conhecimento existente é codificado através da ação de pessoas que se agrupam para esse objetivo, sistematizado e disponibilizado, permitindo a outras pessoas usufruírem seus benefícios e utilizando essa materialização para promover debates, discussões e estudos que podem gerar novos conhecimentos a serem modelados e disponibilizados, dando continuidade ao fluxo da aprendizagem.

2.2 A contradição intrínseca: Organização *versus* Aprendizagem e Gestão *versus* Conhecimento

O discurso da Organização de Aprendizagem e da Gestão do Conhecimento é muito empolgante, mas é importante também apontar a contradição essencial que existe para a implementação dessas teorias.

A contradição na discussão da Organização de Aprendizagem se situa na contraposição entre os termos Organização e Aprendizagem. Cabral (2000) relata diversos conceitos que indicam que organização e aprendizagem são conceitos que carregam um certo antagonismo. A organização hierarquiza, delimita e organiza, e a aprendizagem amplifica, desordena e subjetiva. O ato de aprender na organização pode impor alguns limites, temas específicos, relação com produtividade e empregabilidade. Esses limites tiram do processo de aprendizagem alguns condimentos apaixonantes.

Com relação à Gestão do Conhecimento, coloca-se o conhecimento, que é um bem que deveria estar acessível a toda a humanidade, em uma condição de administração a partir de um sistema estabelecido pela estrutura organizacional, com intenções de controle e aproveitamento para ampliar produtividade, lucratividade e estabelecer ranqueamentos que podem colocar pessoas em situações de superioridade ou inferioridade. Além disso, o termo Gestão do Conhecimento se apresenta muito pretensioso, pois é visivelmente impossível querer gerenciar "o Conhecimento". No máximo, conseguiríamos gerenciar algum conhecimento (melhor seria Gestão de Conhecimento).

Por isso, as organizações têm de promover metodologias de implantação que cativem as pessoas a aceitar essas teorias, que provem que elas podem ser benéficas para a organização e para seus habitantes. É preciso, em suma, que se estabeleça uma relação de confiança entre empregados e empresa para que essas estratégias possam obter algum sucesso.

3. Casos

3.1 O Caso 1 – 4º Fórum de Gestão de Pessoas e Responsabilidade Socioambiental do Banco do Brasil

O 4º Fórum aconteceu de julho a agosto de 2003. Seus objetivos foram: estimular a geração de críticas e sugestões para aprimorar a gestão de pessoas e responsabilidade socioambiental do Banco do Brasil e sistematizar o processo de escuta institucional para a construção compartilhada de novas políticas e diretrizes para a área.

A metodologia utilizada permitiu mobilizar a base do funcionalismo (85 mil funcionários), em seu local de trabalho, de uma forma rápida, consistente, inclusiva, de baixo custo e fácil operacionalização.

Sustentada no Construtivismo, essa metodologia orientou a configuração do Fórum em quatro fases: local, regional, estadual e nacional.

Etapa local	Realizada no local de trabalho dos colaboradores, em todas as unidades do banco
Etapa regional	Foram realizadas 90 reuniões com os 3.193 representantes escolhidos
Etapa estadual	Foram realizados 28 encontros, com 172 representantes
Etapa nacional	E contou com a participação de 54 representantes

Em cada uma dessas etapas, os colaboradores elegeram democraticamente um colega para participar da etapa seguinte. Dessa forma, ficaram garantidas a legitimidade da escolha e a representatividade dos presentes em todas as etapas do Fórum.

As contribuições foram acolhidas sem crítica, votação ou censura – mesmo, em alguns casos, sem consenso – de modo que todas as vozes pudessem chegar às áreas estratégicas da empresa. Esse material, constituído de 18 mil críticas e sugestões, foi lido, analisado e estudado.

Dos 31 temas propostos, cinco englobaram 43% das contribuições: Remuneração, Ascensão Profissional, Capacitação, Qualidade de Vida no Trabalho e Benefícios. As críticas e sugestões dentro desses cinco temas foram selecionadas por sua recorrência e importância, compondo as chamadas "50 Mais do 4º Fórum", que mereceram atenção especial do banco, sendo submetidas para a análise das áreas gestoras dos temas.

Muitas contribuições foram implantadas e inspiraram mudanças na empresa. Algumas, porém, não puderam ser colocadas em prática, muito embora tenham sido analisadas e estudadas.

Para dar ciência aos colaboradores sobre as ações que foram implementadas a partir dos levantamentos do 4º Fórum, produziu-se um fascículo, no qual o Banco do Brasil mostrou o tratamento que foi dado a cada uma dessas 50 questões e os resultados dos esforços em compatibilizar esses "quereres" dos funcionários com os poderes e os deveres, que se constituíram em políticas, práticas e ações com repercussões em cada unidade do banco e no dia-a-dia de cada funcionário.

Demonstrou-se, assim, o que o banco fez nos últimos três anos, a partir das discussões levantadas naquele Fórum democrático. Ao disponibilizar informações sobre as realizações na área de Gestão de Pessoas e de Responsabilidade Socioambiental, o banco objetivou melhorar a percepção das oportunidades oferecidas na empresa, bem como do alcance e significado dos investimentos feitos para aprimorar a relação funcionário/instituição.

Fonte: Fascículo PROFI – Ecos – Resultados do 4º Fórum

3.2 Caso 2 – Farol Gerencial – Banco do Brasil

A partir da inauguração da Universidade Corporativa Banco do Brasil, aliada ao advento da possibilidade de utilização de ambientes web para o desenvolvimento profissional, estabeleceram-se condições de utilização de ferramentas de Gestão de Conhecimento para a aprendizagem.

O Farol Gerencial é uma ferramenta concebida a partir de um conteúdo existente em um antigo curso – Gestão da Dinâmica Organizacional –, direcionado para gestores do banco. Essa publicação era um livreto em que constavam 12 práticas gerenciais, com indicação de sua utilização para os alunos do curso.

Com a disponibilização do espaço web, a equipe de desenvolvimento dos conteúdos de educação para o desenvolvimento gerencial vislumbrou a possibilidade de ampliar o conceito do Farol Gerencial:

- transformando-o em uma publicação dinâmica, ou seja, não restrita ou limitada aos atributos de uma publicação impressa, mas possibilitando a inserção gradativa de várias práticas;
- transformando os gestores da organização em autores das práticas, não limitando a edição a um grupo de captação e pesquisa, mas expandindo a possibilidade de autoria para aqueles que tivessem experiências de sucesso a relatar para compartilhamento;
- buscando junto às áreas gestoras o aval para as práticas disponibilizadas, de modo a possibilitar um reconhecimento e um "selo de qualidade" para a prática disponibilizada.

O Farol Gerencial é um espaço referencial das práticas gerenciais cotidianas no Banco do Brasil, um local de compartilhamento onde são sistematizadas, a partir de relatos da realidade, algumas ações gerenciais. Ele pode ser utilizado como:

- **fonte de informação** – para manter os funcionários atualizados sobre práticas gerenciais cotidianas dentro da organização que podem ser úteis para nortear a preparação para o enfrentamento de problemas;

- **subsídios para a ação gerencial** – utilizando as ações relatadas em benefício da dependência do consultante, com as adaptações exigidas por sua realidade;
- **material para o desenvolvimento das equipes** – discutindo ações e relatos com a Gerência Média e com os funcionários, para determinar estratégias visando à busca de resultados ou solução de problemas.

O fluxo de disponibilização das práticas é o seguinte:

- o funcionário que desenvolveu um procedimento ou ação bem-sucedida em sua unidade relata a prática e a encaminha à diretoria de Gestão de Pessoas;
- a diretoria de Gestão de Pessoas classifica a prática e identifica a área gestora do tema, submetendo-a à avaliação;
- a área gestora avalia e, não havendo contradição com relação a normas, legislação ou orientações, avaliza a prática;
- a equipe de manutenção do portal da Universidade Corporativa solicita a publicação da prática;
- os usuários da ferramenta acessam a prática através do portal, utilizando as ferramentas de busca disponíveis (por tema ou palavra-chave).

A ferramenta contribui para a disseminação do conhecimento criado pelas pessoas no contexto de trabalho e possibilita a percepção dos "criadores de conhecimento" dentro da empresa. Na sua implementação, houve relatos de autores de iniciativas que foram divulgadas declarando-se "felizes de poder estar contribuindo com suas propostas". O enfoque principal foi valorizar as contribuições que auxiliaram na melhoria do processo de trabalho e do clima organizacional, gerando resultados imediatos para a comunidade que aplicou a idéia e a possibilidade de adaptação a outros contextos a partir da disseminação do material.

Fonte: http://uni.bb.com.br – acesso exclusivo para funcionários.

4. Conclusão

Aprendizagem e conhecimento são elementos que fazem parte da realidade humana em qualquer ambiente, inclusive no ambiente empresarial. As duas teorias aqui expostas trazem reflexões quanto a não obstacularizar a motivação natural do homem em aprender e gerar conhecimento e, também, a constituir modelos e metodologias que possibilitem uma motivação a mais para que esses processos se realizem.

Para que essas teorias sejam úteis e utilizáveis, e não apenas modismos, é necessário que o contexto cultural da organização esteja estruturado para aceitá-las em todos os níveis. Conhecimento é poder, e a idéia de gestão e compartilhamento do conhecimento pode ser vista com desconfiança tanto pelo trabalhador, que pode visualizar uma estrutura que queira "usurpar" esse bem tão precioso, como pelo dirigente que pode "temer" o solapamento de sua base de poder.

Tanto a Gestão do Conhecimento como a Organização de Aprendizagem precisam se estabelecer através de um ambiente de confiança, onde o reconhecimento pela ação e atitude com relação à disponibilização, disseminação, compartilhamento e construção do conhecimento estejam presentes e trazendo aos partícipes uma justa contrapartida do benefício que a organização recebe por essas atitudes.

No contexto atual, "as organizações... exercem influência cada vez maior sobre as condutas individuais, sobre a natureza, as estruturas socioeconômicas e a cultura" (CHANLAT, 1996, p. 40). Elas se transformaram em elementos-chave da sociedade, exercendo sua influência ao longo da História. Ao fomentar a utilização de teorias, como as que aqui foram analisadas, podem estar dando alguma contribuição para o desenvolvimento das pessoas e adquirindo uma significância maior para a sociedade na qual estão inseridas.

Referências

Banco do Brasil S.A. Fascículo PROFI – Ecos – Resultados do 4º Fórum. Brasília, 2006.

Banco do Brasil S.A. Site da Universidade Corporativa – http://uni.bb.com.br.

CABRAL, Augusto Cezar de Aquino. *Aprendizagem organizacional como estratégia de competitividade: uma revisão da literatura*. In: RODRIGUES, Suzana e CUNHA, Miguel (Orgs.). **Novas perspectivas na administração de empresas**. São Paulo: Iglu, 2000.

CAPRA, Fritjof. **As conexões ocultas – ciência para uma vida sustentável**. 3. ed. São Paulo: Cultrix, 2002.

CHANLAT, Jean-François. *Por uma antropologia da condição humana nas organizações*. In: TÔRRES, Ofélia de Lanna Sette (Org.). **O indivíduo na organização**. 3. ed. São Paulo: Atlas, 1996.

DAVENPORT, Thomas e PRUSAK Laurence. **Conhecimento empresarial – como as organizações gerenciam seu capital intelectual**. Rio de Janeiro: Campus, 1998.

GARVIN, David. Building a learning organization. **Harvard Business Review**, july-august, p. 78-91, 1993.

GOH, Swee & RICHARDS, Gregory. Benchmarking the learning capability of organizations. **European Management Journal,** v. 15, n. 5, p. 575-583, 1997.

GUIMARÃES, Tomás A. & ANGELIN, Gustavo P. **Potencial de aprendizagem organizacional e qualidade de gestão: um estudo multicaso em organizações públicas brasileiras**. Anais do XXVI ENANPAD. Atibaia, 2003.

GUIMARÃES, Tomás A. (Coord.) e outros. **Relatório de pesquisa: aprendizagem nas organizações. A produção científica brasileira do período 1998 a 2001, na área de administração, controvérsias conceituais e metodológicas**. Brasília: Programa de Pós-graduação em Administração, 2002.

NONAKA, Ikujiro & TAKEUCHI, Hirotaka. **Criação de conhecimento na empresa**. Rio de Janeiro: Campus, 1997.

SENGE, Peter M. **A quinta disciplina**. São Paulo: Círculo do Livro, 1998.

Edgard Rufatto Jr – Graduado em Jornalismo, pelo Instituto Metodista de Ensino Superior de São Bernardo do Campo, e em Ciências Contábeis, pela Universidade de São Paulo (USP); pós-graduado em Administração de Recursos Humanos pela Fundação Getúlio Vargas (FGV) de Brasília; mestre em Educação pela Universidade de Brasília (UnB). Atua há dez anos na área de educação interna do Banco do Brasil, tendo participado do desenvolvimento e sistematização de treinamentos e programas e da implantação da Universidade Corporativa – edgard.degas@uol.com.br

… 12

Integrando Gestão de Competências e Gestão de Conhecimento: o Caso do Banco de Desenvolvimento de Minas Gerais (BDMG)

Rodrigo Baroni de Carvalho • Ofir de Vilhena Gazzi • Marta Araújo Tavares Ferreira

1. Introdução

A sociedade do conhecimento tem produzido um interessante paradoxo: para se tornarem mais competitivas, as empresas precisam se tornar mais humanas. É sabido que a competitividade dos mercados tem exigido das empresas produtos e serviços inovadores, diferenciados e com alto valor agregado. No entanto, o conhecimento e a criatividade – elementos propulsores da inovação – são atributos restritos aos seres humanos e não encontrados em máquinas e equipamentos. Por mais óbvio que isso possa parecer, é recente a percepção entre as empresas do seu grau de dependência dos trabalhadores, o que não acontecia na sociedade industrial.

Tanto a reflexão acadêmica quanto a prática empresarial, em matéria de gestão das organizações na chamada economia do conhecimento, têm ressaltado a importância da gestão de pessoas para o bom desempenho organizacional e proposto novos conceitos como a Gestão do Conhecimento e a Gestão de Competências.

O capítulo contém o caso da modernização da Gestão de Pessoas no Banco de Desenvolvimento de Minas Gerais (BDMG). O caso descrito a seguir analisa as possibilidades derivadas da sinergia entre as práticas de Gestão do Conhecimento e de Gestão de Competências, propondo novas fronteiras para a Gestão de Pessoas.

2. Desenvolvimento Teórico

Em que pesem todos os destaques dados à importância das pessoas e da valorização do patrimônio humano como diferencial competitivo e fonte de agregação de valor aos negócios, um longo caminho deverá ainda ser percorrido para tornar esse discurso mais alinhado com a efetiva prática das organizações. Entre os grandes desafios a enfrentar, três, pela sua importância e natureza, merecem citação:

- elevar a consciência sobre a função de Gestão de Pessoas e sobre a sua relação com outros processos corporativos, visto que a Gestão de Pessoas é altamente dependente do que acontece na organização como um todo, tanto no processo de adaptação e ajuste à realidade interna quanto no processo de interação e resposta ao ambiente externo. Nesse contexto, a função Gestão de Pessoas é responsabilidade de todos, e não apenas da tradicional área de Recursos Humanos;

- aprofundar as políticas e os modelos de Gestão de Pessoas para possibilitar que as ações e as intervenções cheguem até as pessoas. Salvo as sempre possíveis e raras exceções, os modelos de Gestão de Pessoas são ainda massificados e desenhados para atingir categorias ou grupos de profissionais dentro das organizações e não alcançam o nível de indivíduo, para conhecê-lo em sua singularidade e promover o seu desenvolvimento a partir do estágio de evolução em que se encontra, com suas potencialidades, limitações e aspirações;

- desenvolver o Ser Humano integral. As abordagens tradicionais são, na maioria das vezes, fragmentadas e fortemente centradas nos aspectos cognitivos e comportamentais, privilegiando o conhecimento formal e a modelagem de atitudes e comportamentos. Há muito espaço de evolução a ser trilhado até que, por exemplo, as dimensões biológica, psíquica, social e espiritual do homem e a integração delas dentro da atividade produtiva sejam corretamente reconhecidas e trabalhadas pelas organizações.

O caso apresentado neste capítulo corrobora estudos recentes que enfatizam o papel estratégico da Gestão de Pessoas para a expansão da competência das mesmas e, portanto, da organização como um todo, para perceber, aprender, criar conhecimento e competir. Para que isso seja possível, é de fundamental importância a adoção de instrumentos, ferramentas e metodologias que permitam o aumento do contato com os colaboradores, para melhor conhecê-los e aproveitá-los dentro da organização. A Gestão do Conhecimento e a Gestão de Competências vieram para preencher, mesmo que ainda com várias das limitações anteriormente citadas, a lacuna existente.

Muitas vezes, a Gestão de Competências é confundida com a Gestão do Conhecimento. Ao contrário das influências multidisciplinares da Gestão do Conhecimento, a Gestão de Competências tem suas origens mais claramente delimitadas no campo científico da Administração de Recursos Humanos. Dessa maneira, a Gestão de Competências diz respeito às pessoas e ao desafio de alinhar as competências pessoais às competências que auxiliem a organização a atingir seus objetivos estratégicos.

Segundo Fleury e Fleury (2004), o conceito de competência organizacional tem suas raízes na abordagem da organização como um portfólio de recursos. A visão da empresa baseada em recursos é classificada como incrementalista, pois incorpora e valoriza a noção de aprendizagem organizacional e de experiência para lidar com a complexidade. Nessa perspectiva, a competitividade de uma organização seria determinada pela inter-relação dinâmica entre as competências organizacionais e a estratégia competitiva. Contudo, tanto a pesquisa desenvolvida por Fleury e Fleury (2004) quanto os estudos elaborados por Bitencourt (2004) concluíram que as organizações apresentam sérias dificuldades em relacionar as competências individuais às organizacionais.

Para Bitencourt (2004), a Gestão de Competências é um processo contínuo e articulado de formação e desenvolvimento de conhecimentos, habilidades e atitudes, em que o indivíduo é responsável pela construção e consolidação de suas competências (autodesenvolvimento) a partir da interação com outras pessoas no ambiente de trabalho, familiar e/ou em outros grupos sociais (escopo ampliado), tendo em vista o aprimoramento de sua capacitação, podendo adicionar valor às atividades da organização, da sociedade e a si próprio.

Para Krogh, Ichijo e Nonaka (2001), depois de um período cruento de *downsizing* e reestruturação, a maioria das empresas precisa revitalizar o lado humano e reforçar os frágeis processos de criação do conhecimento, constituindo ambientes empresariais capazes de gerar conhecimento. Particularmente na década de 1990, a reengenharia foi erroneamente utilizada como eufemismo para cortes e demissão de pessoal, gerando medo e provocando desgastes nas relações humanas dentro das empresas. Esse cenário fez com que os indivíduos enxergassem seus colegas de trabalho não como parceiros, mas como concorrentes em uma provável lista de demissão. A necessidade de a empresa competir no mercado muitas vezes foi traduzida em uma competição interna pelo poder entre os seus colaboradores, fortalecendo os feudos departamentais e comprometendo o resultado de projetos corporativos que exigissem habilidades múltiplas e cooperação interfuncional.

A Gestão de Competências é uma abordagem gerencial que contribui para resgatar o valor do indivíduo na organização, dando um cunho mais estratégico à área de RH. O reconhecimento da importância do conhecimento tácito coletivo dos trabalhadores para a sobrevivência da empresa tem auxiliado na mudança da relação empresa/colaborador no sentido de uma negociação ganha-ganha, em que a empresa oferece melhores condições de trabalho para que os profissionais se sintam motivados a criar e a colaborar.

Teixeira e Guerra (2002) destacam os elos entre os processos de aprendizagem e de Gestão de Competências. Para os autores, a aprendizagem ao longo do tempo permite que a organização crie e desenvolva suas competências. A noção de competência é associada à capacidade da organização de agregar um conjunto de conhecimentos especializados como resultado das condutas empresariais adotadas e dos recursos alocados.

3. Caso do Banco de Desenvolvimento de Minas Gerais (BDMG)

Desde sua fundação, em 1962, o Banco de Desenvolvimento de Minas Gerais (BDMG) tem sua história marcada por contínuas realizações em prol do desenvolvimento econômico, social e cultural do estado. Sendo uma empresa pública, o BDMG participa ativamente na execução da política econômica do governo do Estado de Minas Gerais através de operações de financiamentos de médio e longo prazos para empreendimentos que operam ou chegam para se instalar na região. A incorporação do cerrado à agricultura, a implantação do parque produtor de autopeças, a revitalização da cafeicultura, a modernização do setor sucroalcooleiro e a expansão da siderurgia e do setor cimenteiro são exemplos da intervenção consciente do BDMG.

Na esfera da administração pública brasileira, os projetos de Gestão do Conhecimento usualmente estão alinhados com iniciativas mais amplas de modernização da gestão pública e priorizam ações de preservação da memória organizacional e minimização dos problemas de descontinuidade administrativa. Por outro lado, as organizações públicas apresentam a vantagem de possuir, freqüentemente, um quadro estável e experiente de colaboradores, o que constitui um facilitador para iniciativas de Gestão do Conhecimento. É sabido que o *turnover* elevado constitui um grande obstáculo para a sedimentação do conhecimento.

No contexto do BDMG, a Gestão de Competências e a Gestão de Conhecimento vieram para completar o novo ciclo de modernização da Gestão de Pessoas realizado nos últimos anos, quando uma série de medidas sistêmicas e integradas foram executadas, entre elas:

- implementação de um novo plano de cargo e salários mais claro e objetivo, facilitando o planejamento da evolução de carreira, por competência, resultados e melhoria do perfil profissional;
- introdução do *feedback* de 360°, avaliações sistemáticas do pessoal e dos planos de desenvolvimento individualizados;
- renovação intensiva do Quadro de Pessoal;
- realização de dois concursos públicos (1998 e 2004) para renovação do quadro, seguidos de capacitação intensiva para os novos contratados, que atualmente já representam mais da metade do pessoal que atua no BDMG;
- aumento do investimento e acerto do foco dos programas de treinamento de curto, médio e longo prazos, aliando-os com os objetivos estratégicos;

- implementação de vigoroso programa de desenvolvimento gerencial, envolvendo o mapeamento do perfil profissional e pessoal dos gerentes, definição do estilo gerencial do BDMG e realização de MBA em Gestão Organizacional, especialmente desenhado para as necessidades desse grupo. Atualmente, 38 profissionais escolhidos entre gerentes, analistas e advogados de alto potencial de conhecimento para a instituição estão recebendo formação gerencial individualizada e de longo prazo, com vistas ao fortalecimento da ação gerencial para resultados, sustentada por melhores práticas de nível internacional.

Pesquisa conduzida internamente em 2006 confirmou a alta qualificação do pessoal do BDMG. Dos 89% dos colaboradores pesquisados, 86,6% possuem curso superior e 38,5%, cursos de pós-graduação (especialização, mestrado ou doutorado). Além disso, 62 colaboradores possuem formação em mais de um curso superior. São ainda 49 os profissionais com mestrado e cinco com doutorado.

De modo mais especifico, a primeira versão do projeto de Gestão de Competências foi implantada em 2002 com o foco no mapeamento das competências técnicas, organizacionais e pessoais específicas de cada função. Na oportunidade, foram identificadas 49 funções e 489 competências. Tal abordagem foi adotada devido à necessidade de se identificar *gaps* de competências, tendo as iniciativas de capacitação e desenvolvimento de pessoal desde então sido orientadas para o preenchimento dessas lacunas. A abordagem de Gestão de Competências foi escolhida por estar alinhada com os valores do BDMG, onde a competência técnica da equipe de profissionais é um dos pilares da cultura organizacional.

Mais recentemente, encontra-se em fase de implantação uma nova versão do projeto de Gestão de Competências em que as competências já não são mais específicas por função, mas, sim, corporativas e divididas em quatro grupos: competências pessoais, competências gerenciais, competências técnicas (administrativas e bancárias) e competências de mercado. A lista de competências possui em torno de cem itens e foi batizada de "matriz de competências". Cada competência possui uma definição objetiva, sendo que, ao longo do ano de 2006, ocorreram três sessões de validações dos termos e definições da matriz com representantes de todas as áreas do BDMG. Nesta nova etapa, além da atualização do levantamento de competências, pretende-se, a partir do uso da matriz de competências, adquirir subsídios para a constituição de equipes multifuncionais, localização de especialistas e consultores internos, movimentação de pessoas entre departamentos e identificação de sucessores e lideranças. Para 2008, está previsto um projeto de uma universidade corporativa.

4. Conclusão

A Gestão de Competências busca alinhar o desenvolvimento das competências individuais com as competências necessárias para a organização competir no mercado. Adicionalmente, o uso de instrumentos de avaliação de pessoal mais abrangentes, como *"feedback* 360 graus" (avaliações por pares, superiores e subordinados), pode estimular a colaboração e, em última instância, a criação do conhecimento. A conclusão é que as organizações que gerenciam competências têm maior propensão a apresentar práticas de Gestão do Conhecimento mais avançadas.

Considerar a Gestão do Conhecimento e a Gestão de Competências apenas como modismos gerenciais pode ser uma oportunidade perdida de se compreender melhor como o conhecimento é gerado, compartilhado e utilizado nas organizações e na sociedade. A experiência do BDMG ilustra o estágio atual de desenvolvimento da função de Gestão de Pessoas em uma organização pública e enaltece a necessidade de se avançar ainda mais na busca de novos patamares gerenciais na sociedade da informação e do conhecimento.

Referências

BITENCOURT, C. A gestão de competências gerenciais e a contribuição da aprendizagem organizacional. **Revista de Administração de Empresas**, v. 44, n. 1, p. 58-69, março, 2004.

FLEURY, M. T.; FLEURY, A. C. Alinhando estratégia e competências. **Revista de Administração de Empresas**, v. 44, n. 1, p. 44-57, março, 2004.

KROGH, G. Von; ICHIJO, Kazuo; NONAKA, Ikujiro. **Facilitando a criação do conhecimento**. Rio de Janeiro: Campus, 2001.

TEIXEIRA, F.; GUERRA, O. Redes de aprendizado em sistemas complexos de produção. **Revista de Administração de Empresas**, v. 42, n. 4, p. 493-105, dezembro, 2002.

Rodrigo Baroni de Carvalho – Doutor em Ciência da Informação (UFMG/Universidade de Toronto, Canadá); mestre em Ciência da Informação – Escola de Ciência da Informação (UFMG); Bacharel em Ciência da Computação (UFMG). Professor do Programa de Mestrado em Administração de Empresas da Universidade Fumec, Minas Gerais. Professor do Bacharelado de Ciência da Computação da Universidade Fumec e do Bacharelado em Ciência da Informação da PUC-Minas. Professor de Programas de Pós-Graduação da Fumec, PUC-Minas e Fundação Getúlio Vargas (FGV). É autor do livro "Tecnologia da Informação aplicada à Gestão do Conhecimento", Editora ComArte, 2003. Áreas de interesse: gestão do conhecimento, tecnologia da informação, portais corporativos, gestão de conteúdo, banco de dados e administração de sistemas de informação – baroni@fumec.com.br; rodbaroni@yahoo.com.br.

Ofir de Vilhena Gazzi – Assessor de Recursos Humanos do BDMG, pós-graduado no MBA Executivo em Gestão Organizacional (Ibmec) e administrador de empresas (UFMG) – ofir@bdmg.mg.gov.br

Marta Araújo Tavares Ferreira – Doutora em Engenharia Industrial e Gestão da Inovação Tecnológica pela École Centrale des Arts et Manufactures de Paris (1992); Mestre em Engenharia de Produção pela PUC-Rio e diplomada em Estudos Aprofundados em Economia da Inovação Tecnológica pela Université Paris IX-Dauphine. Em 2001, foi professora visitante em pós-doutoramento na Université de Montréal. Trabalhou como engenheira de Planejamento da Comissão Nacional de Energia Nuclear; estagiária em doutoramento na Agência de Avaliação Tecnológica de France Telecom; e pesquisadora da Missão de Estudos Econômicos do Centre National d`Études em Télécommunications, França. É professora do Mestrado em Turismo e Meio-Ambiente do Centro Universitário UNA e professora do Programa de Pós-Graduação em Ciência da Informação da Universidade Federal de Minas Gerais (UFMG). Suas áreas de atuação em ensino, pesquisa e consultoria são: Gestão da Informação e do Conhecimento, Gestão da Inovação Tecnológica e Organizacional, Gestão da Informação em Turismo, Empreendedorismo e Política de Inovação – maraujo@ufmg.br

# 13

Gestão do Conhecimento no Setor Público: o Papel da Engenharia do Conhecimento e da Arquitetura e-Gov

Andrea Valéria Steil • Vinícius Medina Kern •
Roberto Carlos dos Santos Pacheco

1. Introdução

Mais recentemente do que as organizações privadas, as organizações públicas começaram a compreender a importância estratégica da aplicação de novos conceitos e ferramentas para melhor gerir os seus recursos de conhecimento. Por princípio, muitos serviços públicos são entregues no formato de informações e conhecimento (políticas públicas, regulamentações etc.) e os que não o são diretamente dependem da captura e da organização de dados, informações e conhecimento acerca dos cidadãos, das empresas, das leis vigentes, da economia, da sociedade e da situação internacional. Nesse contexto, espera-se que os conceitos e as ferramentas da Gestão do Conhecimento contribuam para que o Estado e as organizações públicas possam gerir eficazmente seus recursos informacionais e de conhecimento, para o contínuo melhoramento dos serviços prestados à sociedade.

Este capítulo apresenta uma arquitetura conceitual (arquitetura e-Gov) desenvolvida pelo Instituto Stela para projetos de sistemas de informação e de Gestão do Conhecimento para o setor público. Essa arquitetura incorpora o resultado de pesquisas recentes nas áreas de interoperabilidade, ontologias, *business intelligence* e, principalmente, Engenharia do Conhecimento (EC), e compreende todo o fluxo dados–informação–conhecimento. O capítulo também descreve como essa arquitetura foi utilizada como base para o desenvolvimento de sistemas de Gestão do Conhecimento para duas instituições: a Agência Nacional de Vigilância Sanitária e o Ministério do Meio Ambiente. Para o alcance desse objetivo, o artigo inicia-se com a contextualização da Gestão do Conhecimento em organizações públicas e apresenta a abordagem da EC. Logo após, relaciona a arquitetura e-Gov com a Gestão do Conhecimento e apresenta os dois casos citados. Por fim, o capítulo apresenta as suas conclusões.

2. Referencial Teórico

2.1 Gestão do Conhecimento em organizações públicas

As organizações públicas possuem objetivos que as diferenciam, substancialmente, das organizações privadas tradicionais. Enquanto as organizações privadas buscam, primordialmente, a maximização dos lucros ou a criação de riquezas para seus acionistas, as organizações públicas têm como meta a contínua busca pela efetividade da ação pública para o alcance dos objetivos da sociedade e para a inserção do País na economia mundial.

Nesse contexto, os objetivos da Gestão do Conhecimento (GC) em organizações públicas transcendem o desenvolvimento de estratégias, metodologias e ferramentas para o uso interno da organização, de modo a torná-la mais competitiva no mercado. As estratégias de Gestão do Conhecimento nas organizações públicas devem ser formuladas com o objetivo duplo de melhor gerir os ativos do conhecimento das próprias organizações, ao mesmo tempo em que, assim o fazendo, promovam novos meios de interação com a sociedade, chamando-a a participar do processo de construção de conhecimento coletivo. Esses objetivos estão especificados na definição de Gestão do Conhecimento elaborada pelo comitê executivo de governo eletrônico do Brasil, que a compreende como

> "[...] um conjunto de processos sistematizados, articulados e intencionais, capazes de incrementar a habilidade dos gestores públicos em criar, coletar, organizar, transferir e compartilhar informações e conhecimentos estratégicos que podem servir para a tomada de decisões, para a gestão de políticas públicas e para a ***inclusão do cidadão como produtor de conhecimento coletivo***" [grifo nosso] (BATISTA, 2004, p. 9).

Parte desses "processos sistematizados, articulados e intencionais" pode ser realizada com o apoio de sistemas computacionais. De modo a apresentar os casos de uso de uma abordagem da EC e da arquitetura e-Gov para apoiar os processos de GC em organizações públicas, a próxima seção detalha como a EC aborda a criação, formalização e disseminação do conhecimento.

2.2 A Abordagem da Engenharia do Conhecimento

A maior parte das ferramentas da Gestão do Conhecimento tem sido desenvolvida mais para fornecer novas maneiras de se armazenar e comunicar informação do que para trabalhar com as formas reais por meio das quais as pessoas criam, adquirem e usam o conhecimento (SHADBOLT; MILTON, 1999).

Diferentemente da ciência da informação, que só admite a mente humana como sítio do conhecimento (SETZER, 1999), a EC é uma abordagem científica que busca construir modelos do conhecimento humano. Um modelo é uma abstração de uma parte da realidade. Construir um modelo na EC significa descrever detalhadamente alguns aspectos do conhecimento, deixando-se os aspectos não relevantes ao problema a ser resolvido sem serem modelados (SCHREIBER et al, 2000). Ao procurar modelar o conhecimento, a EC utiliza seus métodos e suas ferramentas para apoiar os processos de criação, aquisição e uso do conhecimento. Possibilita, também, a identificação de oportunidades e gargalos acerca desses processos, instrumentalizando, assim, a Gestão do Conhecimento.

Os principais problemas da Gestão do Conhecimento e a forma como os princípios da EC podem ajudar a atenuá-los são descritos no Quadro 1.

Além dos princípios descritos no Quadro 1, a EC tem uma visão com foco no problema a ser resolvido, mas procura compreendê-lo no contexto no qual o conhecimento se insere. Faz isso por meio da identificação das características da organização, das tarefas nas quais o conhecimento é utilizado e das pessoas que fazem uso do conhecimento para a realização das tarefas.

Quadro 1 – Principais problemas da GC e princípios da EC

Principais Problemas da GC	Princípios da EC
Organizações possuem uma vasta quantidade de conhecimento. Procurar mapear todo o conhecimento pode ser impossível e também uma perda de tempo.	Mapear apenas o conhecimento necessário da melhor forma. Utilizar sistemas de conhecimento na descoberta e análise de conhecimento oculto.
Conhecimento tácito é vital para a organização, mas é muito difícil adquiri-lo e mapeá-lo.	Conhecimento tem uma estrutura interna estável, que é analisável por tipos de conhecimento específicos e distinguíveis e por perfis. EC é a atividade de modelagem desse conhecimento.
Linguagem coloquial é a principal forma de comunicação, mas é cheia de jargões, suposições e ambigüidades. Em função disso, as pessoas têm dificuldade para compreender o que as outras estão tentando dizer.	Evitar a torre de babel por meio do desenvolvimento de ontologias (especificação explícita e formal do conhecimento estático em um domínio).

Fonte: Adaptado de: Shadbolt e Milton (1999).

Embora reúna técnicas voltadas para a construção de sistemas computacionais, a EC, na abordagem de Schreiber *et al* (2000), diferencia-se de sua precursora, a de Sistemas Especialistas, que limitava os sistemas de conhecimento à extração de regras de conhecimento perito de um especialista humano e documentos (no caso de sistemas baseados em conhecimento) (DURKIN, 1994). Também se diferencia da precursora e das técnicas de Engenharia de Software, usadas na construção de sistemas computacionais em geral, por questionar, a partir das diretrizes estratégicas da organização, a própria demanda de construção de um sistema.

A EC baliza-se, também, no modelo de conhecimento, ou seja, nos tipos e nas estruturas de conhecimento utilizados para a realização das tarefas, e no modelo de comunicação, que se configura na forma pela qual as pessoas que executam as tarefas interagem. Apenas após essas etapas e com base nelas é que os requisitos necessários para a realização de um sistema de conhecimento são especificados (SCHREIBER *et al*, 2000).

2.3. Arquitetura e-Gov e Gestão do Conhecimento

O Instituto Stela* desenvolveu uma arquitetura conceitual (arquitetura e-Gov) para projetos de sistemas de informação e de Gestão do

---

* O Instituto Stela é uma organização sem fins lucrativos que tem como missão conjugar a pesquisa científica com a inovação tecnológica na geração de conhecimento para o desenvolvimento das organizações e da sociedade. Pacheco e Kern (2006) apresentam o histórico e o caráter de organização do conhecimento do Instituto.

Conhecimento para o setor público (PACHECO, 2003). Trata-se de uma concepção que prescreve (PACHECO; KERN, 2003) a atenção às necessidades de informação de todos os envolvidos, bem como a adoção de padrões internacionais e a realização de projetos em rede. Não impõe, no entanto, a adoção de uma só tecnologia ou que qualquer dos interessados mude princípios fundamentais de trabalho para adaptar-se às demandas de outra parte – em geral, uma agência governamental que impõe formulários e banco de dados, desconsiderando o interesse dos cidadãos.

Essa concepção é consistente com a visão de que o mercado da informação e do conhecimento é dirigido pela oferta, e não pela demanda. Como observou Negroponte (1995), as trocas da nova economia são de bytes, e não de átomos – muito mais baratas e rápidas. No caso da Plataforma Lattes*, o primeiro projeto de governo eletrônico baseado na Arquitetura e-Gov descrita aqui, esse princípio de mercado permitiu o crescimento exponencial da quantidade de currículos – principal documento de captura de informações na Plataforma – por sete anos consecutivos, desde o lançamento até o momento atual, como mostra a Figura 1.

A oferta de informação na Plataforma Lattes fomentou o interesse de pesquisadores, especialistas, docentes, gestores da área acadêmica e não-acadêmica, governamental e não-governamental, inclusive de outros países, culminando na formação da Rede ScienTI**, em 2002. A Europa não possui uma plataforma comparável à brasileira, por isso frutificam as

---

* A Plataforma Lattes é um conjunto de sistemas de informação, bases de dados e portais web voltados para a gestão de Ciência e Tecnologia (C&T) (PACHECO, 2003). É curioso observar que essa definição foi alterada, em 2005, por parte do CNPq, para "Base de dados de currículos e instituições da área de ciência e tecnologia" (disponível em: <http://lattes.cnpq.br/>. Acesso em: 26 out. 2006). Ressalta-se que o desafio metodológico da Plataforma e-Gov é fazer com que os gestores públicos entendam o que ela significa nas suas políticas de planejamento e uso de informação. Práticas de definição de formulários e bancos de dados de forma unilateral são inconciliáveis com a visão democrática e colaborativa que a metodologia de construção da plataforma e-Gov exige de suas instituições públicas promotoras. A falta de compreensão desse aspecto pode levar ao retrocesso de projetos e-Gov consolidados.

**Rede Internacional de Fontes de Informação e Conhecimento para a Gestão de Ciência, Tecnologia e Informação (disponível em: <www.scienti.net>. Acesso em: 26 out. 2006).

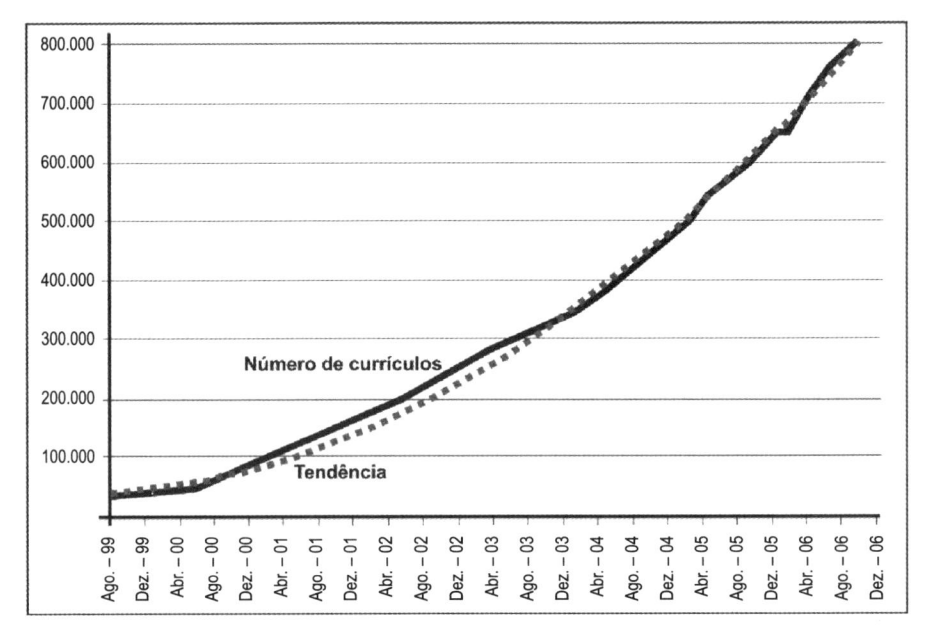

Figura 1 – Crescimento da base curricular na Plataforma Lattes

tratativas para a cooperação da iniciativa brasileira com o projeto Cerif* (PACHECO *et al*, 2006). Em 2004, a Plataforma Lattes deu ao CNPq, seu patrocinador, o prêmio e-Gov, primeiro lugar na categoria Governo para Cidadão**.

Mais recentemente, a Arquitetura e-Gov foi aprimorada com a inclusão do resultado de pesquisas nas áreas de ontologias, *business intelligence* e EC, e compreende todo o fluxo "dados-informação-conhecimento" (CHEN, 2003). Isso significa, de um lado, gerar informações e conhecimentos dos quais o governo necessita e, de outro, empregar meios para transformar esses recursos em fontes de conhecimento para a sociedade, elevando-a, assim, da condição de informante compulsória de formulários à de beneficiária (PACHECO, 2003) e participante de uma comunidade que constrói o conhecimento coletivamente.

---

* Common European Research Information Format (disponível em: <cordis.europa.eu/cerif/>. Acesso em: 20 out. 2006).

**O CNPq recebeu o prêmio e-Gov 2004 pela Plataforma Lattes (disponível em: <www.premio-e.gov.br>. Acesso em: 20 out. 2006).

A arquitetura e-Gov desenvolvida já foi aplicada em projetos de governo eletrônico nas áreas de ciência, tecnologia e inovação – Ministério da Ciência e Tecnologia (MCT), meio ambiente – Ministério do Meio Ambiente (MMA), licenciamento ambiental – Agência Nacional do Petróleo, Gás Natural e Biocombustíveis (ANP), saúde – Organização Pan-Americana da Saúde (Opas), vigilância sanitária – Agência Nacional de Vigilância Sanitária (Anvisa) e educação superior– Instituto Nacional de Estudos e Pesquisas Educacionais Anísio Teixeira (Inep). Ela possui uma estrutura piramidal, conforme pode ser visualizado na Figura 2.

A aplicação dessa arquitetura permite abordar dois problemas comuns de gestão da informação em iniciativas governamentais: a falta de integração e a baixa qualidade da informação. A arquitetura, representada na Figura 2, tem na camada-base as unidades de informação, que tratam da construção de esquemas que possibilitam aos futuros sistemas aplicativos o compartilhamento da informação comum. A segunda camada é dedicada à construção de repositórios e sistemas para captura, tratamento e armazenamento da informação, respeitando as unidades de informação predefinidas. A terceira camada inclui os instrumentos de apresentação de

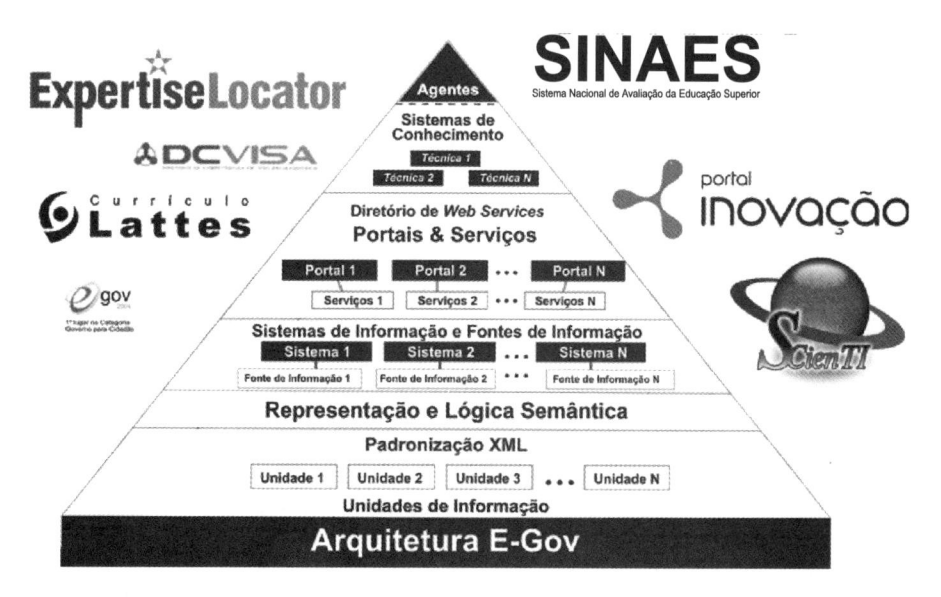

Figura 2 – Arquitetura e-Gov do Instituto Stela

informações na web, com serviços de busca e atualização dinâmica da informação. A camada-topo da pirâmide trata de sistemas de conhecimento projetados para gerar novos conhecimentos a partir das unidades de informação, sistemas de informação e portais web.

3. Casos

Os dois casos descritos nesta seção tratam de alguns dos sistemas desenvolvidos pelo Instituto Stela para órgãos da administração pública brasileira. São sistemas de governo eletrônico concebidos a partir da visão da plataforma e-Gov e de Gestão do Conhecimento apresentada.

Os dois sistemas possuem um foco explícito na localização de especialistas, área de grande interesse para a Gestão do Conhecimento. Todos os sistemas seguem a premissa de que as informações e os conhecimentos gerados devem ser de interesse não apenas para as instituições para as quais os sistemas foram desenvolvidos, mas também para a sociedade, entendida aqui como as pessoas e outras instituições relacionadas ao domínio.

3.1 Caso 1 – Agência Nacional de Vigilância Sanitária (ANVISA) – Diretório de Competências em Vigilância Sanitária (DCVISA)

A Anvisa tem como finalidade institucional:

"(...) promover a proteção da saúde da população por intermédio do controle sanitário da produção e da comercialização de produtos e serviços submetidos à vigilância sanitária, inclusive dos ambientes, dos processos, dos insumos e das tecnologias a eles relacionados. Além disso, a Agência exerce o controle de portos, aeroportos e fronteiras e a interlocução junto ao Ministério das Relações Exteriores e instituições estrangeiras para tratar de assuntos internacionais na área de vigilância sanitária"*.

O Sistema Nacional de Vigilância Sanitária é composto de unidades federais, estaduais e municipais de saúde, como a própria ANVISA, o Conselho Nacional de Secretários Estaduais de Saúde (Conass), o Conselho Nacional de Secretários Municipais de Saúde (Conasems), os Centros de

---

* Disponível em: <http://www.anvisa.gov.br/institucional/anvisa/apresentacao.htm>. Acesso em: 20 out. 2006.

Vigilância Sanitária Estaduais, do Distrito Federal e Municipais (Visas), os Laboratórios Centrais de Saúde Pública (Lacens), o Instituto Nacional de Controle de Qualidade em Saúde (INCQS), a Fundação Oswaldo Cruz (Fiocruz) e os Conselhos Estaduais, Distrital e Municipais de Saúde, em relação às ações de vigilância sanitária.

Uma vez que o Sistema Nacional de Vigilância Sanitária é amplamente capilarizado e multiinstitucional, seus dirigentes sentiram a necessidade de ter acesso a informações e conhecimento acerca das competências efetivamente existentes, bem como seus hiatos em todo o Sistema. A partir dessa necessidade, surgiu o Diretório de Competências em Vigilância Sanitária (DCVISA).

O objetivo primordial do DCVISA é facilitar a articulação das instâncias institucionais do Sistema Nacional de Vigilância Sanitária na busca de profissionais que possam atuar em prol da prevenção e proteção da saúde da população brasileira e no planejamento, na gestão e na avaliação de políticas públicas para a área de Vigilância Sanitária.

O DCVISA alcança o seu objetivo na medida em que permite aos integrantes do Sistema Nacional de Vigilância Sanitária (SNVISA) e profissionais que atuam na área de saúde o registro de seus conhecimentos, experiências e capacitações em Vigilância Sanitária (VISA). Com base nessas informações, o Sistema Nacional de Vigilância Sanitária pode realizar buscas por profissionais que possuem o perfil para contribuir na ação preventiva e na proteção da saúde pública e, também, estudos das competências nacionais em VISA. O sistema possui, ainda, instrumentos de buscas por competências a partir de termos livremente informados, com a possibilidade de diversos cruzamentos sobre os resultados encontrados, incluindo localização, formação, atuação, perfil e outras características dos profissionais de VISA.

Como sistemas de conhecimento (topo da pirâmide e-Gov) podem ser destacados os subsistemas "Indicadores" e "Análise de Redes Sociais". Esses subsistemas permitem que os gestores da Anvisa verifiquem os indicadores sobre as competências mapeadas e analisem, graficamente, diversos tipos de relacionamentos entre profissionais atuantes em Visa. A Figura 3 é um exemplo de visualização georreferenciada de indicadores de competências e a Figura 4 mostra o mapeamento de uma rede social a partir de critérios específicos.

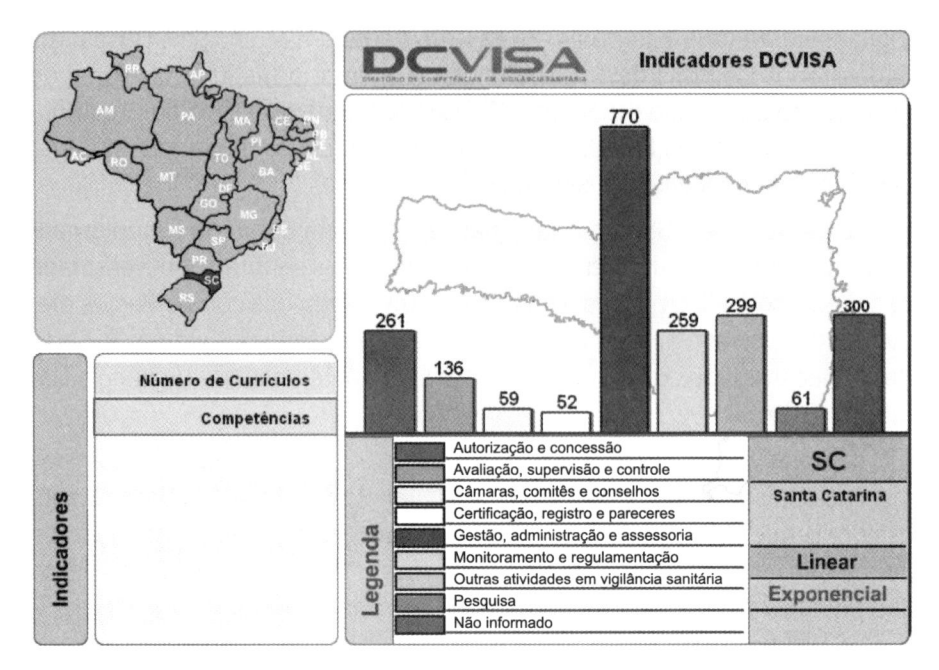

Figura 3 – Visualização georreferenciada no sistema DCVISA de indicadores quantitativos de produção em Visa conforme o tipo de produção (valores fictícios, meramente ilustrativos).

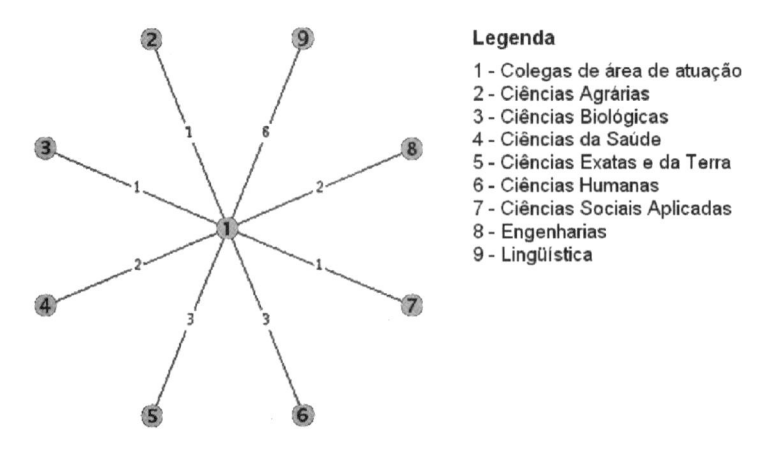

Legenda
1 - Colegas de área de atuação
2 - Ciências Agrárias
3 - Ciências Biológicas
4 - Ciências da Saúde
5 - Ciências Exatas e da Terra
6 - Ciências Humanas
7 - Ciências Sociais Aplicadas
8 - Engenharias
9 - Lingüística

Figura 4 – Mapeamento da distribuição de colegas por grande área do conhecimento no sistema DCVISA (valores fictícios, meramente ilustrativos).

O subsistema "Indicadores" revela, por exemplo, a demografia dos profissionais em vigilância sanitária no Brasil a partir de milhares de configurações de análise, e pode responder a perguntas como as que se seguem, impossíveis de serem respondidas antes do sistema DCVISA: Qual é a distribuição geográfica das competências em VISA no país? Em que instituições do SNVISA atuam essas competências? Como se distribuem essas competências por área de atuação em VISA? Como se distribui a produção intelectual e tecnológica em VISA?

A análise das redes sociais de profissionais que possuem o seu currículo no DCVISA permite responder, por exemplo, às seguintes perguntas: Que instituições do SNVISA mais interagem com a ANVISA? Que regiões e estados do país mais concentram competências por área de VISA? Qual é a rede de cooperação científica, de projetos ou de atuação profissional de um determinado especialista em VISA? A resposta a essas perguntas possibilita aos gestores da ANVISA identificar relacionamentos ocultos, inspecionar características das diferentes formas de cooperação entre os profissionais e estabelecer subsídios para a tomada de decisão (BALANCIERI *et al*, 2005) sobre a alocação de profissionais para projetos de interesse da população e para projetos de capacitação em vigilância sanitária.

3.2 Caso 2 – Ministério do Meio Ambiente (MMA) – Diretório de Competências em Educação Ambiental

O Ministério do Meio Ambiente lançou o Sistema Brasileiro de Informação sobre Educação Ambiental (Sibea) em 2002, com as seguintes informações disponíveis na Internet: instituições ligadas ao meio ambiente, educadores/especialistas/pesquisadores da área, bibliografia analítica, periódicos/artigos, legislação, vídeos/CDs, notícias, eventos/seminários/comunicações, programas/projetos/cursos e práticas sustentáveis em Educação Ambiental (EA).

Uma segunda fase de desenvolvimento do Sibea está em andamento e foi planejada para aumentar a sua flexibilidade e dinamicidade, gerar relatórios mais complexos e integrar o sistema a outras bases de informações de interesse para a Educação Ambiental. Essa segunda fase está sendo desenvolvida em parceria com o Instituto Stela. As novas funcionalidades em desenvolvimento têm o objetivo geral de estabelecer as bases de uma plataforma e-Gov de informação e de Gestão do Conhecimento para a Educação Ambiental brasileira. Estão em desenvolvimento soluções de software que atendam às demandas de: (a) mapeamento da competência dos educadores ambientais; (b) ferramentas que possuam mecanismos para localização de Educadores Ambientais de acordo com suas especialidades e características, tanto no ambiente interno quanto externo ao MMA; e (c) disponibilidade de características de interoperabilidade às informações coletadas pelo projeto (INSTITUTO STELA, 2006b).

Em termos específicos, o projeto em desenvolvimento tem os seguintes objetivos: (a) a partir da gestão de informação de educadores ambientais e instituições que atuam em EA, criar as bases conceituais e estruturais para uma plataforma de governo eletrônico para o Sibea; (b) permitir que essa plataforma tenha utilidade à totalidade dos atores de Educação Ambiental envolvidos nos processos de criação e utilização de informações (*i.e.*, gestores públicos da EA, educadores ambientais e sociedade); e (c) conceber e desenvolver sistemas de informação responsáveis pelo registro na base e pela busca de competências em EA.

4. Conclusão

Este capítulo discutiu, brevemente, as peculiaridades da Gestão do Conhecimento nas organizações públicas e a possível contribuição da Engenharia do Conhecimento para a gestão dos ativos de conhecimento organizacional. Também descreveu a arquitetura conceitual para a concepção de plataformas de governo eletrônico para geração e divulgação de informações e conhecimento.

Dois casos de aplicação bem-sucedidos da arquitetura citada foram sumariados com foco na localização de especialistas: o Diretório de Competências em Vigilância Sanitária (DCVISA) da ANVISA e o Diretório de Competências em Educação Ambiental do MMA (Sibea).

Os dois projetos são plataformas (conjuntos de sistemas de informação e conhecimento, bases de dados e portais web) que permitem às organizações-clientes identificar o conhecimento perito disponível e selecionar especialistas com base em critérios e objetivos, tais como experiência profissional, proficiência em línguas ou nível de formação acadêmica. Também prestam serviço à sociedade em geral – por exemplo, o mapeamento de redes de relacionamento em competências específicas. O avanço dessas plataformas mantém como característica de concepção a permanência da abertura à interoperabilidade de sistemas, causadora de um efeito sistêmico pelo qual a oferta de informação e conhecimento gera a sua própria demanda, como evidencia o crescimento exponencial por sete anos da base curricular brasileira.

Por fim, cabe destacar que a generalidade da arquitetura e-Gov desenvolvida e seus sistemas de conhecimento proporcionaram aplicações em diversas outras áreas, com resultados positivos para o país. Exemplos dessas áreas incluem a gestão estratégica de sistemas de energia (TODESCO *et al*, 2004), a gestão da inovação, com o Portal Inovação (PACHECO *et al*, 2005), a gestão universitária, com um sistema para o Sinaes, entre outras.

Referências

BALANCIERI, R. *et al*. **A análise de redes de colaboração científica sob as novas tecnologias de informação e comunicação: um estudo na Plataforma Lattes**. Ci. Inf., Brasília, v. 34, n. 1, 2005. Disponível em www.scielo.br. Acesso em: 17 out. 2006. DOI: 10.1590/S0100-19652005000100008.

BATISTA, F. F. **Governo que aprende: gestão do conhecimento em organizações do executivo federal.** Texto para discussão 1022. IPEA. 2004.

CHEN, H. Digital government: technologies and practices. **Decision Support Systems**, v. 34, n. 3, p. 223-227, 2003.

DURKIN, J. **Expert systems: design and development.** Englewood Cliffs: Prentice Hall, 1994.

INSTITUTO STELA. **Interface requirements specification for Expertise Locator System**. Release 1.0, March 24th, 2006a.

INSTITUTO STELA. **Especificação de requisitos para software para SIBEA**. Versão 1.5. 10 out., 2006b.

NEGROPONTE, N. **A vida digital**. São Paulo: Companhia das Letras, 1995.

PACHECO, R. C. S. **Uma metodologia de desenvolvimento de plataformas de governo para geração e divulgação de informações e de conhecimento**. Artigo apresentado em cumprimento a requisito parcial de concurso para professor no INE/UFSC. Florianópolis, 14 jan., 2003. 35 p.

PACHECO, R. C. S.; KERN, V. M. Arquitetura conceitual e resultados da integração de sistemas de informação e gestão da ciência e tecnologia. **Datagramazero**, v. 4, n. 2, 2003. Disponível em: <http://www.dgz.org.br/abr03/Art_ 03.htm>. Acesso em: 24 out. 2006.

PACHECO, R. C. S. et al. Portal inovação: um espaço de cooperação entre empresas e a comunidade científico-tecnológica. In: **Conferência Iadis Ibero-americana www/Internet (CIAWI) 2005**. Lisboa. Anais. Lisboa, 2005.

PACHECO, R. C. S.; KERN, V. M. Os institutos de pesquisa de origem universitária como organizações do conhecimento. In: **Congresso ABIPTI – Competitividade e Riqueza Nacional: O Futuro das Instituições de Pesquisa no Sistema Nacional de Ciência e Tecnologia e Inovação**, 2006, Campinas-SP. Anais. Campinas-SP, 2006.

PACHECO, R. C. S. et al. Toward CERIF-ScienTI cooperation and interoperability. In: ASSERSON, Anne G. S.; SIMONS, Eduard J. (Eds.). **International Conference on Currente Research Information Systems (CRIS)**, 8, 2006, Bergen, Norway. Enabling interaction and quality: beyond the Hanseatic League. Leuven (Belgium): Leuven University Press, 2006, p. 179-188.

SCHREIBER, G. et al. **Knowledge engineering and management**. The CommonKADS Methodology. Bradford: MIT, 2000.

SETZER, W. Dado, informação, conhecimento e competência. **DataGramaZero**, n. 0, dez. 1999. Disponível em: <http://www.dgz.org.br/dez99/Art_01.htm>. Acesso em: 24 out. 2006.

SHADBOLT, N.; MILTON, N. From knowledge engineering to knowledge management. **British Journal of Knowledge Management,** v. 10, p. 309-322, 1999.

TODESCO, J. L. et al. Uma plataforma de gestão para redes de distribuição de baixa tensão. In: **XXIV Encontro Nacional de Engenharia de Produção, 2004**. Anais de Resumos. Porto Alegre: ABEPRO, v. 1, p. 267.

W3C. **Web Services Architecture**, fev. 2004. Disponível em: <http://www.w3.org/TR/ws-arch/>. Acesso em: 20 out. 2006.

Andrea Valéria Steil – Psicóloga, mestre em administração e doutora em Engenharia de Produção (Universidade Federal de Santa Catarina, 2002), com estudos de pós-graduação na University of South Florida (EUA). É membro da Sociedade Brasileira de Gestão do Conhecimento, pesquisadora do Instituto Stela (www.stela.org.br) e professora colaboradora do Programa de Pós-Graduação em Engenharia e Gestão do Conhecimento da UFSC. Publicou um livro sobre aprendizagem organizacional e mais de trinta artigos científicos em periódicos especializados e eventos científicos nacionais e internacionais. Os termos mais freqüentes na contextualização da produção científica, tecnológica e artístico-cultural são: aprendizagem organizacional; educação virtual; competências; organizações virtuais; gestão do conhecimento – andrea@stela.org.br

Vinícius Medina Kern – Doutor em Engenharia de Produção pela Universidade Federal de Santa Catarina (UFSC), com estágios de pesquisa na Virginia Tech e no National Institute of Standards and Technology (EUA). É diretor de Projetos e Pesquisa do Instituto Stela (www.stela.org.br). É professor da Univali e do Programa de Pós-Graduação em Engenharia e Gestão do Conhecimento da UFSC. Publicou dois livros (um como autor e outro como organizador) e mais de 80 artigos científicos em periódicos especializados e eventos científicos nacionais e internacionais. Os termos mais freqüentes na contextualização da produção científica, tecnológica e artístico-cultural são: projeto de banco de dados, revisão pelos pares, sistemas de informação, Plataforma Lattes e Engenharia do Conhecimento – kern@stela.org.br

Roberto Carlos dos Santos Pacheco – Doutor em Engenharia de Produção (UFSC), com estágio de pesquisa na University of South Florida (EUA). É professor de Sistemas de Informação; professor e coordenador do Programa de Pós-Graduação em Engenharia e Gestão do Conhecimento da UFSC (www.egc.ufsc.br); pesquisador-líder em projetos do Instituto Stela (www.stela.org.br). Liderou a pesquisa e o desenvolvimento da Plataforma Lattes (1999) e do Portal Inovação (2005), ambos inovações mundiais em plataformas de informação e conhecimento. Publicou um livro e mais de uma centena de artigos científicos em periódicos especializados e eventos científicos nacionais e internacionais. Os termos mais freqüentes na contextualização da produção científica, tecnológica e artístico-cultural são: governo eletrônico, Plataforma Lattes, sistemas de informação, internet e arquitetura de sistemas de informação – pacheco@stela.org.br

Parte 4

Casos Gerais de Gestão do Conhecimento

14

Gestão do Conhecimento em uma Instituição de Pesquisa: o Caso da Embrapa Milho e Sorgo

Leonardo Paiva Martins de Oliveira • Jorge Tadeu de Ramos Neves

1. Introdução

As organizações agropecuárias inseridas em um cenário globalizado de crescente competitividade têm convivido com desafios, cada vez maiores, nos campos econômico, social e ambiental. Tal fato tem provocado nas empresas do setor, que buscam sobrevivência e crescimento, a necessidade de rever paradigmas de gestão e introduzir novas práticas de aprendizagem alinhadas a princípios e idéias de contemporaneidade. Com esse propósito, a busca por inovação passou a ser uma das preocupações do setor agropecuário.

Conforme Oliveira (1990), a informação, tanto na forma de tecnologia quanto de conhecimento sobre recursos utilizados no processo produtivo, é o bem mais importante a ser colocado à disposição do produtor rural pelas instituições públicas que operam a política agrícola. Nesse sentido, a Empresa Brasileira de Pesquisa Agropecuária (Embrapa) busca diagnosticar, interpretar, priorizar e responder às demandas do ambiente externo quanto à produção de conhecimento no processo de inovação tecnológica do complexo agropecuário (NACFUR; GUEDES, 2000).

Nas duas últimas décadas, os resultados obtidos pela agricultura e pecuária do Brasil mostram o acerto dos investimentos realizados através da Embrapa na produção de conhecimento para o setor.

A Embrapa adota algumas iniciativas de apoio à Gestão do Conhecimento, como: Banco de Boas Práticas; Modelo de Gestão Estratégica, Gestão por Processos; Gestão de Relacionamento com os Públicos *Customer Relationship Management* (CRM); Agência de Informação Embrapa; Comunidades de Prática; *Data Warehouse*; Inteligência Competitiva; Gestão da Propriedade Intelectual; Gestão de Pessoas por Competências; Educação Corporativa; Intranet; *Site* Corporativo; Portal; Listas de Discussões (FRESNEDA, 2003; BATISTA, 2004).

2. Gestão do Conhecimento nas Organizações

O conhecimento tornou-se o eixo determinante do desempenho das sociedades, regiões e organizações. As expressões que espelham esse termo são: sociedade do conhecimento, economia baseada no conhecimento e trabalhadores do conhecimento. É importante entender que gerir conhecimento não é um conceito novo. Atualmente, ele é disponibilizado através das novas tecnologias, mídia, dispositivos e técnicas (TERRA, 2000).

O conhecimento se manifesta nas organizações de várias formas; porém, na maioria delas, a aquisição do conhecimento se resume à contratação de pessoas qualificadas submetidas a treinamentos específicos. Para as organizações, o processo de criação do conhecimento se dá de maneira natural, a partir das habilidades e capacidades individuais (SENGE, 1998).

O objeto da Gestão do Conhecimento é, pois, fazer com que esse conhecimento se torne disponível para outros. Isso pode ser visto como um conjunto de processos que governa a criação, uso e disseminação do conhecimento (DAVENPORT e PRUSAK, 1998). Esse raciocínio é apoiado pelas idéias de Nonaka e Takeuchi (1997), no qual o conhecimento organizacional deve ser disseminado dentro de uma comunidade de interação, o que também mostra a necessidade da empresa de elaborar estratégias para o desenvolvimento da capacidade organizacional, por meio dos quatro modos de conversão: socialização, externalização, internalização e combinação do conhecimento.

Para Davenport e Prusak (1998), existem muitos fatores que impedem o compartilhamento do conhecimento nas organizações, que podem e precisam ser superados para o desenvolvimento do processo de Gestão do Conhecimento. Os fatores que impedem o compartilhamento do conhecimento incluem os seguintes: a falta de confiança mútua; a falta de tempo e de locais de encontro; a idéia estreita de trabalho produtivo, em que status e recompensa vão para os possuidores do conhecimento; a falta de capacidade de absorção daqueles que recebem o conhecimento; a crença de que o conhecimento é prerrogativa de determinados grupos; e a intolerância com erros ou necessidades de ajuda.

Da mesma forma, existem alguns fatores comuns de sucesso nos projetos de Gestão do Conhecimento, que objetivam superar certas falhas no compartilhamento do conhecimento nas organizações, conforme descrevem Davenport e Prusak (1998):

- **cultura orientada para o conhecimento** – há uma orientação positiva para o conhecimento; os empregados são estimulados a compartilhar o conhecimento, não têm receios da perda de emprego, mostram-se desejosos de explorar e têm liberdade para isso;

- **infra-estrutura técnica e organizacional** – a infra-estrutura técnica é mais fácil de implantar, porém a infra-estrutura organizacional é mais complexa; cria-se a necessidade de estabelecer um conjunto de funções, estruturas organizacionais e qualificações que beneficiem cada projeto;

- **apoio da alta gerência** – o incentivo é crítico para projetos de Gestão do Conhecimento. Os tipos de incentivo incluem envio de mensagens de esclarecimento sobre a importância da Gestão do Conhecimento para o sucesso empresarial e recursos para a melhoria da infra-estrutura;

- **vínculo ao valor econômico ou setorial** – a Gestão do Conhecimento deve estar vinculada ao benefício econômico que o projeto vai gerar para a empresa;

- **orientação para processos** – o principal objetivo é o desenvolvimento de um novo processo da Gestão do Conhecimento, a partir de uma boa visão sobre o cliente, satisfação, produtividade e qualidade dos serviços oferecidos;

- **clareza de visão e linguagem** – definição clara dos termos usados, como informação, conhecimento, aprendizado, para que não haja um número variado de terminologias;

- **elementos motivadores não-triviais** – os detentores do conhecimento nas organizações (trabalhadores do conhecimento) necessitam de motivação para criar, compartilhar e usar o conhecimento. Esses incentivos devem ser duradouros e atrelados a uma estrutura de avaliação e remuneração;

- **nível da estrutura do conhecimento** – a criação de um repositório de conhecimento necessita de uma estrutura compreensível para uso das pessoas interessadas. As empresas devem criar, no banco de conhecimento, categorias e palavras-chave;

- **múltiplos canais para a transferência do conhecimento** – facilitar através de vários canais de comunicação a interação e a troca de conhecimentos.

Pôde-se detectar que esses fatores comuns de sucesso estão presentes e auxiliam o processo de Gestão do Conhecimento da unidade.

3. Caso Embrapa Milho e Sorgo

A Empresa Brasileira de Pesquisa Agropecuária (Embrapa), criada em 26 de abril de 1973, com a finalidade de reforçar a competência nacional em pesquisa agropecuária, espalhou centros regionais e locais de pesquisa por todo o Brasil, muitos dos quais em regiões periféricas, contribuindo para elevar a capacitação dessas em ciência, tecnologia e inovação e dinamizar economias locais deprimidas (BUAINAIN, 2003).

A área de pesquisa na Embrapa Milho e Sorgo está estruturada em Núcleos Temáticos, constituídos por grupos de pesquisadores de múltiplas disciplinas afins, organizados para desenvolver projetos integrados de pesquisa tecnológica inovadora, que possam contribuir, significativamente, para o avanço e a difusão do conhecimento no âmbito da missão da unidade. Os Núcleos são organizados em torno de um conjunto articulado de projetos e subprojetos, de acordo com o que preconiza o Sistema de Planejamento da Embrapa (SEP), com foco em áreas de grande relevância para a missão da unidade. Tal arranjo é fundamental para o exercício pleno da multidisciplinaridade, com a integração produtiva de equipes e projetos, racionalização de uso de recursos e direcionamento da pesquisa para questões temáticas de cunho estratégico para a empresa (EMBRAPA, 2004).

3.1 Caracterização da Organização

A Embrapa está vinculada ao Ministério da Agricultura, Pecuária e Abastecimento. Atua por intermédio de 37 Centros de Pesquisa (entre eles a Embrapa Milho e Sorgo, objeto do caso apresentado), 3 Serviços e 11 Unidades Centrais, estando presente em quase todos os estados da federação, nas mais diferentes condições ecológicas. Para chegar a ser uma das maiores instituições de pesquisa do mundo tropical, a empresa investiu, sobretudo, no treinamento de recursos humanos, e possui, hoje, 8.619 empregados, dos quais 2.221 são pesquisadores, 45% com mestrado e 53% com doutorado, operando um orçamento acima de R$ 1 bilhão, em 2007 (EMBRAPA, 2007).

A Embrapa, coordenadora do Sistema Nacional de Pesquisa Agropecuária, apoiou o desenvolvimento de tecnologias que mudaram o agronegócio brasileiro, que foram responsáveis na incorporação dos cerrados ao sistema produtivo agrícola, transformando a região em responsável por 40% da produção brasileira de grãos. A soja foi adaptada às diversas regiões de plantio por todo o Brasil; hoje, o país é o segundo produtor mundial. A oferta de carne bovina e suína foi multiplicada por 4 vezes, enquanto a de frango aumentou 18 vezes. A produção de leite aumentou de 7,9 bilhões, em 1975, para 24,6 bilhões de litros, em 2005, e a produção brasileira de hortaliças elevou-se de 9 milhões de toneladas, em uma área de 700 mil hectares, em 1980, para 17,4 milhões de toneladas, em 773,2 mil hectares, em 2005 (EMBRAPA, 2007).

3.2 A Missão da Embrapa

Sua missão é viabilizar soluções para o desenvolvimento sustentável do agronegócio brasileiro por meio de geração, adaptação e transferência de conhecimentos e tecnologias, em benefício da sociedade (EMBRAPA, 2003).

3.3 A Embrapa e a Gestão do Conhecimento

A relevância da Gestão do Conhecimento na Embrapa pode ser constatada através de seus objetivos globais e desafios, itens de compromisso com o desenvolvimento sustentável nas atividades que envolvem a agropecuária e o meio ambiente em geral.

Fresneda (2003, p. 21) divide as iniciativas de Gestão do Conhecimento na Embrapa em quatro grupos, acomodados no "guarda-chuva GC", em seus diversos estágios no ciclo de vida – em operação, em implantação, em construção ou em planejamento, agrupados nas seguintes categorias: (a) Apoio à Gestão; (b) Apoio ao Negócio; (c) Gestão de Pessoas; (d) Tecnologia da Informação.

Fresneda (2003, p. 22) cita as seguintes iniciativas da Embrapa listadas por categoria, conforme os Quadros 1 a 4*, a seguir:

Quadro 1 – Categoria: Apoio à Gestão

#	Iniciativas	Estágio
1	Banco de boas práticas	Operação
2	Modelo de gestão estratégica	Operação
3	Gestão por processos	Implantação
4	Gestão de relacionamento com os públicos	Implantação

Fonte: Fresneda, 2003, p. 22.

Quadro 2 – Categoria: Apoio ao Negócio

#	Iniciativas	Estágio
5	Agência de informação Embrapa	Operação
6	Comunidades de Aprendizagem, Trabalho e Inovação em Rede	Operação
7	Data *Warehouse*	Implantação
8	Inteligência Corporativa	Construção
9	Gestão de Propriedade Intelectual	Operação

Fonte: Fresneda, 2003, p. 22.

Quadro 3 – Categoria: Gestão de Pessoas

#	Iniciativas	Estágio
10	Gestão de Pessoas por Competências	Construção
11	Educação Corporativa	Operação

Fonte: Fresneda, 2003, p.22.

---

* As informações sobre os estágios das iniciativas na Embrapa foram atualizadas em 2007 pelos autores.

Quadro 4 – Categoria: Tecnologia da Informação

#	Iniciativas	Estágio
12	Portal	Operação
13	Listas de Discussões	Operação

Fonte: Fresneda, 2003, p. 23.

Na Categoria – Apoio à Gestão, a Embrapa desenvolveu: o banco de boas práticas para coletar, organizar, armazenar e difundir experiências reais e concretas, comprovadamente viáveis em determinadas áreas e contextos, sejam em gestão ou em P&D, que possam ser utilizadas por unidades organizacionais internas ou por colaboradores externos na solução de problemas e necessidades do dia-a-dia.

A Embrapa conta ainda com o Sistema Embrapa de Gestão (SEG) que foi desenvolvido com o objetivo de dotar a empresa de um instrumento de gestão que oriente a composição de esforços e a alocação de recursos em torno de ações institucionais de alto valor agregado. Procura também gerir e integrar as atividades da Embrapa nos níveis de gestão: estratégico, tático e operacional (EMBRAPA, 2002).

A Embrapa disponibiliza a gestão por processos para que haja o planejamento, acompanhamento e monitoramento das atividades, de forma sistêmica e integrada, dividindo e organizando por processos. O resultado é um modelo organizacional que viabilize, para os membros da organização, uma visão global e integrada do fluxo de trabalho, independentemente do local onde são executadas as diversas atividades (EMBRAPA, 2002).

Na categoria – Apoio ao Negócio, a Embrapa implantou a Agência de Informação Embrapa, que tem como objetivo prover e ampliar o acesso e o consumo de informação, necessários ao processo de transferência de tecnologia e à promoção de ganhos de competitividade no setor.

A iniciativa comunidades de aprendizagem, trabalho e inovação em rede, que inicialmente recebeu a nomenclatura de comunidades de prática, tendo por objetivo o compartilhamento do conhecimento entre grupo de pessoas com o mesmo interesse, a fim de aprender e gerar inovações no trabalho, está presente em seus 38 Centros de Pesquisa, 3 Serviços e 11 Unidades Centrais, distribuídos geograficamente em todo o país, como fator agregador e disseminador de conhecimento.

A Embrapa Transferência de Tecnologia faz parte da iniciativa Gestão de Propriedade Industrial, que é uma unidade descentralizada, com a missão de formular, propor, coordenar e executar a política, as estratégias e as ações gerenciais relativas à transferência de tecnologia (produtos e serviços) que possam ser viabilizadas pela Embrapa e destinadas ao desenvolvimento sustentável do agronegócio brasileiro, em benefício da sociedade (EMBRAPA, 2004).

A Categoria – Gestão de Pessoas possui, no caso específico da empresa, um diferencial. De acordo com Fresneda (2003), a Embrapa sempre teve claro que o capital humano é a diferença em P&D e que a formação e manutenção de suas competências atualizadas são cruciais para o sucesso e a sobrevivência da organização.

A implantação da Universidade Corporativa e do Modelo de Gestão de Pessoas por Competências tornará mais objetivas para a Embrapa as contribuições dos colaboradores com a indicação das competências estratégicas e a aquisição das competências (habilidades, conhecimentos, atitudes e resultados) em relação aos trabalhos realizados pelos colaboradores. O que se fazia antes de forma pouco contínua e assistemática passou a ser feito agora de forma objetiva e mais específica.

A iniciativa Educação Corporativa é considerada o diferencial que fez a Embrapa chegar aonde chegou, principalmente devido ao seu programa de formação de aperfeiçoamento de pesquisadores e técnicos (Fresneda, 2003).

A Embrapa continua investindo na construção e manutenção das diversas iniciativas de Gestão do Conhecimento. Deve-se ressaltar o investimento realizado na implantação do Portal Embrapa que se encontra em operação, substituindo as iniciativas: Site Corporativo e a Intranet.

Na Embrapa Milho e Sorgo, os fatores comuns de sucesso descritos por Davenport e Prusak (1998) nos projetos de conhecimento estão presentes na unidade e relatados como se segue:

- **quanto à cultura orientada para o conhecimento** – a empresa conta com uma Coordenadoria de Educação Corporativa com as seguintes finalidades – promover, coordenar e executar ações que visem à internalização do desenvolvimento de conceitos, valores e habilidades necessários ao cumprimento da missão institucional e ao desempenho dos papéis ocupacionais na Embrapa; planejar, coordenar e avaliar ações de educação corporativa (formação e aperfeiçoamento), organizando e desenvolvendo programas (pós-graduação e capacitação continuada) e projetos, bem como acompanhando e avaliando seus participantes; planejar, coordenar, promover e executar, em articulação com as unidades da empresa, especialmente com a Secretaria de Gestão Estratégica (SGE) ações voltadas para a identificação de novos perfis e desenvolvimento gerencial na empresa; propor, acompanhar e avaliar as normas de Educação Corporativa da Embrapa; e, propor, monitorar e avaliar metodologias de Gestão do Conhecimento que visem ao aperfeiçoamento e ao aprendizado contínuo (EMBRAPA, 2003);

- **quanto à infra-estrutura técnica e organizacional** – construído a partir de 2003, o Portal Embrapa, coordenado pela Embrapa Informação Tecnológica e desenvolvido em conjunto com as unidades de pesquisa da empresa, expressa bem a infra-estrutura existente voltada para a Gestão do Conhecimento. O Portal disponibiliza bibliotecas virtuais nacionais e internacionais nas bases de dados produzidas pela Embrapa, todas relacionadas a agropecuária. A empresa dispõe, ainda, na unidade de informação tecnológica de uma Gráfica, de Ilha de Edição, Estúdio de Vídeo e um Estúdio de Áudio, que produz o programa de rádio Prosa Rural. A empresa criou ainda uma Agência de Informação Embrapa, que é um sistema web possibilitando a organização, o tratamento, o armazenamento, a divulgação e o acesso à informação tecnológica e ao conhecimento gerado pela Embrapa e outras instituições de pesquisa;

- **quanto ao apoio da alta gerência** – o Modelo de Gestão Estratégica (MGE) da Embrapa é um instrumento de gestão que traz em sua base um sistema de indicadores de desempenho da organização. É um instrumento que permite monitorar o Plano Diretor da Empresa e os Planos Diretores das Unidades Descentralizadas. O modelo é implementado por processo dinâmico e compartilhado, que torna possível aos empregados da empresa interferir positivamente na gestão, corrigindo e melhorando estratégias, priorizando os recursos a serem utilizados, bem como as iniciativas e as ações estratégicas a serem implantadas. É o instrumento de orientação que permite à organização chegar a seu destino preconizada na missão (EMBRAPA, 2003). De acordo com Fresneda (2003), a importância do Modelo de Gestão Estratégica é possibilitar o alinhamento das iniciativas de Gestão do Conhecimento com as estratégias da organização, uma vez que esse alinhamento é crítico para o sucesso da implantação da gestão do Conhecimento em qualquer organização, como observam vários autores da área;

- **quanto ao vínculo ao valor econômico ou setorial** – os aspectos relacionados à qualidade e às exigências do mercado e dos consumidores intermediários e finais formam um dos importantes objetivos de pesquisa da Embrapa Milho e Sorgo. Relevam-se questões como a preservação e o uso coerente do meio ambiente; a utilização dos produtos objetos de suas pesquisas; os sistemas de produção que envolvem esses produtos; os benefícios que os resultados das pesquisas proporcionam aos produtores, à agroindústria e aos consumidores; os aspectos socioeconômicos da produção e uso do milho e sorgo; a geração e a incorporação de conhecimentos fundamentais; e a transferência de conhecimentos, tecnologias, produtos e serviços (EMBRAPA, 2003);

- **quanto à orientação para processos** – nesse aspecto, a própria empresa traz em sua política de administração a Gestão de Processos, que compreende o planejamento, acompanhamento e monitoramento das atividades de pesquisa e o desenvolvimento de forma sistêmica e integrada;

- **quanto à clareza de visão e linguagem** – a busca por maior interação com os seus públicos de relacionamento, entre eles os cidadãos-usuários/clientes, vem exigindo, segundo a Embrapa (2002), mudança na cultura corporativa e o realinhamento estratégico contínuo para incorporar práticas efetivas de mensuração do desempenho organizacional e o gerenciamento do relacionamento com os públicos. As mudanças até então implantadas, como padrões de atendimento, SAC, correio eletrônico, ouvidoria, pesquisas de satisfação do cliente e avaliações da qualidade do atendimento e, ainda, as exigências do governo federal, que estabeleceu prazos e metas para a melhoria da prestação de serviços e da qualidade do atendimento ao cidadão, atualmente direcionam grande parte das ações gerenciais da empresa e aceleram o ritmo de implantação de melhorias não só da qualidade dos produtos e serviços, mas também do atendimento;

- **quanto aos elementos motivadores não-triviais** – foi desenvolvido, na Embrapa, um Modelo de Gestão de Pessoas com Base em Competências, que irá nortear a tomada de decisão em diversas áreas relacionadas ao desenvolvimento dos colaboradores, como capacitação, crescimento na carreira, gestão de desempenho, recompensa, entre outros, permitindo a maximização dos investimentos que serão realizados por meio do desenvolvimento das competências consideradas estratégicas para a empresa;

- **quanto ao nível da estrutura do conhecimento** – a Agência de Informação Embrapa tem como objetivo prover e ampliar o acesso e o consumo de informação necessários ao processo de transferência de tecnologia e à promoção de ganhos de competitividade no setor. Segundo Fresneda (2003, p. 25), "a iniciativa Agência de Informação Embrapa é um esforço de peso da empresa visando a organizar e disponibilizar, de forma sistemática e em um fluxo contínuo e atualizado, as informações existentes e a serem geradas pela empresa e fora dela, no apoio ao atendimento à enorme demanda de informações sobre o negócio agropecuário que chega à Embrapa";

- **quanto aos múltiplos canais para a transferência do conhecimento** – nessa área, a empresa dispõe do Serviço de Informação Científica e Tecnológica, cujo nome síntese é Embrapa Informação Tecnológica. O Serviço, criado em 1991, tem por missão propor, coordenar e executar estratégias e ações gerenciais relativas à organização, à qualificação, ao armazenamento e à disponibilização de informações tecnológicas e socioeconômicas geradas ou adaptadas pela empresa (EMBRAPA, 2004). Além de organizar e construir bases de dados técnico-científicos e socioeconômicos, esse serviço apóia, mediante realização e coordenação de eventos técnicos, a transferência de tecnologia (EMBRAPA, 2004).

Apesar da presença desse conjunto de práticas na Embrapa Milho e Sorgo, percebida e utilizada por seus pesquisadores e técnicos, falta informação na unidade sobre Gestão do Conhecimento. Tal fato parece apontar para a importância de um trabalho de disseminação dos princípios e da política de Gestão do Conhecimento, existente na instituição Embrapa, entre suas unidades de pesquisa.

4. Conclusão

Historicamente, o Brasil tem sido considerado um país com vocação para o agronegócio. A Embrapa, a partir de sua criação, buscou apoiar essa vocação em um país de dimensões continentais, instalando unidades de pesquisa nas mais variadas regiões e nas mais diferentes condições de clima e de solo. O trabalho da Embrapa foi primordial para elevar a produção e a produtividade da agropecuária brasileira.

A Embrapa é uma organização de P&D na área agropecuária que tem como objetivo gerar inovações tecnológicas voltadas para o desenvolvimento econômico e social do Brasil, possuindo interesse pela gestão do conhecimento. Contudo, a Embrapa não iniciou, com a intensidade necessária, a disseminação dos conceitos de Gestão do Conhecimento. Decorre desse fato que parece estar faltando na empresa uma cultura voltada especificamente para a Gestão do Conhecimento.

Sem dúvida, uma das razões do notável crescimento da agricultura brasileira nos últimos tempos deve-se à inovação tecnológica. Nesse contexto, destaca-se o trabalho realizado pela Embrapa.

Em conclusão, o êxito obtido pela empresa deve-se, em parte, às iniciativas de Gestão do Conhecimento implantadas desde a sua fundação, sendo necessário que a disseminação e internalização dos conceitos de Gestão do Conhecimento nas unidades de pesquisa da Embrapa, certamente, poderão contribuir ainda mais para o crescimento e a continuidade de seu sucesso.

Referências

BATISTA, Fábio F. **Governo que aprende: gestão do conhecimento em organizações do executivo federal.** Brasília: Ipea, 2004.

BUAINAIN, Antônio Márcio. **O desafio da inovação: conhecimento como base para o desenvolvimento nacional.** Disponível em: www.nie.pucpr.br/Empresas/ PUC/nie.nsf/ Empresas/PUC/nie.nsf/(noticias2)/5AAE7245BA5B7E30 83256CA 9005D9D63?OpenDocument >. Acesso em: 15 fev. 2003.

_____. Por que a Embrapa é importante? **O Estado de São Paulo.** São Paulo, 22 jul. 2003. Opinião, p. B-2.

CHOO, Chun Wei. **A organização do conhecimento.** São Paulo: Senac, 2003.

DAVENPORT, Thomas. H. **Ecologia da informação: por que só a tecnologia não basta para o sucesso da era da Informação.** São Paulo: Futura, 2000.

DAVENPORT, Thomas H.; PRUSAK, Laurence. **Conhecimento empresarial. Como as organizações gerenciam o seu capital intelectual.** Rio de Janeiro: Campus, 1998.

EMPRESA BRASILEIRA DE PESQUISA AGROPECUÁRIA – EMBRAPA. Disponível em: <www.embrapa.br Online>. Acesso em: 30 jun. 2003.

_____. Disponível em: <www.embrapa.br Online>. Acesso em: 11 maio. 2007.

_____. **Cenários 2002–2012: pesquisa, desenvolvimento e inovação para o agronegócio brasileiro.** Brasília: Embrapa, CGEE, 2003.

_____. **Política de negócios tecnológicos.** Brasília: Embrapa, 1998.

FRESNEDA, Paulo S. V. A gestão do conhecimento em organizações em P&D: o caso Embrapa In: TERRA, José Cláudio Cyrineu (Org.). **Gestão do conhecimento e e-Learning na prática.** Rio de Janeiro: Negócio, 2003. p. 19-33.

NACFUR, Anis; GUEDES, Vicente G. F. Flexibilidade na organização e divisão do trabalho: A experiência da EMBRAPA, Brasil. **Congreso Internacional del CLAD sobre la Reforma del Estado y de la Administración Pública, 5.** Santo Domingo, Rep. Dominicana, 24 – 27 Oct. 2000. ANAIS.

NONAKA, Ikujiro; TAKEUCHI, Hirotaka. **Criação de conhecimento na empresa.** Rio de Janeiro: Campus, 1997.

OLIVEIRA, João L. M. **Bases de um sistema de informação para o setor agropecuário.** 1990, 15 p. Mimeografado.

SENGE, Peter M. **A quinta disciplina: arte, teoria e prática da organização de aprendizagem.** 15. ed. São Paulo: Best Seller, 1998.

TERRA, José Cláudio C. **Gestão do conhecimento: o grande desafio empresarial: uma abordagem baseada no aprendizado e na criatividade.** São Paulo: Negócio, 2000. p. 283.

Leonardo Paiva Martins de Oliveira – Administrador; Bacharel em Administração; Mestre em Administração com ênfase em Gestão Estratégica das Organizações; especialista em Gestão Estratégica de Marketing e de Informação. Atuou como coordenador dos cursos de Administração e Turismo e professor em diversas disciplinas de Administração, Ciências Contábeis e Ciência da Computação. Experiência de mais de doze anos nas áreas administrativa e diretiva de organizações; professor universitário há seis anos.

Jorge Tadeu de Ramos Neves – Engenheiro metalurgista, Bacharel em Economia e em Administração de Empresas; experiência profissional em grandes empresas multinacionais (Esso Brasileira de Petróleo e Castrol do Brasil); possui mestrado e doutorado em Engenharia Industrial e Gestão da Inovação Tecnológica na École Centrale de Paris, França; pós-doutorado em Inovação e Empreendedorismo, na Universidade de Montreal, Canadá; professor-adjunto 4 da Escola de Ciência da Informação da Universidade Federal de Minas Gerais (UFMG); professor da Fead e atual coordenador do Mestrado profissional em Administração dessa instituição – jtrneves@ufmg.br

15

Painel do Gestor: um Instrumento de Indicadores Balanceados de Gestão Universitária como Suporte à Criação do Conhecimento para Tomada de Decisão

Luciano Rodrigues Marcelino

1. Introdução

Atualmente, a forma estrutural e os elementos constituintes de um modelo de gestão têm sido amplamente discutidos nas organizações em geral e, em específico, nas instituições de Ensino Superior (IES), devido à sua necessidade de adaptação aos novos paradigmas empresariais de maximização da satisfação dos clientes, aprimoramento tecnológico e processual, aumento do *market share*, incremento da vantagem competitiva, entre outros. As IES têm se deparado, então, com uma nova ordem econômica, caracterizada pela necessidade de adoção de postura ofensiva, que agregue maior valor aos seus serviços de ensino, pesquisa e extensão, desenvolvendo ou melhorando continuamente sua capacidade competitiva, por questões de adaptações, pertinência, flexibilização e, em alguns casos, por sua sobrevivência.

Para não sucumbir a esses novos cenários de competitividade, as IES passaram a implementar novas tecnologias, programas, métodos e projetos organizacionais, muitos deles advindos de organizações empresariais, objetivando incrementar seu desempenho acadêmico e gerencial, por meio da criação e retenção do conhecimento organizacional.

Em vista disso, torna-se desejável, e muitas vezes necessário, para a efetividade da tomada de decisões a reestruturação dos modelos de sistemas de informações gerenciais, permitindo às lideranças universitárias gerenciar, controlar e medir o desempenho de seus processos, a partir de indicadores balanceados entre financeiros e não-financeiros, alinhados à gestão estratégica da universidade.

Nesse contexto de aprimoramento do modelo gerencial, a Universidade do Sul de Santa Catarina (Unisul), por meio da liderança transformacional de sua reitoria, consciente da importância de rever seus instrumentos e mecanismos de gestão universitária, manifestou a necessidade de se desenvolver um sistema de informações gerenciais balanceado, alinhado às suas estratégias e orientado aos resultados acadêmicos e administrativos, que possa fortalecer seu princípio de descentralização da gestão até o nível de Coordenador de Cursos, disponibilizando-lhes recursos informacionais, tecnológicos, humanos e financeiros à gestão efetiva de sua unidade de gestão. Sendo assim, propõe-se como **objetivo geral** deste capítulo a apresentação de uma Gestão do Conhecimento a partir da aplicação de Contratos de Resultados da Gestão, com uma sistemática de informações gerenciais, balanceadas de acordo com o contexto e característica próprios, orientados pelos conceitos do *Balanced Scorecard – BSC*, visando instrumentalizar os gestores universitários, em todos os níveis, com recursos e aprimoramento de suas competências, necessárias à sua gestão.

2 Apresentação do Marco Teórico

2.1 Balanced Scorecard – BSC: concepção

A origem do *Balanced Scorecard* é descrita por Queirós (2004) que relata que Kaplan, um dos autores do BSC, estava jogando golfe com o presidente da IBM no Canadá. Nesse desporto, os pontos conseguidos *(scores)* são marcados em um cartão *(card)*. O parceiro no jogo disse-lhe que "gostaria de ter um cartão com os pontos" que lhe permitisse gerir o seu negócio. Assim nasceu a idéia do *scorecard* aplicado na gestão dos negócios. E *balanced* porque, nos últimos 20 anos, a gestão das empresas com base na contabilidade, voltada quer para o passado, quer pela natureza histórica da contabilidade, quer para o interior da organização, demonstrou ser insuficiente como produtora de informações de gestão.

Nesse sentido, a informação contábil gerencial tradicional tem sido regida por relatórios financeiros. Entretanto, a contabilidade gerencial cresceu e incluiu informações não-financeiras – qualidade, capacitação dos empregados, tempo de processamento, desempenho dos novos produtos e mensuração do nível de satisfação dos clientes são alguns exemplos.

Para facilitar a compreensão do caso, nas próximas seções serão apresentadas a história do BSC, conceitos e objetivos, além de suas características, as quatro perspectivas e como ocorre o processo de estruturação do BSC; em seguida, seus benefícios e limitações.

2.2 Conceitos do BSC

Kaplan e Norton (2000) desenvolveram um sistema de gestão baseado em um conjunto de indicadores de desempenho que proporcionam aos gerentes uma visão rápida e abrangente de toda a empresa. Esse sistema, chamado *Balanced Scorecard,* contempla indicadores financeiros, que permitem a visualização do resultado das ações passadas, contemplando-os com indicadores operacionais, ligados com a satisfação dos clientes, com os processos internos e com a capacidade da organização de aprender e melhorar.

Segundo Miranda *et al* (2001), o BSC pode ser traduzido para o português como Cartão de Registro dos Resultados. O *scorecard* é o cartão usado pelos juízes e responsáveis pelas avaliações para registrar o desempenho dos jogadores. É o cartão *(card)* onde se registra o desempenho ou resultado do jogador em um jogo *(score)*.

> O termo *balanced* foi adicionado para indicar que se deve selecionar um conjunto que avalie o desempenho de forma equilibrada. Na analogia com os esportes, não se deseja um jogador de futebol que seja muito bom no chute direto, mas que seja um desastre em termos de passar a bola para os adversários. O bom jogador é aquele que tem um bom desempenho em um conjunto de fatores, de forma a ter um desempenho equilibrado (MIRANDA *et al,* 2001, p. 2).

Saheli (2002, p. 3) enfatiza que "o BSC é um instrumento que traz à tona a percepção de que existem fatores subjetivos, alheios aos resultados financeiros positivos, que influenciam os resultados de longo prazo das organizações".

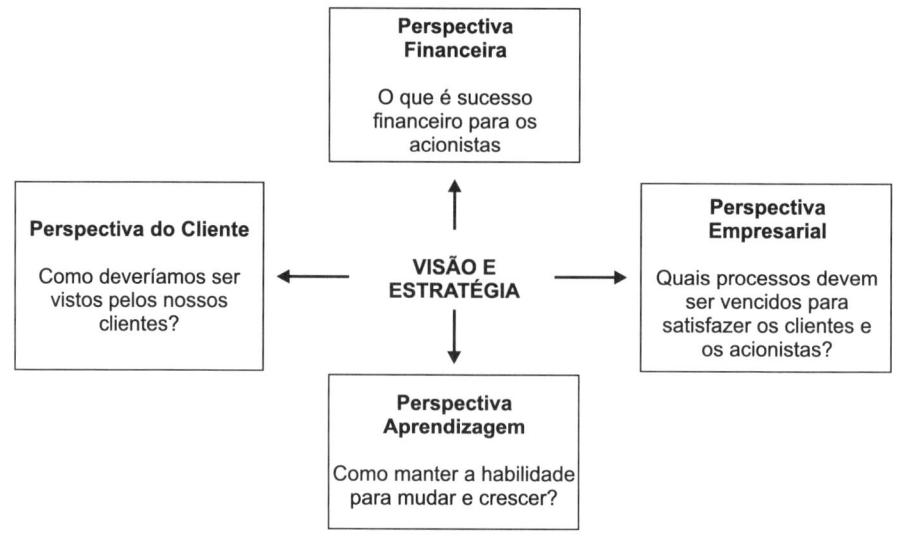

```
                    ┌─────────────────┐
                    │   Perspectiva   │
                    │   Financeira    │
                    ├─────────────────┤
                    │ O que é sucesso │
                    │ financeiro para os│
                    │   acionistas    │
                    └─────────────────┘
                            ▲
                            │
┌──────────────────┐   ┌─────────┐   ┌──────────────────┐
│Perspectiva do Cliente│   │         │   │   Perspectiva    │
├──────────────────┤   │ VISÃO E │   │   Empresarial    │
│Como deveríamos ser│◄──┤ESTRATÉGIA├──►├──────────────────┤
│vistos pelos nossos│   │         │   │Quais processos devem│
│    clientes?     │   └─────────┘   │   ser vencidos para│
└──────────────────┘        │        │satisfazer os clientes e│
                            ▼        │   os acionistas? │
                    ┌─────────────────┐└──────────────────┘
                    │   Perspectiva   │
                    │   Aprendizagem  │
                    ├─────────────────┤
                    │Como manter a habilidade│
                    │para mudar e crescer?│
                    └─────────────────┘
```

Fonte: SAHELI, S. Balanced Scorecard: o exemplo da Suzano.

Figura 1 – As tradicionais perspectivas do BSC.

Marinho e Selig (2000, p. 2) citam que o BSC "é um sistema de gestão baseado em indicadores que impulsionam o desempenho, proporcionando à organização uma visão do negócio atual e futura, de forma abrangente". Traduz a missão e estratégia em objetivos e medidas organizadas em quatro distintas perspectivas.

Dessa forma, Kaplan e Norton (2000, p. 34) afirmam que o BSC fornece um referencial de análise da estratégia utilizada para a criação de valor, sob quatro diferentes perspectivas:

- **financeira** – a estratégia de crescimento, rentabilidade e risco sob a perspectiva do acionista;
- **cliente** – a estratégia de criação de valor e diferenciação sob a perspectiva do cliente;
- **processos internos** – as prioridades estratégicas de vários processos de negócio, que criam satisfação para os clientes e acionistas;
- **aprendizado e crescimento** – as prioridades para o desenvolvimento de um clima propício à mudança organizacional à inovação e ao crescimento.

Após descrever conceitos do BSC, são descritos seus objetivos, conforme consta no próximo tópico.

2.3 Objetivos do BSC

O objetivo do BSC, segundo Kaplan e Norton (1997, p. 8-9), é "oferecer aos executivos e gerentes informações postuladas em um processo hierárquico, portanto, não aleatório, para que se possa avaliar até que ponto a empresa gera valor para os clientes atuais e futuros". Deve, também, oferecer informações sobre como aperfeiçoar as capacidades internas e os investimentos necessários em pessoal, sistemas e procedimentos, visando a melhorar o desempenho financeiro futuro.

Kaplan e Norton (1997, p. 20) mencionam que "o poder do BSC ocorre quando ele deixa de ser um sistema de medidas e se transforma em um sistema de gestão estratégica, contribuindo para a empresa através de seus objetivos", à semelhança do ilustrado na Figura 2, a seguir.

Tradução da Visão
– Esclarecimento da visão
– Obtenção do consenso

Comunicação e Comprometimento
– Comunicação e educação
– Fixação de metas
– Associação de recompensas aos indicadores de desempenho

BALANCED SCORECARD

Feedback e **Aprendizado**
– Articulação da visão compartilhada
– Fornecimento de *feedback* estratégico
– Facilitação da revisão de estratégia e aprendizado

Planejamento de Negócios
– Fixação de metas
– Alinhamento de iniciativas estratégicas
– Alocação de recursos

Fonte: KAPLAN, R. S.; NORTON, D. P. A estratégia em ação: balanced scorecard.

Figura 2 – O BSC como estrutura para a ação.

Por fim, Kaplan e Norton (1997, p. 9) concluem que "os objetivos e as medidas utilizadas no BSC se limitam a um conjunto aleatório de medidas de desempenho financeiro e não-financeiro, mas de um processo hierárquico norteado pela missão e pela estratégia da unidade de negócios", reforçando a necessidade do alinhamento de todas as iniciativas organizacionais com as diretrizes estratégicas estabelecidas.

3. Caso – Painel do gestor: um instrumento de indicadores balanceados de gestão universitária como suporte à criação do conhecimento para tomada de decisão

3.1 Apresentação esquemática da Unisul

A Unisul é formada por uma Reitoria, constituída pelas Pró-reitorias Acadêmica e Administrativa e por uma Chefia de Gabinete. As decisões operacionais são tomadas por meio do Conselho Universitário e Câmara de Gestão, assim como as aprovações de orçamentos são realizadas pelo Conselho Curador. Atualmente, possui 2.300 funcionários em seu quadro técnico e é constituída por três campi, sendo o Campus Norte, Campus Sul e Campus Virtual. A Unisul está implantando um novo modelo de ensino flexível em que o aluno escolhe a maneira na qual deseja estudar: presencial, a distância ou misto. Possui cerca de 30 mil alunos, distribuídos em mais de 50 cursos de graduação e pós-graduação, nas modalidades presencial e a distância. A educação pré-escolar e o ensino fundamental e o médio são oferecidos pelo Colégio Dehon, órgão complementar da Universidade. Quanto à pesquisa, possui 18 núcleos e 20 grupos de pesquisa e neles estão inclusos 138 projetos nas mais diversas áreas de conhecimento. Há hoje dois programas institucionais voltados para a Pesquisa: o Programa Unisul de Iniciação Científica (PUIC), que oferece 200 bolsas de pesquisa para os discentes, e o Programa Unisul de Incentivo à Pesquisa (PUIP) para os docentes. A multiplicidade de iniciativas, eventos e serviços classificados como *Extensão* integram a universidade à comunidade, gerando um importante valor agregado em termos acadêmicos, científicos e sociais.

3.2 Desenvolvimento do Painel do Gestor

A Reitoria definiu, em meados de 2004, um comitê de implantação do projeto de indicadores de gestão universitária, cujas ações se desenvolveram com base nos seguintes pressupostos:

- o modelo de IES gerenciada por resultados é o mais adequado para responder com agilidade às demandas de mercado e clientes, mantendo a rentabilidade e a competitividade;

- a partir da definição de instrumentos de mensuração e autonomia para a tomada de decisão, por meio da descentralização, pressupõe-se o incremento de produção, produtividade e sustentabilidade, resultando em prestação de serviços de forma efetiva e, principalmente, com o menor consumo de recursos possíveis;

- a rigidez e a complexidade das estruturas organizacionais levaram muitas IES a concentrarem poder em alguns poucos executivos de seu mais alto escalão e a perderem agilidade e competitividade;

- na última década, altos investimentos foram feitos em tecnologia, sem resultados concretos, criando-se uma visão equivocada de que bastava integrar os sistemas informatizados para que todos os problemas de processos e informações para a tomada de decisões das IES estivessem resolvidos.

Ao delinear as linhas mestras do plano de trabalho identificaram-se os seguintes desafios:

- o acompanhamento do desempenho operacional, tendo como balizamento as questões estratégicas e táticas da universidade;

- a visualização das relações de causalidade entre os indicadores, permitindo desenvolver a visão sistêmica dos líderes universitários;

- a articulação dos indicadores com seus processos acadêmicos e administrativos relacionados;

- a definição conceitual e a formalização institucional dos aspectos relacionados à informação (formas de cálculo, responsabilidades, fontes, freqüências, níveis de reporte, etc.);

- o compartilhamento de informações entre os gestores da universidade, independentemente do nível hierárquico;
- a gestão por resultados, através do acompanhamento do alcance das metas formalizadas institucionalmente.

Para a implantação de um sistema integrado de indicadores de desempenho, denominou-se como Painel do Gestor, cujo objetivo geral do projeto é desenvolver um modelo sistematizado e balanceado de informações gerenciais, orientadas a resultados, para o acompanhamento e controle de gestão e a tomada de decisões, a partir das diretrizes estratégicas da Unisul.

A definição conceitual inicia-se partindo dos macroelementos estratégicos da Unisul (missão, visão e valores), sendo que o primeiro passo para a construção do modelo são a discussão e a definição da "expectativa de desempenho" institucional da Universidade, também compreedido como "Vontade Institucional" da Reitoria.

Com base nas direções contidas no plano estratégico, bem como no posicionamento da Reitoria nos esforços de implementação desse plano, conclui-se que essa "Vontade Institucional" pode ser definida da seguinte forma:

"Aprimorar a Qualidade e os Resultados da Operação da Universidade"

Na seqüência, foram determinadas as dimensões-chave para monitorar o atendimento dessa "Vontade Institucional", resultando-se em quatro dimensões para monitorar o desempenho institucional da Universidade: acadêmica, operacional, mercado e recursos humanos.

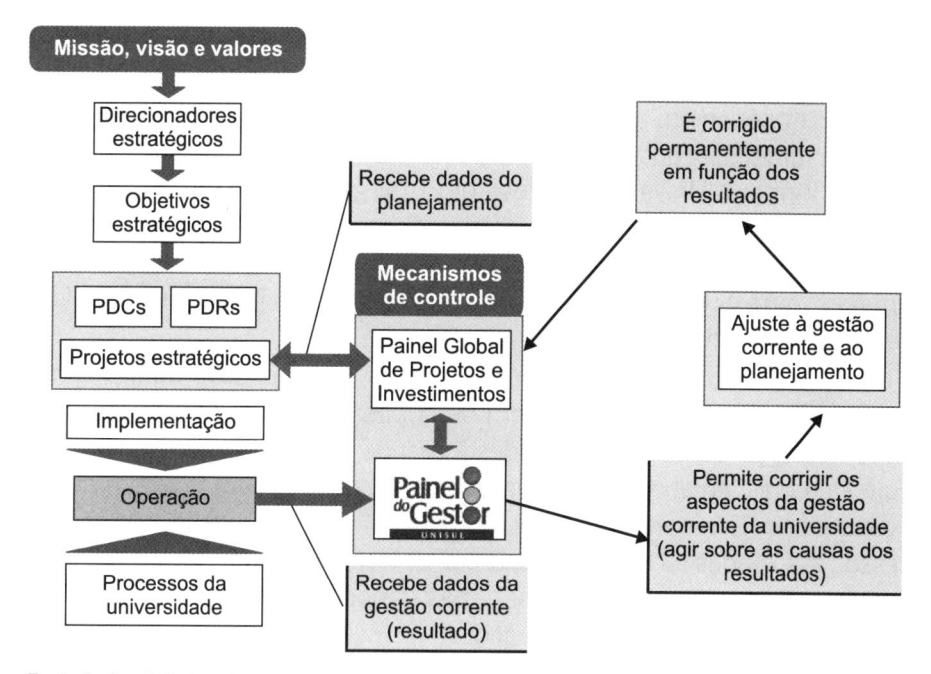

Fonte: Projeto Painel do Gestor (2005).

Figura 3 – Concepção da vontade institucional.

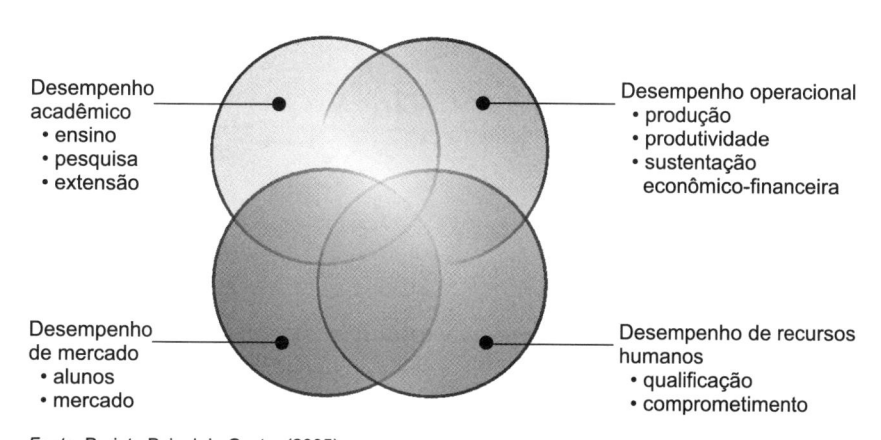

Fonte: Projeto Painel do Gestor (2005).

Figura 4 – Dimensões do Painel do Gestor.

Vale ressaltar que a análise dessas dimensões deve ser necessariamente integrada. Analogamente, no procedimento de vôo, não basta assegurar o bom desempenho em apenas duas dimensões: uma não-conformidade na terceira dimensão pode comprometer o sucesso da aterrissagem... Da mesma forma, a Universidade deve procurar garantir, de forma conjunta, sua sustentabilidade acadêmica (qualidade em seu *core-business*), operacional (produtividade e eficiência econômico-financeira), de mercado (*market share* e relevância institucional) e de recursos humanos (qualificação e comprometimento).

Para a identificação das iniciativas necessárias para atingir o desempenho esperado, a abordagem de "Causa e Efeito" contribui para a decomposição desse problema, desdobrando e identificando ações que, concatenadas, colaboram positiva ou negativamente para um determinado resultado. E, a partir dessas ações, é possível não só identificar os processos associados (contribuindo para o esforço da Unisul em implementar o modelo de gestão por processos), mas também definir índices para monitorar a implementação dessas ações.

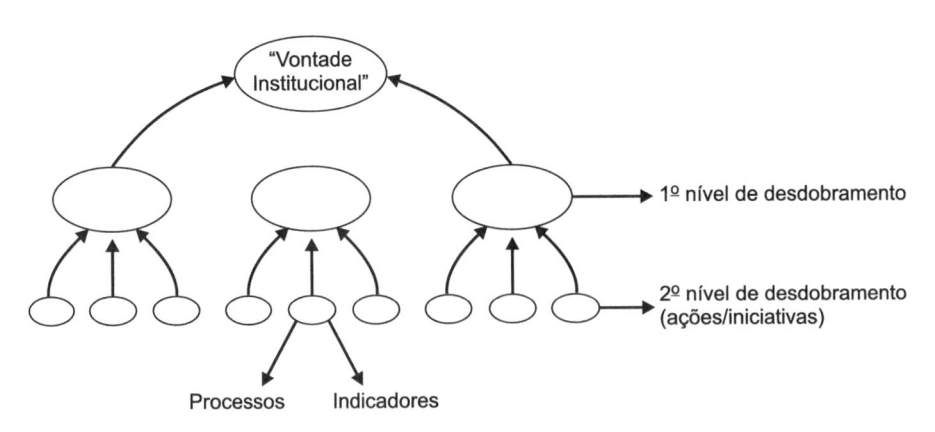

Fonte: Projeto Painel do Gestor (2005).

Figura 5 – Relações de causalidade.

Desdobrando-se o modelo, identificam-se "vontades institucionais" para cada uma das quatro dimensões predefinidas.

CASOS GERAIS DE GESTÃO DO CONHECIMENTO **201**

```
                    Aprimorar a
                    qualidade e os
                    resultados da
                    operação da
                    universidade

Melhorar os      Melhorar o       Aumentar a              Melhorar o nível
resultados da    resultado        representatividade      de qualificação e
operação         acadêmico        institucional da        comprometimento
                                  Unisul no mercado e     dos recursos
                                  na comunidade           humanos
   1                2                  3                      4
```

Fonte: Projeto Painel do Gestor (2005).

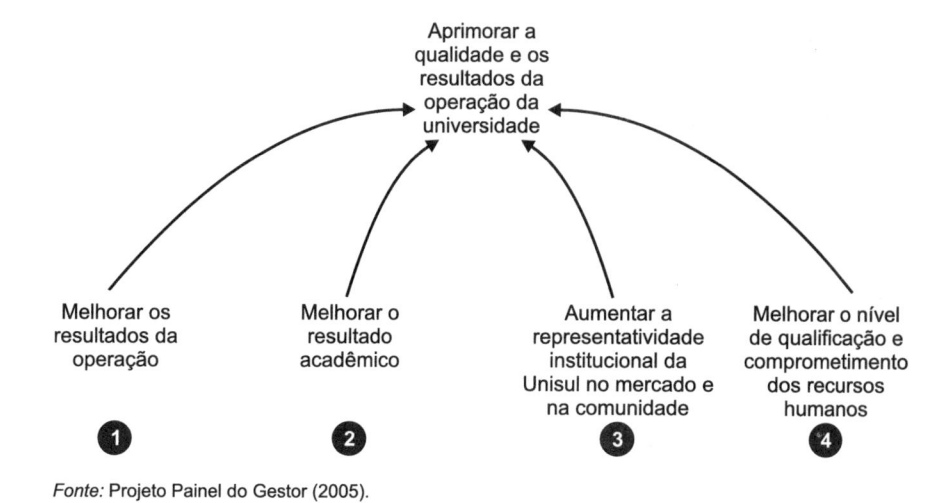

Figura 6 – Desdobramento nas quatro dimensões.

Como exemplo de desdobramento para a dimensão "Operacional", identificam-se três iniciativas conforme a seguir.

```
Aprimorar a
qualidade e a
produtividade
da operação
                            1
                        Melhorar o
                         resultado
                        operacional

     Melhorar a        Incrementar a        Monitorar a
     produtividade       produção          sustentabilidade
                                           econômico-financeira
        1.1               1.2                    1.3
```

Fonte: Projeto Painel do Gestor (2005).

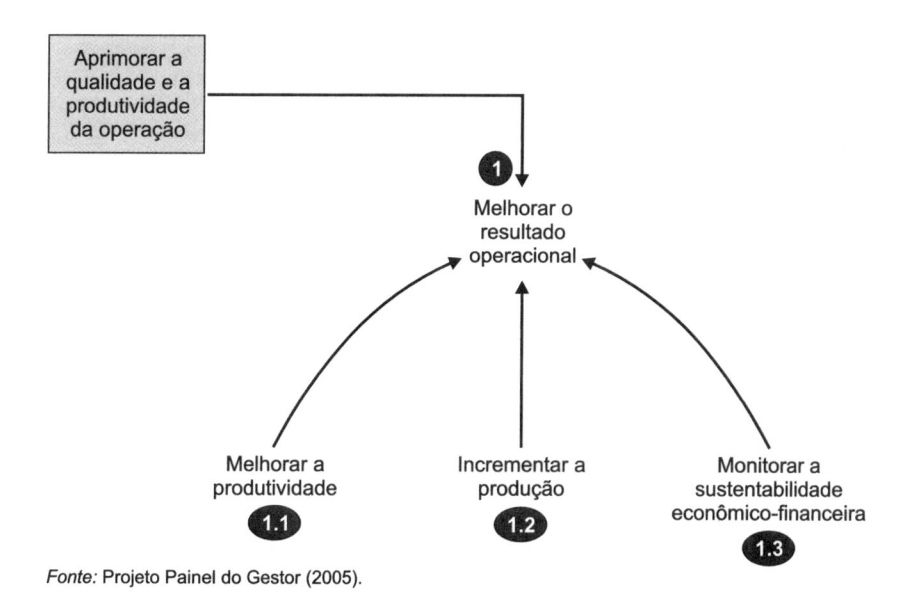

Figura 7 – Desdobramento da dimensão operacional.

Na seqüência, foram construídos mapas de causalidades, procurando identificar as relações diretas de causa e efeito entre as iniciativas relacionadas ao objetivo em questão.

Fonte: Projeto Painel do Gestor (2005).

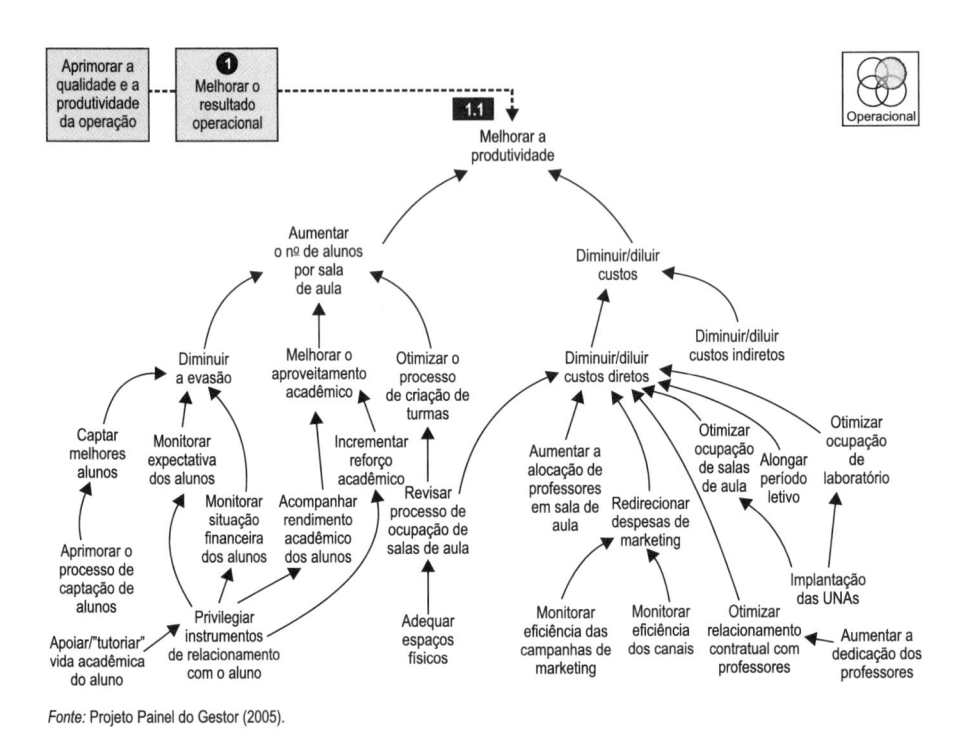

Figura 8 – Mapa de causalidades sobre a melhoria da produtividade.

A partir dos mapas de causalidades, foram definidos indicadores de desempenho, preservando as relações de causa e efeitos, conforme figura da página 203.

No intuito de estabelecer padrões conceituais de cada um dos indicadores definidos, foram geradas fichas técnicas, conforme modelo da página 204.

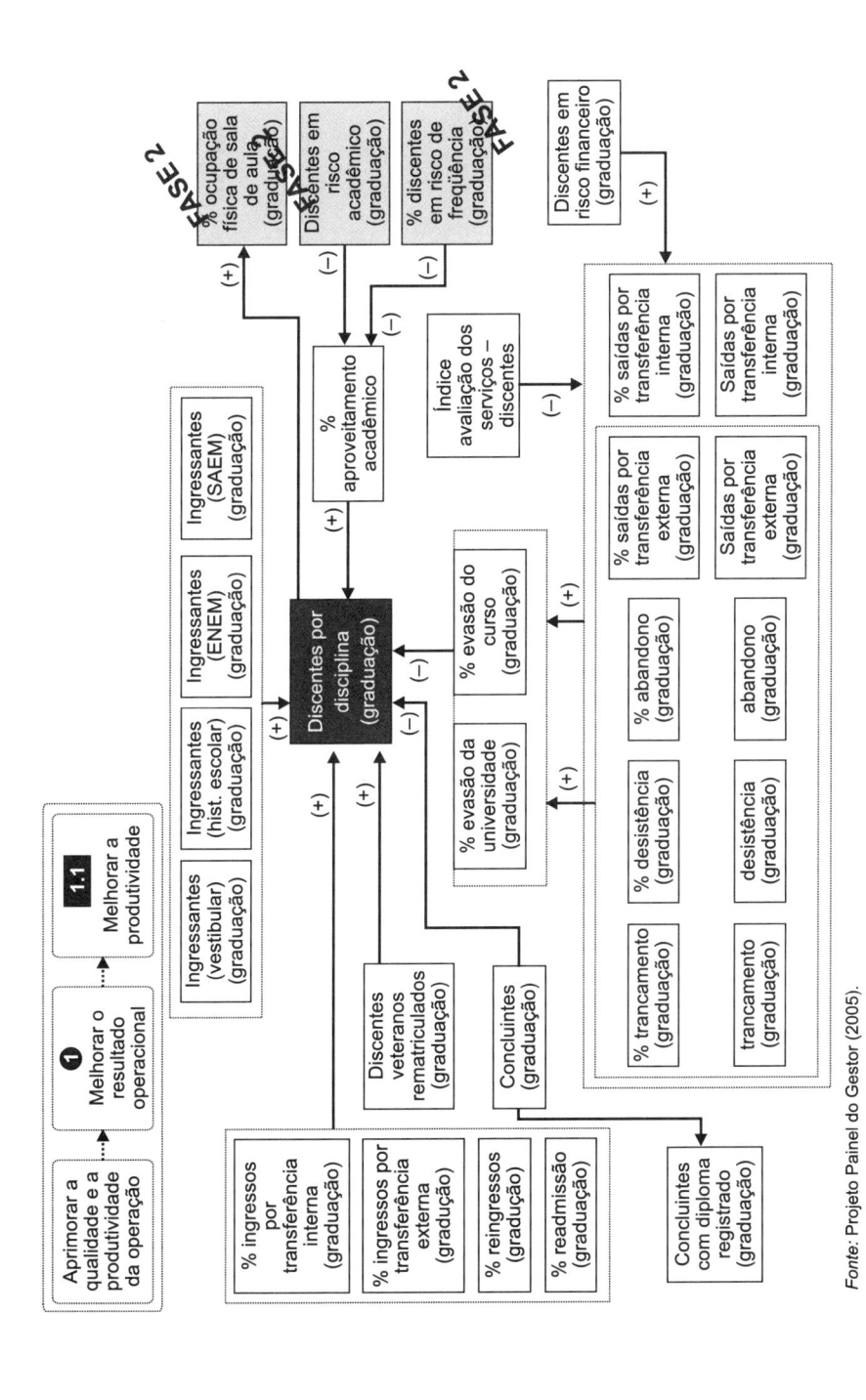

Figura 9 – Mapa de indicadores sobre a melhoria da produtividade.

Fonte: Projeto Painel do Gestor (2005).

Ficha Técnica de Indicador

Discentes por disciplina (graduação)

1.1 Melhorar a produtividade na graduação

Operacional

Conceito	*Objetivos*	*Forma de cálculo*	*Resp. pela Informática (Área)*
Representa o número de discentes matriculados na graduação numa dada disciplina por turma*	Mensurar a capacidade da universidade em diluir seus custos diretos (docentes e sala de aula) em suas atividades de ensino	Discentes matriculados em disciplinas (graduação) / disciplinas ofertadas (graduação)	Secretaria geral de ensino

			Resp. Institucional (Cargo)
			Pró-reitor acadêmico

Permissão para acesso	*Dimensão de consolidação*	*Processos relacionados*	*Metas*
Reitoria restrita Reitoria plena Gestores PROAD Gestores PROAC Gestores ASSEST Gestores Campus Gestores UNA Coordenadores de curso ☒ Geral	• Universidade • Campus • UNa • Curso • Semestre • Turno • Disciplina	1.2 1.3 4.1.1 5.1 5.5 6.2	2003/01 – 2003/02 – 2004/01 – 2004/02 – 2005/01 –

Disponibilizar a informação	*Freqüência*	*Escala*	*Observações*
abr./set.	Semestral	Ativa	* Desconsiderar as disciplinas inativas (não ofertadas), tais como: optativas, núcleo orientado e habilitação não ofertados.

Fonte da informação			
Sistema acadêmico			

Fonte: Projeto Painel do Gestor (2005).

Figura 10 – Modelo de ficha técnica de indicadores.

Metodologicamente, para cada uma das quatro dimensões e seus respectivos objetivos, foram gerados mapas de causalidades, mapas de indicadores e fichas técnicas.

A partir do mapa estratégico do BSC, foi definido um mapa estratégico para a Unisul, fazendo-se uma co-relação entre as dimensões mercado, acadêmico, operacional e recursos humanos com os respectivos objetivos, conforme segue:

Mapa Estratégico – BSC (Painel do Gestor)

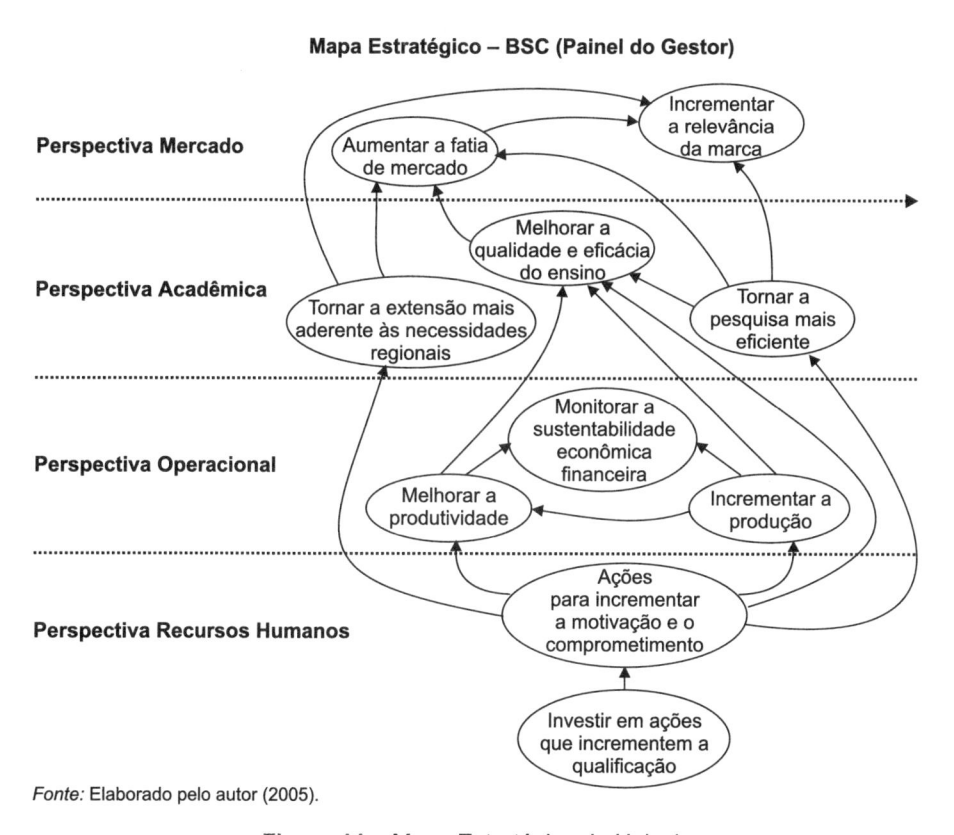

Perspectiva Mercado
- Aumentar a fatia de mercado
- Incrementar a relevância da marca

Perspectiva Acadêmica
- Melhorar a qualidade e eficácia do ensino
- Tornar a extensão mais aderente às necessidades regionais
- Tornar a pesquisa mais eficiente

Perspectiva Operacional
- Monitorar a sustentabilidade econômica financeira
- Melhorar a produtividade
- Incrementar a produção

Perspectiva Recursos Humanos
- Ações para incrementar a motivação e o comprometimento
- Investir em ações que incrementem a qualificação

Fonte: Elaborado pelo autor (2005).

Figura 11 – Mapa Estratégico da Unisul.

Em uma esfera mais tático-operacional, realizaram-se atividades de validação dos conceitos, viabilização tecnológica e capacitação dos gestores da Unisul.

Do ponto de vista tecnológico, estabeleceu-se a seguinte arquitetura tecnológica, integrando o Painel do Gestor com os atuais sistemas legados da Unisul:

**Gestão Acadêmica
Mapa de Integrações
Sistemas SAP – Pergamum – Acafe – Senior**

Fonte: Projeto Painel do Gestor (2005).

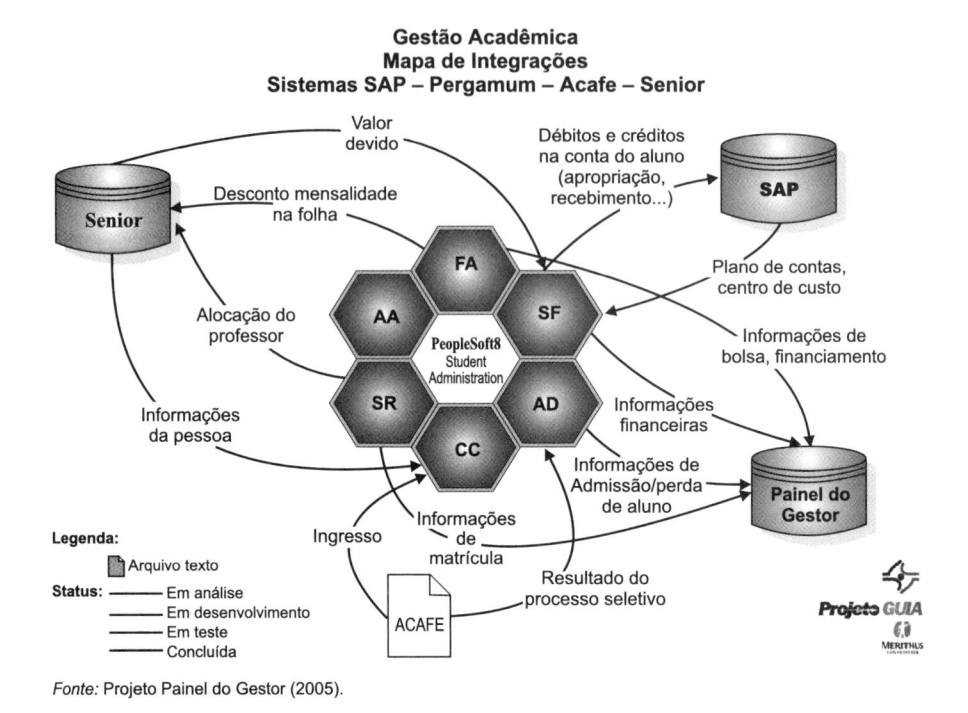

Figura 12 – Arquitetura tecnológica do Painel do Gestor.

O sistema informatizado foi desenvolvido pela empresa de desenvolvimento de software Gesplan, sediada em Joinville (SC), por meio de uma parceria estratégica. O desenvolvimento do sistema ocorreu a partir do sistema GSEM, cuja finalidade original é estruturar um sistema de informações de apoio à decisão, a partir dos módulos do ERP próprio.

4. Considerações Finais

Os gestores dos processos universitários, preocupados com a satisfação de seus clientes e os demais profissionais que procuram manter a fidelidade da IES à sua missão, representam enorme riqueza para o seu país. O processo de transformação da universidade pelo paradigma da competitividade é uma decisão de sua comunidade acadêmica, liderada pela Reitoria.

A sistematização de um modelo de Gestão de Conhecimento, baseado em indicadores gerenciais, é um processo demorado, pois exige mudanças de cultura, liderança, compromisso, educação, treinamento, constância de propósito, dedicação, muita responsabilidade individual e institucional, mas, principalmente, mudança de percepção. Essa transformação poderá ser mais ou menos efetiva de acordo com o nível de consciência de todos quanto à importância da gestão do conhecimento para eles mesmos, para a IES e para a sociedade.

A disseminação da Gestão do Conhecimento não resulta do esforço isolado de poucas pessoas, mas, sim, do trabalho e do empenho solidário e responsável de todos, pois essa transformação supõe uma disposição clara de mudar sempre e fazer tudo o que for possível de melhoria, quer se trate da estrutura ou dos processos, por mais tradicionais e consolidados que sejam, como no caso das IES. Mas, basicamente, o que a transformação mais exige são a liderança e a constância de propósito por parte dos que assumiram o compromisso de sua realização.

Por outro lado, qualquer mudança supõe um claro conhecimento do sistema educacional e de sua natureza, e a perfeita integração das pessoas envolvidas que, por sua vez, devem estar conscientes do papel que lhes cabe.

Quanto aos objetivos, o presente capítulo evidencia o cumprimento dos mesmos inicialmente propostos, pois desenvolveu-se uma pesquisa bibliográfica, abordando os conceitos dos principais pensadores sobre Indicadores de Gestão, resultando em uma base teórica consistente sobre o tema designado. Na seqüência, diagnosticou-se a Unisul quanto ao seu perfil e dados quantitativos e propôs-se uma metodologia para a implantação de uma gestão universitária por resultados.

Observou-se, com a implantação da GPR, a constatação dos seguintes benefícios:

- **institucionalização das informações** – atingindo todos os níveis de gestão, do Reitor ao Coordenador de Curso, permitindo a efetiva gestão de sua unidade de negócio;

- **aprimoramento da capacidade de intervenção gerencial** – com a disponibilização de informações gerenciais para a tomada de decisão e recursos para o registro e compartilhamento de intervenções, maximizou-se a capacidade de gestão, em todos os níveis;

- **desenvolvimento de uma cultura de gestão por resultados** – por meio das definições das metas, inicialmente para os indicadores-chave e na seqüência para todos os demais, desenvolverá maior sensibilização e conscientização para o alcance dos resultados planejados;

- **racionalização dos controles gerenciais** – conforme diagnosticado na concepção do projeto, vários controles paralelos eram gerados dentro da universidade, utilizando-se várias fontes de dados e informações de sistemas legados diferentes, para atendimento de demandas específicas.

Como última reflexão, vale lembrar que não existe evolução sem mudanças. Não se pode pretender resultados diferentes enquanto se permanece fazendo sempre as mesmas coisas. Para as mesmas causas, só se pode esperar os mesmos efeitos. Se quiser efeitos diferentes, melhores do que os que se têm hoje, não existe outra saída a não ser mudar as causas. Esta lei universal, que rege todas as ações humanas, sugere que se deve repensar seriamente, como gestores e educadores, sobre o que se tem feito, como se tem feito, para que e para quem se tem feito e, principalmente, como se pode fazer mais e melhor. E esse processo de mudanças deve ser conduzido pelas lideranças transformacionais das IES.

Referências

KAPLAN, R. S.; NORTON, D. P. **A estratégia em ação: balanced scorecard.** 5 ed. Rio de Janeiro: Campus, 1997. 344 p.

KAPLAN, R. S.; NORTON, D. P. **Organização orientada para estratégia: como as empresas que adotam o *balanced scorecard* prosperam no novo ambiente de negócios.** Rio de Janeiro: Campus, 2000. 411 p.

KAPLAN, R. S.; NORTON, D. P. **Mapas estratégicos – *balanced scorecard*: convertendo ativos intangíveis em resultados tangíveis.** Rio de Janeiro: Elsevier, 2004.

MARINHO, S. V.; SELIG, P. M. Utilização do conceito de gestão estratégica de custos dentro do *Balanced Scorecard*. In: **Congresso Brasileiro de Custos, 7**, 2000, Recife. Anais. Recife: UFPE, 2000.

MIRANDA, L. C. *et al*. **Olhando para fora da empresa: combinando "***balanced scorecard***" com "supply chain management" para considerar o fornecedor na medição de desempenho.** In: EnANPAD, 2001.

QUEIRÓS, Nuno. *Balanced scorecard*: ferramenta de apoio à gestão estratégica. **Revista do Instituto da Qualidade em Saúde**, n. 10, abr./jun. 2004, p.36-40.

SAHELI, S. *Balanced scorecard*: o exemplo da Suzano. In: **IX Congresso Brasileiro de Custos**, Fecap, São Paulo, outubro 2002.

WERNKE, R. **Gestão de custos: uma abordagem prática**. São Paulo: Atlas, 2001.

WERNKE, R. e BORNIA, A. C. *Balanced scorecard*: considerações e comentários. In: **Congresso Brasileiro de Custos, 8**, 2001, São Leopoldo-RS, Anais. São Leopoldo: Unisinos, 2001.

WERNKE, R.; LUNKES, R. J.; BORNIA, A. C. *Balanced scorecard*: considerações acerca das dificuldades na implementação e das críticas ao modelo. In: **Congresso Brasileiro de Custos, 9**, 2002, São Paulo, Anais. São Paulo: Fecap, 2002.

Luciano Rodrigues Marcelino – Doutor em Engenharia de Produção pela Universidade Federal de Santa Catarina (UFSC); pesquisa em Sistema de Gestão Orientada por Processos (SGOPP); mestre em Administração Universitária pelo Instituto de Gestão e Liderança Universitária (IGLU), vinculado à Organização Universitária Interamericana (OUI), região Caribe, em Caracas, Venezuela, e estágio em Montreal e Québec, Canadá, com o Plano de Intervenção Gestão Universitária por Resultados – Painel do Gestor. Professor e orientador da Unisul desde 1999, da graduação e pós-graduação, nas disciplinas Gestão da Qualidade, Gestão Estratégica e Gestão de/por Processos. É professor titular, membro da OUI e orientador de estágios, na região Caribe, tendo lecionado na Venezuela, Panamá e República Dominicana. Atualmente, coordena a área de Gestão de Processos, vinculada à Assessoria de Planejamento, Projetos e Processos (Proad), da Unisul, e gerencia a implantação do sistema de indicadores de gestão – Painel do Gestor. É auditor líder em ISO9001:00, pela International Register of Certificated Auditors (IATCA/IRCA). É também membro conselheiro da Associação Empresarial de Tubarão (Acit), presidente da Associação dos Jovens Empreendedores de Tubarão (Ajet) e membro conselheiro de quatro indústrias locais. Autor do livro "Sistemas Integrados de Gestão – SIG" e de diversos artigos, publicados em revistas especializadas – lucianor@unisul.br

Administração Pública no Século XXI
Foco no Cidadão

Autor: Indio da Costa
Nº de páginas: 80
Formato: 16 x 23cm

Neste novo livro, Indio da Costa retoma a tradição familiar de pensar a administração pública de uma forma orgânica, amparado em sua experiência na Prefeitura do Rio, nos diversos mandatos parlamentares e no Instituto de Novas Idéias para o Rio de Janeiro, e alinhado com todas as tendências contemporâneas de reflexão sobre o assunto.

Escrito em linguagem comum, diversas técnicas e práticas modernas de administração são propostas para o setor público, com o objetivo de oferecer novos caminhos para resolver antigos problemas. O autor nos mostra que existe solução para reduzir a grande quantidade de impostos que se cobra no Brasil.

Administração Pública no Século XXI – Foco no Cidadão é manifesto contra a burocracia e em defesa do Estado Indutor de Desenvolvimento para facilitar o dia-a-dia da sociedade. Trata-se de um contraponto ao que têm feito os governos que incham seus quadros sem concurso público, contratando pessoas não especializadas, resultando em carga tributária altíssima e, em muitos casos, os serviços continuam se deteriorando. É a eterna luta entre o interesse público.

Sem a pretensão de resolver todas as questões que nos afligem, este livro pretende abrir esta discussão mostrando um caminho estratégico e inevitável para que o Estado faça a sua parte, oferecendo melhores serviços na Segurança Pública, Saúde, Educação e Meio Ambiente, entre outros setores, com apenas um conceito: gestão séria, eficiente e eficaz.

O livro demonstra a urgente necessidade do Estado e alinhar às modernas práticas da administração, muitas delas ainda não teorizadas, com estruturas leves e focadas em resultados. Essas e muitas outras questões são discutidas neste livro.

A Excelência em Gestão Pública
A trajetória e a estratégia do GESTPÚBLICA

Autor: Paulo Daniel Barreto Lima
Nº de páginas: 248
Formato: 16 x 23cm

Nesta obra o autor utiliza a história da qualidade na administração pública brasileira como fio condutor de sua abordagem sobre a gestão pública.

Relativamente à história da qualidade e produtividade, o autor dedica especial atenção à gestão do Programa em suas diversas fases sob a orientação dos diversos governos. Além dessa retrospectiva, o livro tem forte conteúdo conceitual e metodológico. Dois aspectos importantes são analisados na obra: a fundamentação do modelo de excelência em Gestão Pública e a mesma orientada para resultados.

A mensagem deste livro é forte e oportuna porque trata da gestão de forma pura, como inteligência na condução da ação pública que precisa ser qualidade apesar das demandas sempre crescentes e dos recursos proporcionalmente mais escassos.

Nesta obra está o relato da mudança mais efetiva que poderá ocorrer na administração pública: nenhuma outra reforma administrativa, desde 1930, teve o foco na mudança de hábitos, tanto do servidor público na condição de agente do Estado, como do cidadão na condição de mantenedor e destinatário desse mesmo Estado.

Este livro não é um manual de avaliação do sistema de gestão. Seu propósito é destacar alguns aspectos essenciais da proposta do GESPÚBLICA, referentes ao entendimento do Modelo de Excelência em Gestão Pública preconizado pelo Programa e dos critérios de avaliação dele desdobrados. Trata-se provavelmente do primeiro registro do desenvolvimento de um programa cuja proposta é transformar a prática de gestão do setor público brasileiro.

Entre em sintonia com o mundo

QualityPhone:
0800-263311
Ligação gratuita

Rua Teixeira Júnior, 441
São Cristóvão
20921-405 – Rio de Janeiro – RJ
Tel.: (0XX21) 3295-9800
ou   3860-8422
Fax: (0XX21) 3295-9824

www.qualitymark.com.br
E-Mail: quality@qualitymark.com.br

DADOS TÉCNICOS	
Formato:	16 x 23
Mancha:	12 x 19
Corpo:	11
Entrelinha:	13,5
Fonte:	News Goth BT
Total de Páginas:	240
Gráfica:	Armazém das Letras